桃花难画

张爱玲档案

张爱玲等　著

江西教育出版社
JIANGXI EDUCATION PUBLISHING HOUSE

图书在版编目（CIP）数据

桃花难画 : 张爱玲档案 / 张爱玲等著. -- 南昌 : 江西教育出版社，2017.9
ISBN 978-7-5392-9777-4

Ⅰ. ①桃… Ⅱ. ①张… Ⅲ. ①张爱玲（1920-1995）—生平事迹 Ⅳ. ①K825.6

中国版本图书馆CIP数据核字（2017）第240969号

桃花难画 : 张爱玲档案
TAOHUA NAN HUA ZHANGAILING DANGAN
张爱玲等 著

江西教育出版社出版
（南昌市抚河北路291号 邮编：330008）
各地新华书店经销
三河市华润印刷有限公司
720mm×1000mm 16开本 17.5印张 字数250千
2018年3月第1版 2018年3月第1次印刷
ISBN 978-7-5392-9777-4
定价：45.00元

赣教版图书如有印制质量问题，请向我社调换 电话：0791-86710427
投稿邮箱：JXJYCBS@163.com 电话：0791-86705643
网址：http://www.jxeph.com

赣版权登字-02-2017-729

目录

CONTENTS

文集

文集

罗兰观感

张爱玲　文

迄未收入《张爱玲文集》的佚文三篇之一（当时未收入）

罗兰排戏，我只看过一次，可是印象很深。第一幕白流苏应当穿一件寒素的蓝布罩袍，罗兰那天恰巧就穿了这么一件，怯怯的身材，红削的腮颊，眉梢高吊，幽咽的眼，微风振箫样的声音，完全是流苏，使我吃惊，而且想：当初写《倾城之恋》，其实还可以写得这样一点的……还可以写得那样一点的……

《倾城之恋》的故事我当然是烂熟的；小姐落难，为兄嫂所欺凌，“李三娘”一类的故事，本来就是烂熟的。然而有这么一刹那，我在旁边看着，竟想掉泪。罗兰演得实在好——将来大家一定会哄然赞好的，所以我想，我说好还得赶快说，抢在人家头里。

戏里，阖家出动相亲回来，因为她盖过了她妹子，一个个气烘烘，她挨身而入，低着头、像犯了法似的，悄悄地往里一溜。导演说：“罗兰，不要板着脸。……也不要不板着脸。你知道我的意思……”罗兰问：“得意啊？”果然，还是低着头，掩在人背后奔了进来，可是有一种极难表现的闪烁的昂扬。走到幕后，她夸张地摇头晃脑的一笑，说：“得意！我得意！”众人听着她的话都笑起来了。

《倾城之恋》中的白流苏 1

流苏的失意得意，始终是下贱难堪的，如同苏青所说：“可怜的女人呀！”外表上看上去世界各国妇女的地位高低不等，实际上女人总是低的，气愤也无用，人生不是赌气的事。Japan 女人有意养成一种低卑的美，像古诗里的“低腰长跪拜，问客平安否？”温厚光致，有绢画的画意，低是低的，低得泰然。西洋的淑女每每苦于上去了下不来。中国女人则是参差不齐，低中有高，高中见低。逃荒的身边带着女儿，随时可以变钱，而北方一般的好人家，嫁女儿，贴上许多妆奁不算，一点点聘金都不肯收，唯恐人家说一声卖女儿，的确新贵得很。像流苏这样，似乎是惨跌了，一声喊，跌将下来，划过一道光，把原来与后来的境地都照亮了，怎么样就算高，怎么样就算低，也弄个明白。

流苏与流苏的家，那样的古中国的碎片，现社会里还是到处有的。就像现在，常常没有自来水，要到水缸里去舀水，凸出小黄龙的深黄水缸里静静映出自己的脸，使你想起多少年来井边打水的女人，打水兼照镜子的情调。我希望《倾城之恋》的观众不拿它当个远远的传奇，它是你贴身的人与事。

（原载于一九四四年十二月八日至九日上海《力报》副刊）

（《明报月刊》1993 年第 5 期）

写《倾城之恋》的老实话

张爱玲　文

迄未收入《张爱玲文集》的佚文三篇之二（当时未收入）

《倾城之恋》，因为是一年前写的，现在看看，看出许多毛病来，但也许不是一般的批评认为是毛病的地方。

《倾城之恋》中的白流苏 2

《倾城之恋》似乎很普遍的被喜欢，主要的原因大概是报仇罢？旧式家庭里地位低的，年轻人，寄人篱下的亲族，都觉得流苏的“得意缘”，间接给他们出了一口气。年纪大一点的女人也高兴，因为向来中国故事里的美女总是二八佳人，二九年华，而流苏已经近三十了。同时，一班少女在范柳原里找到她们的理想丈夫，豪富，聪明，漂亮，外国派。而普通的读者最感兴趣的恐怕是这一点，书中人还是先奸后娶呢？还是始乱终弃？先结婚，或是始终很斯文，这个可能性在这里是不可能的，因为太使人失望。

我并没有怪读者的意思，也不怪故事的取材。我的情节向来是归它自己发展，只是处理方面是由我支配的。男女主角的个性表现得不够。流苏实在是一个相当厉害的人，有决断，有口才。软弱的部分只是她的教养与

《倾城之恋》中的印度女人

阅历。这仿佛需要说明似的。我从她的观点写这故事，而她始终没有彻底懂得柳原的为人，因此我也用不着十分懂得他。现在想起来，他是因为思想上没有传统的背景，所以年轻时候的理想经不起一点摧毁就完结了，终身躲在浪荡油滑的空壳里。在现代中国实在很普通，倒也不一定是华侨。

写《倾城之恋》，当时的心理我还记得很清楚。除了我所要表现的那苍凉的人生的情义，此外我要人家要什么有什么；华美的罗曼斯，对白，颜色，诗意，连“意识”都给预备下了：（就像要堵住人的嘴）艰苦的环境中应有的自觉……

我讨厌这些顾忌，但《倾城之恋》我想还是不坏的，是一个动听的而又近人情的故事。结局的积极性仿佛很可疑，这我在《自己的文章》里试着加以解释了！

因为我用的是参差的对照的写法，不喜欢采取善与恶，灵与肉的斩钉截铁的冲突那种古典的写法，所以我的作品有时候主题欠分明……

我喜欢参差的对照的写法，因为它是较接近事实的。《倾城之恋》里，从腐旧的家庭里走出来的流苏，中国香港之战的洗礼并不曾将她感化成为革命女性；中国香港之战影响范柳原，使他转向平实的生活，终于结婚了，但结婚并不使他应变为圣人，完全放弃往日的生活习惯与作风。因之柳原与流苏的结局，虽然多少是健康的，仍旧是庸俗；就事论事，他们也只能如此。

极端病态与极端觉悟的人究竟不多。时代是这么沉重，不容易那么容易就大彻大悟。这些年来，人类到底也这么生活了下来，可见疯狂是疯狂，还是有分寸。

编成戏，因为是我第一次的尝试，极力求其平稳，总希望它顺当地演出，能够接近许多人。

（原载一九四四年十二月九日上海《海报》）

（《明报月刊》1993年第5期）

被　窝

张爱玲　文

迄未收入《张爱玲文集》的佚文三篇之三（当时未收入）

《被窝》

连夜抄写了一万多字，这在我是难得的事，因为太疲倦，上床反而睡不着。外面下着雨，已经下了许多天，点点滴滴，歪歪斜斜，像我的抄不完的草稿，写在时事消息油印的反面，黄色油印字迹透过纸背，不论我写的是什么，快乐的，悲哀的，背后永远有那黄阴阴的一行一行；蓝墨水盖它不住——阴凄凄的新闻。“××秘书长答记者问：户口米不致停止配给，外间所传不确……”黄黯单调的一行一行……滴沥滴沥，搭啦搭啦，雨还在下，一阵密，一阵疏，一场空白。

霖雨的晚上，黏唧唧地，更觉得被窝的存在。翻个身，是更冷的被窝。外国式的被窝，把毯子底下托了被单，紧紧塞到褥子底下，是非常坚牢的布置，睡相再不好的人也蹬它不开。可是空荡荡地，面积太大，不容易暖和；热燥起来，又没法子把脚伸出去。中国式的被窝，铺在褥子上面，折成了筒子，焗一会就热了，轻便随和，然而不大牢靠，一下子就踢开了。由此可以看出国民性的不同。日本被窝，不能说是"窝"。方方的一块覆在身上，也不叠一叠，再厚些底下也是风飕飕，被面上印着大来大去的鲜丽活泼的图案，根本是一张画，不过下面托了层棉胎。在这样的空气流通的棉被底下做的梦，梦里也不会耽于逸乐，或许梦见隆冬郊外的军事训练。

中国人怕把娇艳的丝质被面弄脏了，四周用被单包过来，草草地缝几针，被面不能下水，而被单随时可以拆下来洗濯，是非常合乎实际的打算。外国人的被单不订在毯子上，每天铺起床来比较麻烦，但他们洗被单的意思似乎比我们更为坚决明晰，而他们也的确比我们洗得勤些。被单不论中外，都是白色的居多，然而白布是最不罗曼谛克的东西，至多只能做到一个干净，也还不过是病院的干净，有一点惨戚。淡粉红的就很安乐，淡蓝看着是最奢侈的白，真正雪雪白，像美国广告里用他们的肥皂粉洗出来的衣裳。

中国人从前，只有小孩子与新嫁娘可以用粉红的被单，其余都是白的。被的一头有时另加上一条白布，叫作"被档头"，可以常常洗，也是偷懒的办法。日本仿佛也有一种"被档头"，却是黑丝绒的长条，头上的油垢在上面擦来擦去，虽然耐脏，看着却有点腻心。天鹅绒这样东西，因为不是日本固有的织物，他们虽然常常用，用得并不好。像冬天他们女人和服上加一条深红丝绒的围巾，虽比绒线结的或是毛织品的围巾稍许相称些，仍旧不大好看。

想着也许可以用这作为材料写篇文章，但是一想到文章，心里就急起来，听见隐隐的两声鸡叫，天快亮了，越急越睡不着。我最怕听鸡叫。"明日白露，光阴往来"，那是夜。在黎明的鸡啼里，却是有去无来，有去无来，凄凄地，急急地，淡了下去，没有影子——影子至少还有点颜色。

鸡叫的渐渐多起来，东一处，西一处，却又好些，不那么虚无了。我想，如果把鸡鸣画出来，画面上应当有赭红的天，画幅很长很长，卷起来，一路打开，全是天，悠悠无尽。而在头底下略有一点影影绰绰的城市或是墟落，鸡声从这里出来，蓝色的一缕一缕，战抖上升，一顿，一顿，方才停了。可是一定要多留点地方，给那深赭红的天……多多留些地方……这样，我睡着了。

（原载一九四四年十一月十九日《新中国报》副刊《学艺》）

（《明报月刊》1993年第5期）

附录

在茫茫报海中搜寻
——张爱玲佚文钩沉记

陈子善　文

在中国现代文学史上，张爱玲是一个迷人的名字，她的作品具有长盛不衰的艺术魅力。自一九八七年发现中篇小说《小艾》至今，笔者在尘封的故纸堆中先后打捞了四批十一篇长期湮没的张爱玲佚文，自以为为张爱玲奇丽精美的文学世界填补了若干空白。尤其是这次不仅如愿以偿找到了《罗兰观感》，还连带找到了《老实话》和《被窝》，收获之丰硕，连笔者自己也不会想到。

张爱玲六十年代摄于中国台湾

往日读张爱玲的散文《我看苏青》，很惊异于张爱玲对这位她最喜欢的女作家比喻的新颖奇特，概括的精辟深刻，同时也注意到文中的一段话：有时候我疑心我的俗不过是避嫌疑，怕沾上了名士派；有时候又觉得是天生的俗。我自己为《倾城之恋》的戏写了篇宣传稿子，拟题目的时候，脑子里第一个浮起的是"倾心吐胆话倾城"，套的是"苜蓿生涯话廿年"之类的题目，有一向非常时髦的，可是被我一学，就俗不可耐。作者的本意是在用自己的"俗"来对照苏青的"一种无意的隽逸"的"俗"，但无意中也透露了她曾写过介绍话剧《倾城之恋》的文章，这是迄今为止海内外所有的张爱玲作品集均未收入的。这样一个重要的线索，不能不引发笔者的考证兴趣。但是，此文确切题目，不知，后来是否发表，也不知，报海茫茫，何处寻觅呢?

一条重要线索引发考证的兴趣

中篇小说《倾城之恋》是张爱玲的代表作，文采飞扬，一九四三年九月至十月在《杂志》月刊连载后，顿时声誉鹊起，使张爱玲跃升为当时上海文坛最为走红的作家。一年之后，张爱玲尝试把《倾城之恋》搬上舞台，剧本数易其稿，经作家柯灵推荐给周剑云主持的大中剧艺公司（又名大中剧团）上演，由上海四大导演之一的朱端钧执导，梁乐音谱曲，演员阵容也颇为强大，女主角白流苏的扮演者罗兰，男主角范柳原的扮演者舒适，以及端木兰心、欧阳莉莉、陈婉若诸位，都是一时之选。剧团在著名的兰心大戏院排练时，张爱玲几乎天天到场"指导"，她对自己"处女剧"的重视由此可见一斑。

一九四四年十二月十六日，四幕八场话剧《倾城之恋》在装修一新的新光大戏院隆重首演，一炮打响。上海十多家大小报刊争相报道和评介演出盛况，如"众望所归，红极献演，舆论一致推颂"，如"当今剧坛第一份，轰动整个上海"，等等。而下面这首署名紫凤者所作的《鹊踏枝》更把观众的如醉如痴刻画得十分形象：

叠了蛮笺拈翠管，寡鹄孤飞，细写流苏怨；

萍岛穿花逢海燕，温馨消受倾城恋。

翡翠兰苕香梦暖，梦里烽烟，梦醒沧桑变！

付与舞台分幕演，定知满座啼珠泫。

《倾城之恋》连演八十场，场场狂满，获得了空前成功。话剧与小说一样，如此大放异彩，这在话剧已经势微的今天，简直是难以想象的。

剧评与佚简多所启示

当然，引起笔者兴趣的不只是这些鲜为人知的史实。一九四四年十二月廿八日上海《中华日报》副刊刊出现在已是国际著名的学者柳存仁写的《观〈倾城之恋〉》（署名柳雨生），作者在文中不但记叙了他观看《倾城之恋》首演的兴奋之情，称赞此剧“不失为一九四四年至一九四五年间的一出好戏——重头的，生动的，有血肉的哀艳故事”，很适合“轻性知识分子”的“脾胃”。同时在评论罗兰的出色表演时专门提到“像爱玲先生在她的《罗兰观感》中所提到的，罗兰在这里的成就是无比的。她是这幕戏的魂灵”。这就明确提供了张爱玲关于话剧《倾城之恋》的文章题目是“罗兰观感”，而且此文肯定已经变成了铅字，从而使查找张爱玲佚文的工作大大前进了一步。

差不多就在发现柳雨生《观〈倾城之恋〉》的同时，承一位年轻的日本学者的提示，笔者又找到了张爱玲的一封佚简，它发表在一九四四年十二月廿八日上海《春秋》第二年第二期“女作家书简特辑”。《春秋》是综合性的通俗文艺刊物，主编陈蝶衣对话剧《倾城之恋》也十分倾倒，曾撰《〈倾城之恋〉赞》，赞赏此剧“是一首诗，一支悲歌”。这封佚简不啻是一篇优美的散文，先照录如下：

××先生：

谢谢您的信。《力报》由您来编，一定非常精彩。我对于小报向来并没有一般人的偏见，只有中国有小报；只有小报有这种特殊的，得人心的机智风趣，——实在是可珍贵的。我从小就喜欢看小报，看了这些年，更有一种亲切感。从前我写过一篇涉及小报的文字，想不到竟得罪了一些敏感的人。但我也没有去解释，懂得的人自然会懂得的。

写稿子我自然也愿意凑凑热闹，可是实在忙不过来了。连我常写的杂志以后也想少写，宁可自己印书。您不要给我送报来，使我太不过意。

很高兴您喜欢我的画，有些实在不成东西，这次我要出的散文集《流言》里有两张比较好点。

此颂

大安

张爱玲

十一月十五日

以前《流言》是引一句英文——诗？Written on Water（水上写的字），是说它不持久，而又希望它像谣言传得一样快，我自己常疑心不知道人懂不懂，也从来没问过人。

——张爱玲《〈红楼梦魇〉自序》

这封信的重要性首先在于它清楚地显示了张爱玲对“小报”的偏爱。二十年代以降，上海八开四版的“小报”五花八门，层出不穷，但大都是旧派文人的一统天下。三十年代中期，自谢六逸主编《立报·言林》始，新文学家也逐渐打入“小报”领域，形成新旧派文人各显神通、平分秋色，甚至互助互补的局面。所以张爱玲认为“小报”具有“特殊的得人心的机智风趣”，确实不无见地。更值得注意的是此信作为给“小报”《力报》主编的答复，正好写于《倾城之恋》上演前夕，虽然张爱玲在信中并未答应惠稿，但后来会不会改变初衷？既然在已知的与张爱玲有过文字瓜葛的各种刊物，如《万象》《杂志》《天地》等上面都找不到《罗兰观感》的踪影，这篇佚文会不会刊登在《力报》呢？

经过查阅《力报》。笔者的大胆推测完全得到了证实。《力报》办得较有特色，庄谐并重，作者中有周越然、潘柳黛、冯蘅等知名作家。《罗兰观感》就连载于一九四四年十二月八日至九日该报副刊，文末附有该报编者也就是上述张爱玲佚简收信人黄也白的一篇按语，把《罗兰观感》的来龙去脉和盘托出，至关重要，不妨也照录如下：

也白按：《倾城之恋》是张女士的力作，这次她亲自编成舞台剧交大中剧团演出，预料轰动是必然的。我们很早就想请她写一点关于演出的话，以飨读者。承蒙张女士的不弃，答会将写给演出特刊上的那一篇《关于〈倾城之恋〉的老实话》先交给《力报》发刊，哪知这篇文章到了大中剧团以后，给另一位先生拿了去，也准备在他报发表，这样未得她的同意，至少在张女士是表示遗憾的。因此她愿意重写一篇，先交我们发表，然后再给特刊付排，她在匆促的时间里写成了这篇《罗兰观感》。并且还特地差人送来。张女士这样的盛情，真使我们感激不尽。

附带一说：《倾城之恋》的特刊上，有不少名作，执笔者有苏青、实斋、柳雨生、吴江枫等几位先生，尤其难能可贵的，张女士的姑姑张爱姑（应名张茂渊——笔者按）也写了《流苏的话》及《柳原的话》两篇，这本特刊内容之精彩，也足与名著《倾城之恋》相互媲美了。

真没想到在《罗兰观感》之前，张爱玲还写过一篇《关于〈倾城之恋〉的老实话》（以下简称《老实话》），怎不让人感到意外的欣喜？尽管时隔半个世纪，我们还是要感谢大中剧团那位不知名的先生，如果不是他的节外生枝，《罗兰观感》是不可能诞生的。同时，又得承认《老实话》才应该是张爱玲专为《倾城之恋》上演撰写的全面阐述创作宗旨的“宣传稿子”，其史料价值更不待言。随着这条新线索的获得，继续查找这篇新佚文又成了笔者义不容辞的任务，遗憾的是，丰富多彩的《倾城之恋》“演出特刊”至今不明下落（但愿有朝一日它会显现真身），只能老老实实到“他报”上去搜寻。

《海报》上的《老实话》

当时上海的大小报刊多达二十余种，逐一翻查，难处之大可想而知。但“皇天不负苦心人”，笔者终于在一九四四年十二月九日上海《海报》第四版上把这篇《老实话》发掘了出来。平心而论，尽管同为“小报”，《海报》内容比《力报》精彩厚实，包天笑、周瘦鹃、程小青、张恨水、范烟桥、汪亚尘、郑逸梅等都是该报“经常撰稿人”，李健吾、柯灵也曾在该报露面，真是名家荟萃，令人眼花缭乱。但在四个月前，张爱玲刚和《万象》发行人平襟亚（笔名秋翁）在《海报》为了《万象》向她交付稿费等问题打过一场笔墨官司，内中曲折一言难尽。这件不愉快的事她一定记忆犹新，对《海报》未经她同意发表这篇

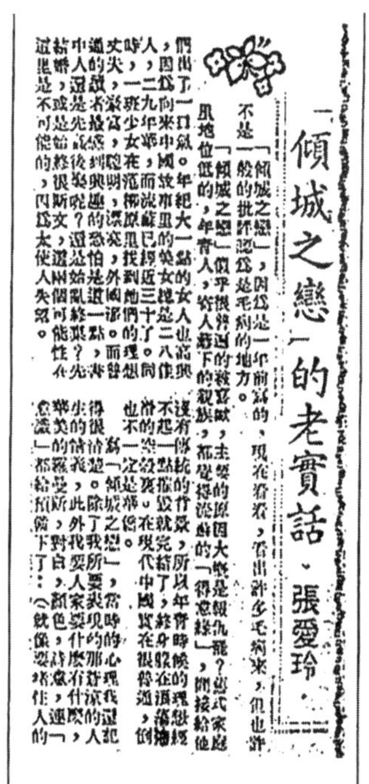
「傾城之戀」的老實話 張愛玲

「傾城之戀」，因為是一年前寫的，現在看看，看出許多毛病來，但也許不是一般的批評認為是毛病的地方。

「傾城之戀」似乎很普遍的被喜歡，主要的原因大概是報仇罷？舊式家庭裏地位低的，年青人，寄人籬下的親戚，都覺得流蘇的「得意緣」，間接給他……

在《海报》上刊登的《关于〈倾城之恋〉的老实话》部分

《老实话》心存芥蒂也就不难理解了。可是我们今天也仍感谢《海报》编者，否则这篇绽放着张爱玲智慧之花的创作体会很可能无法与世人见面。

如何评价《倾城之恋》，见仁见智，在所难免，翻译家傅雷在他那篇有名的《论张爱玲的小说》中就认为《倾城之恋》比《金锁记》逊色。在分析了小说男女主人公的心理特色之后，傅雷批评作者“对人物思索得不够深刻，生活得不够深刻；并且作品的重心过于偏向顽皮而风雅的调情”，惋惜“《倾城之恋》的华彩胜过了骨干”。张爱玲的《老实话》其实就是借介绍话剧《倾城之恋》的机会，公开答复包括傅雷在内的许多评论家的指责。不过张爱玲是聪明人，她并不剑拔弩张，而是很节制，很有分寸，在娓娓而谈中有所说明，有所辩解。她一方面坦然承认小说“男女主角的个性表现得不够”；另一方面则自信地表示：“《倾城之恋》我想还是不坏的，是一个动听的而又近人情的故事”。她强调她所采取的是“参差的对照的写法”——“除了我所要表现的那苍凉的人生的情义，此外我要人家要什么有什么。”

傅雷和张爱玲之争涉及文学创作的许多理论问题，本文不可能详细论述，但张爱玲在《老实话》中的确说了老实话，使人感到亲切可爱的老实话，她真诚地表达了自己的文艺观乃至人生观。至于《罗兰观感》，张爱玲对女主角演技的描绘是如此生动，细致入微，使今天的读者读了仍如闻其声，如见其人，而对自己创作意图的进一步阐述，对女主人公形象的补充解释，同样挥洒自如，妙喻迭出，发人深思。张爱玲现身说法，具体讨论自己的作品、诉说创作的甘苦，除了笔者以前发现的《〈太太万岁〉题记》，就是这两篇谈《倾城之恋》的妙文了，理应引起张爱玲研究者的重视。从散文创作的角度考察，它们也不失为张爱玲散文百花苑中的奇葩。

来不及收入《流言》的《被窝》

为了寻找《老实话》，笔者还查阅了一九四四年的上海《新中国报》，之所以特别属意于该报，无非因为该报副刊《学艺》办得有声有色，在当

學藝

【第一一九〇期】

被窩 張愛玲

被窩……張愛玲

激情……周越然

在《学艺》上刊登的《被窝》部分

时是别具一格、品味最高的一种。不但上海文坛的各路诸侯，从文载道到路易士，从苏青到关露，都在《学艺》频频亮相，而且《学艺》以译介欧美日本从古典到现代的文学名著为己任，在那个黑暗的年头，开辟了瞭望世界文坛灿烂星光的一扇窗户。《学艺》自一九四四年四月十二日起改版，“以文史小品，生活纪录，散文，杂感，读书笔记，短诗，译文，杂论及科学小品为内容”，那时张爱玲的散文创作正处于高峰期，以她的文名，也许会有佳作在《学艺》上出现的吧？果然，该年五月五日《学艺》第一〇六一期上揭载了张爱玲那篇精巧的《夜营的喇叭》，当翻到该年十一月十九日《学艺》第一一九〇期时，笔者再次惊喜交集，张爱玲的又一篇散文《被窝》赫然在矣！《夜营的喇叭》早已收入散文集《流言》，为张爱玲研究者耳熟能详，啧啧称道，但《被窝》却是一篇不折不扣的佚作。由于《被窝》发表时《流言》已经面世，以至《流言》失收。它像弃儿一样在幽暗的书库中静静地躺了将近半个世纪，连作者本人想必也早已遗忘了。

张爱玲的散文素以津津乐道、细细品味身边琐事见长，她让自己忘情于形而下的生活的具体情节中，同时也以此来观照和透析人类的精神文明。这篇《被窝》即为鲜明的一例。普普通通的被窝，有哪位散文家注意到它？描写过它？张爱玲却在一个淅淅沥沥的雨夜写起了被窝，用的是温馨细腻的笔触，从中式、日式和西式被窝的不同来象征中日文化和东西方文化的差异，既出人意料又自然贴切。而在喁喁细语的背后，读者又分明感受到生活的沉重和时代的苍茫。文末所说“把鸡鸣画出来”的种种遐思，更是张爱玲式的神来之笔，余音袅袅。《被窝》完全可以归入张爱玲最优秀的散文之列，从中可以深切体会张爱玲独有的从容、散淡的风韵和与众不同的审美趣味。笔者不禁为挖掘出这颗遗落的明珠而庆幸。

然而张爱玲非多产作家，她所营造的文学世界不是以数量而是以质量取胜的，对笔者而言，这项富有意义的考索钩沉工作到此很可能真的要告一段落了，但笔者相信海内外众多研究者必将继续探讨张爱玲的独特价值，张爱玲是说不尽的。

（《明报月刊》1993 年第 5 期）

论卡通画之前途

张爱玲 文

卡通画这名词，在中国只有十年以下的历史。但是，大概没有一个爱看电影的人不知道华德·狄斯耐的《米老鼠》吧？——“卡通”（Cartoon）的原有的意义包括一切单幅讽刺漫画、时事漫画、人生漫画、连续漫画等，可是我在这里要谈的卡通是专指映在银幕上的那种活动映画。

卡通画的事业现在可以算很光明灿烂了。画片除了配音之外，又加上绚烂的色彩；米老鼠的画像成为圣诞的商店里最好的点缀；有许多观众上电影院去专为看米老鼠。可是，让我们试问大多数的观众们，卡通画在他们心目中究竟占着一个什么地位？听听他们的回答吧！“卡通是电影院中在映完新闻片之后，放映正片之前，占去一段时间的娱乐，特为孩子们预备的。它负着取悦孩子们的使命，所以它必须要滑稽突梯，想入非非，我们不要它长，因为画出来的人物多看了要头晕，我们很赞成狄斯耐先生把许多名闻世界的古老童话搬上银幕，因为孩子们比较喜欢看活动的映画，不爱看书本中的呆板的插画。”

那些好莱坞的卡通画家竭力想迎合观众的心理，提高他们的作品号召力，于是他们排了队出发去搜寻有趣的童话、神话，滑稽的传说。如《玻璃鞋》《小红帽》之类，都是最可珍贵的材料。不过，近来这材料渐感缺乏，卡通画家们正感到无路可走的彷徨的苦闷。我们可以看见，在最近上映的几张卡通中，制作者们不得不借助美妙的音乐的伴奏来强调画面的动作，补救画面的空虚，结果轻重倒置，图画倒成了附庸在音乐之下的次要品了。

即使古老的仙人故事的题材不缺乏，即使观众对于陈旧的米老鼠不感到厌倦，难道我们把这惊人的二十世纪美术新发明——卡通画——用来代替儿童故事的插画，就以为满足了吗？

决不。卡通画是有它的新前途的。有一片广漠的丰肥的新园地在等候着卡通画家的开垦。未来的卡通画决不仅仅是取悦儿童的无意识的娱乐。未来的卡通画能够反映真实的人生，发扬天才的思想，介绍伟大的探险新闻，灌输有趣味的学识。譬如说，“历史”，它就能供给卡通数不尽的伟大美丽的故事。这些诗一样的故事，成年地堆在阴暗的图书馆里渐渐地被人们遗忘了，死去了；只有在读历史的小学生的幻想中，它们有时暂时苏醒了片刻。卡通画的价值，为什么比陈列在精美展览会博物院里的古典的杰作伟大呢？就是因为它是属于广大的热情的群众的。它能够把那些死去了的伟大的故事重新活生生地带到群众面前。一个好的历史卡通必须使读过历史的与未读过历史的人全懂得，而且必须引起他们的兴趣。将来，当卡通画达到它艺术的顶峰的时候，现在的这种滑稽的神话式的卡通并不会消灭，可是它只能在整个的卡通界中占着小小的一席地，“聊备一格”而已。

我真是高兴，当我幻想到未来，连大世界、天韵楼都放映着美丽的艺术的结晶——科学卡通、历史卡通、文学卡通……的时候。

也许有人会怀疑。然而，不看见电影的榜样吗？电影在新发明时代，不是同样被认为是引儿童发笑的东西吗？然而现在有些影片的严肃的态度却可以做学校里课本的补助品了，并且有些电影的艺术价值是公认为足以永垂不朽的。卡通的价值决不在电影之下。如果电影是文学的小妹妹，那么卡通便是二十世纪女神新赐予文艺的另一个玉雪可爱的小妹妹了。我们应当用全力去培植她，给人类的艺术发达史上再添上灿烂光明的一页。

（一九三七年）

（《明报月刊》1990 年第 7 期）

牧羊者素描[1]

张爱玲　文　陈子善　译

《牧羊者素描》配图

这里我将让大家来做一个搭配练习。哦，亲爱的读者，如果你们误将此当作难得出奇的历史或几何配搭试题而惊慌失措，那就大可不必了。镇定一些，先通读你们试卷的第一栏，那里印着一长串名单：——小姐，——小姐，——小姐和——小姐。然后再读完试卷第二栏紧跟着的一段描写文字，把所有的空格都填上：

——小姐有一副嵌着两只闪烁的眼睛的明朗的脸庞，金色的头发像黄河波浪般被垂在身后。她嘴上总带着温柔的微笑，只是有些时候，为了显示老成持重的样子，她才嘴角下垂，眉头紧皱。她的好嗓子更为人乐道，如用言词来描绘，那就像中国古诗中所描写的诗人在月光笼罩的河岸边听到的乐声，“大珠小珠落玉盘”。她的嗓音和面部表情的变化使她成为一位优秀的朗诵者，她能在不到五分钟的时间里调整教室的气氛，将其引入她读书的天地。当诵读悲剧时，她那双淡褐色的眼睛好像凝固成两只盛朱

1 此文原用英文所撰。

古力冰淇淋的碟子。但这悲惨的空气很快就会松弛下来，因为众所周知，冰淇淋在常温下是无法保持凝固状态的。当小丑进入戏中时，她开始模仿他的腔调，冰淇淋融化成开心的笑声，整个班级也随着发出窃笑声。不管外面下雨还是飘雪，她的班上总是阳光灿烂，令人愉快。

——小姐虽然身高体重并不超常，但任何人站在她面前都会感到自己的渺小，这是因为她性格里的深湛智慧和丰富经验是无法从外貌上去估量的。她有一个挺直的希腊式的鼻子，细薄而有力的嘴唇和一对似乎一眼就能洞察人和事的锐利的黑眼睛。整个看来她的面庞如同古代的雅典娜女神像，尽管刻印着岁月和风雨的痕迹，却闪耀着智慧的光芒。也许她富有感情，但她从不向人流露。她代表冷静的“理性”，如果圣玛丽亚女校能与雅典城相比的话，那她就是雅典娜——智慧女神，引导它度过攻击、阻挠和困苦。

——小姐身材颀长纤弱，她有栗色的头发，一个长而庄重的鼻子，一双淡蓝色的忧郁的眼睛，当她耐心倾听某个同学结结巴巴地背书时总是射出柔和而同情的目光。她的双手优雅而富有表现力，在她试图解释什么时，双手就像一对白蝴蝶一样在空中上下飞舞。在进行趣味性的讨论或者如她所说“表达某要点”时，它们确实是她最得力的助手。她具有当今名门之女都缺乏的稀有品质——典雅，她的一举一动，她双手的每个姿势，她每次上课前所道的早安，都显得那么优雅自如。我有时设想，假如她在路易十四时代，以她的出众仪表和自然典雅，她会成为凡尔赛宫出色的宫廷女侍。

如果用一个词描述——小姐，那就是“棕色”。她有漂亮的棕色眼睛、棕色短发、棕色服装，以及秀气的鼻子，一张拿破仑式的小嘴和一个表现决断力的下颏。她具有一种别人无法模仿的走路方式，一只手臂自然晃荡着，另一只则抱着一大堆书，带着一种男子式的尊严迈着大步走过草地。与她的走路方式相反，她的嗓音温软柔和，充满女性魅力。在她心情愉快时，她唱歌，玩尤克里琴，谈逸闻，眼里闪着顽皮的神采，玩些小男孩喜爱的聪明的玩意。她性格的另一方面则是一个尊严的科学家和哲学家，她忙碌地安排试管和输送管，或给热切专注的听众讲解生活的意义。她工作刻苦，同时又是个精神饱满的娱乐者。我们中间的“书虫”和乐天派，似可以她为最好的榜样。

（一九三七年）

（《明报月刊》1990 年第 7 期）

心　愿[1]

张爱玲　文　陈子善　译

《心愿》

时间好比一把锋利的小刀——用得不恰当，会在美丽的面孔上刻下深深的纹路，使旺盛的青春月复一月，年复一年地消磨掉；但是，使用恰当的话，它却能将一块普通的石头琢刻成宏伟的雕像。圣玛丽亚女校虽然已有五十年历史，仍是一块只会稍加雕琢的普通白石。随着时光的流逝，它也许会给尘埃染污，受风雨侵蚀，或破裂成片片碎石。另一方面，它也可以给时间的小刀仔细地、缓慢地、一寸一寸地刻成一个奇妙的雕像，置于米开朗琪罗的那些辉煌的作品中亦无愧色。这把小刀不仅为校长、教师和明日的学生所持有，我们全体同学都有权利操纵它。

如果我能活到白发苍苍的老年，我将在炉边宁静的睡梦中，寻找早年所熟悉的穿过绿色梅树林的小径。当然，那时候，今日年轻的梅树也必已进入愉快的晚年，伸出有力的臂膊遮蔽着纵横的小径。饱经风霜的古老钟楼，仍将兀立在金色的阳光中，发出在我听来是如此熟悉的钟声。在那缓慢而庄严的钟声里，高矮不一、脸蛋儿或苍白或红润、有些身材丰满、有

1 此文原用英文所撰。

些体形纤小的姑娘们，焕发着青春活力和朝气，像小溪般涌入教堂。在那里，她们将跪下祈祷，向上帝低声细诉她们的生活小事：她们的悲伤，她们的眼泪，她们的争吵，她们的喜爱，以及她们的宏愿。她们将祈求上帝帮助自己达到目标，成为作家、音乐家、教育家或理想的妻子。我还可以听到那古老的钟楼在祈祷声中发出回响，仿佛是低声回答她们："是的，与全中国其他学校相比，圣玛利亚女校的宿舍未必是最大的，校内的花园也未必是最美丽的，但她无疑有最优秀、最勤奋好学的小姑娘，她们将以其日后辉煌的事业来为母校增光！"

听到这话语时，我的感受将取决于自己在毕业后的岁月里有无任何成就。如果我没有克尽本分，丢了荣耀母校的权利，我将感到羞耻和悔恨。但如果我在努力为目标奋斗的路上取得成功，我可以欣慰地微笑，因为我也有份用时间这把小刀，雕刻出美好的学校生活的形象——虽然我的贡献是那样的微不足道。

（原作为张爱玲高中英文习作）

（一九三七年）

（《明报月刊》1990年第7期）

附录

雏凤新声
——新发现的张爱玲少作

陈子善 文

一九八七年和一九八八年年初，笔者先后发现了中国现代著名女作家张爱玲的早期小说两篇（《霸王别姬》《牛》）、书评四篇、四十年代后期发表的散文《〈太太万岁〉题记》以及她一九五二年离开内地前创作的最后一部中篇《小艾》，引起了海内外学术界的注意。但笔者深知打捞张爱玲佚文的工作还未完成。经过长时间的多方搜寻，现在可以向海内外广大“张迷”报告一个消息：张爱玲的高中毕业时所作的三篇散文“出土”了！

一九三七年的《凤藻》

张爱玲中学时期的国文教师汪宏声在他那篇有名的《记张爱玲》中说，他在“家里的乱纸堆中发现了爱玲的一篇《论卡通画之前途》的原稿。记得爱玲在《天地》上发表一篇自传式的文章有一段述及她过去对华德·狄斯耐的憧憬和希望，可与此文相印证。”汪宏声还在文内摘引了《论卡通画之前途》中的一段给读者欣赏。然而历经半个世纪，汪宏声早已不知下落，这篇佚文的原稿恐也不再存留人间了。幸而该文当初曾公开发表，笔者终于在张爱玲母校圣玛丽亚女校的《凤藻》（*The Phoenix*）一九三七年刊（总第十七卷）上找到了它，还在同一本刊物上找到张爱玲的两篇英文小品《牧羊者素描》（*Sketches of Some Shepherds*）和《心愿》（*My Greatest*

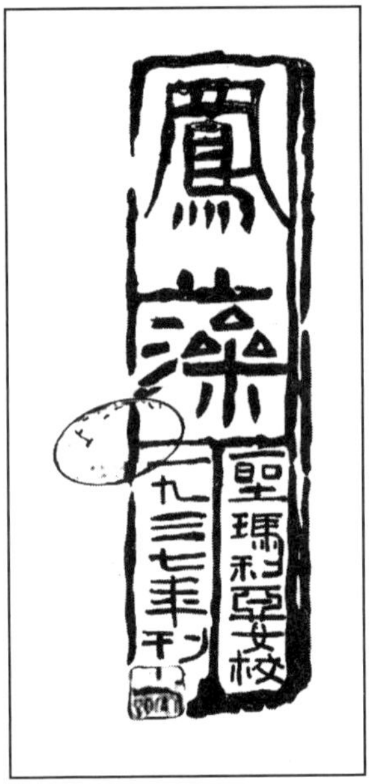

《凤藻》

Expectations），真是意外的收获。

《凤藻》是圣玛利亚女校的校刊，每年出版一册，一般由毕业班学生负责编辑，十六开本道林纸精印，装帧堪称美观大方。内容分中英文两大部分，大致是学校概览、教职员介绍、社团活动、学生习作和毕业生留言，等等。已故的张爱玲研究专家唐文标曾在柯灵夫人陈国容帮助下，找到发表于《凤藻》一九三三年刊和一九三六年刊上的张爱玲早期散文《迟暮》和《秋雨》，但《凤藻》一九三七年刊大概印数甚少，加上"八·一三"战争不久便爆发，书随烟灭，笔者现在找到的恐怕是海内孤本了。

十七岁时的张爱玲

张爱玲一九三七年夏天毕业于圣玛利亚女校高中部，因此，《凤藻》一九三七年刊的编务正是由张爱玲这一届毕业班主持的。中文部总编辑为张爱玲好友张如瑾，顾问就是汪宏声；英文部总编辑为韦澄芬。张爱玲本人则担任美术部助理员——她的绘画才能在高中时就为圣玛丽亚女校师生所赏识了。

该期《凤藻》刊登了三十五位一九三七年毕业生的玉照，张爱玲自然也包括在内，这是迄今所能见到的最早的张爱玲照片。该期的中文部还有一个"学生活动记录·关于高三"专栏，其中刊出一项题为"一碗什锦豆瓣汤"的专题调查结果。所谓"豆瓣"，是对三十五位毕业生的爱称。这项调查提出六个测验"豆瓣性格"的问题，分别由每位"豆瓣"用一句话作答。张爱玲的答案颇为有趣（见表）。

豆瓣性格 / 豆瓣	最喜欢吃	最喜欢	最怕	最恨	常常挂在嘴上	拿手好戏
张爱玲	叉烧炒饭	Edward VIII	死	一个有天才的女人忽然结婚	“我又忘啦！”	绘画

张爱玲当时才十七岁，怕死是很自然的事。她最恨一个有天才的女人忽然结婚，最喜欢英王爱德华八世，两个答案都表现出强烈的个性。

英王爱德华八世即后来的温莎公爵。他与离过婚的美国平民女子辛普森夫人（即贝西·沃利斯）恋爱，不仅使英国朝野大为震惊，其韵事还传遍世界。他取爱情而弃王位，一九三七年六月三日与贝西·沃利斯在巴黎结成伉俪，这事被誉为“二十世纪最轰动的爱情”，“自耶稣复活后最新奇的故事”。张爱玲“最喜欢”爱德华八世，清楚地说明她对忠贞不渝的爱情的憧憬。

当时张爱玲的同学在“最喜欢”这一栏内填写的，不外是“白相”“旅行”“唱歌”“听 Symphony”“打网球”“谈天”“猫”“绿色”之类，相比之下，张爱玲的回答就显得早熟和最富感情色彩。这或许与张爱玲父母离异，使她过早地品尝到人生的悲凉有关。

三篇佚文试评

当然，最有价值的还是那三篇佚文。雏凤新声，确实不同凡响，在张爱玲的早期创作中应该占有重要的地位。《论卡通画之前途》是张爱玲的第一篇影评。当时美国华德·狄斯耐创造的米老鼠、唐老鸭、白雪公主等动画，正以其神奇的魅力吸引着全世界的成人和儿童，张爱玲显然也是狄斯耐动画的影迷。

该文一方面充分肯定了狄斯耐动画的成就，一方面也指出好莱坞动画中的一些不良倾向。她对动画的发展寄予热切期望，大胆断言动画与普通电影一样，是“二十世纪女神新赐予文艺的另一个玉雪可爱的小妹妹”。

1937年《凤藻》所刊张爱玲照片

而今世界各国各类动画片争奇斗艳，令人目不暇接，证明张爱玲之预见不虚。该文议论有条不紊，文笔清新洒脱，颇有韵味，实不似出自一个高三学生之手。

至于张爱玲的英文作品，以往“张迷”只能读到她四十年代发表的英文影评和五十年代以来创作的英文小说及翻译。现在，《牧羊者素描》和《心愿》这两篇英文“少作”重见天日，使我们有机会看到张爱玲是如何在英文写作上起步的。可惜笔者译笔笨拙，难以传达原作的神韵。这两篇文章，都是以圣玛利亚女校生活为题材的，是张爱玲献给母校的告别礼物。它们最动人的地方，就是字里行间洋溢着作者对母校的深情。至于语言的柔婉灵透，谐趣迭出，倒是次要的了。

在张爱玲笔下，圣玛利亚女校的生活多么富于诗意和值得留恋，女教师们的个性又是多么鲜明和充满人情味。我们在字里行间还可以看到张爱玲荣耀母校的心愿是多么虔诚和执着。当年的圣玛利亚女校而今已面目全非，但只要读过张爱玲这两篇情真意切的纪念文，谁能不对这所女中刮目相看？

结语

张爱玲多年来一直深居简出，谢绝任何采访，也不发表关于自己生平的回忆文字，因此海内外张爱玲研究专家一再感叹张爱玲传记资料匮乏。这两篇新发现的佚文，多少也可以填补张爱玲早期求学生涯的一段空白。即使撇开文学价值不谈，其史料价值也是不宜忽视的。

（《明报月刊》1990年第7期）

霸王别姬

张爱玲　文

夜风丝溜溜地吹过，把帐篷顶上的帅字旗吹得豁喇喇乱卷。在帐篷里，一支红蜡烛，烛油淋淋漓漓地淌下来，淌满了古铜高柄烛台的浮雕的碟子。在淡青色的火焰中，一股一股乳白色的含着稀薄的呛人的臭味的烟袅袅上升。项羽，那驰名天下的江东叛军领袖，巍然地踞在虎皮毯上，腰略向前俯，用左肘撑着膝盖，右手握着一块蘸了漆的木片，在一方素帛上沙沙地画着。他有一张粗线条的脸庞，皮肤微黑，阔大，坚毅的方下巴。那高傲的薄薄的嘴唇紧紧抿着，从嘴角的微涡起，两条疲倦的皱纹深深地切过两腮，一直延长到下颔。他那黝黑的眼睛，虽然轻轻蒙上了一层忧郁的纱，但当他抬起脸来的时候，那乌黑的大眼睛里却跳出了只有孩子的天真的眼睛里才有的焰焰的火花。

“米八石，玉蜀黍八袋，杂粮十袋。虞姬！”他转过脸向那静静地立在帷帐前拭抹着佩剑上的血渍的虞姬，他眼睛里爆裂的火花照亮了她的正在帐帷的阴影中的脸。“是的，我们还能够支持两天。我们那些江东子弟兵是顶聪明的。虽然垓下这贫瘠的小土堆没有丰富的食料可寻，他们会网麻雀，也会掘起地下的蚯蚓。让我看——从垓下到渭州大约要一天，从渭州到颍城，如果换一匹新马的话，一天半也许可以赶到了。两天半……虞姬，三天之后，我们江东的屯兵会来解围的。”

“一定，一定会来解围的。”虞姬用团扇轻轻赶散了蜡烛上的青烟。“大王，我们只有一千人，他们却有十万……”

“啊，他们号称十万，然而今天经我们痛痛快快一阵大杀，据我估计，决不会超过七万五的数目了。”他伸了个懒腰。“今天这一阵厮杀，无论如何，总挫了他们一点锐气。我猜他们这两天不敢冲上来挑战了。——哦，想起来了，你吩咐过军曹预备滚木和擂石了没有？”

“大王倦了，先休息一会吧，一切已经照您所嘱咐的做去了。”她依照着每晚固定的工作做去。侍候他睡了之后，就披上一件斗篷，一只手拿了烛台，另一只手护住了烛光，悄悄地出了帐篷。夜是静静的，在迷镑的薄雾中，小小的淡白色的篷帐缀遍了这土坡，在帐子缝里漏出一点一点的火光，正像夏夜里遍山开满的红心白瓣的野豆花一般。战马呜呜悲啸的声音卷在风里远远传过来，守夜人一下一下敲着更，绕着营盘用单调的步伐走着。虞姬裹紧了斗篷，把宽大的袖口遮住了那一点烛光，防它被风吹灭了。在黑暗中，守兵的长矛闪闪地发出微光。马粪的气味，血腥，干草香，静静地在清澄的夜的空气中飘荡。

她停在一座营帐前，细听里面的声音。

两个兵士赌骰子，用他们明天的军粮打赌，一个梦呓的老军呢喃地描画他家乡的香稻米的滋味。

虞姬轻轻地离开了他们。

她第二次停住的地方是在前线的木栅栏前面。杂乱地，斜坡上堆满了砍下来的树根，木椿，沙袋，石块，粘土。哨兵擎着蛇矛来往踱着，红灯笼在残破的雉堞的缺口里摇晃着，把半边天都染上一层淡淡的红光。她小心地吹熄了蜡烛，把手弯支在木栅栏上，向山下望过去；那一点一点密密猛猛的火光，闪闪烁烁，多得如同夏天草窝里的萤火虫——那就是汉王与他所招集的四方诸侯的十万雄兵云屯雨集的大营。

虞姬托着腮凝想着。冷冷的风迎面吹来，把她肩上的飘带吹得瑟瑟乱颤。她突然觉得冷，又觉得空虚，正像每一次她离开了项王的感觉一样。如果他是那炽热的，充满了烨烨的光彩，喷出耀眼欲花的 ambition 的火焰的太阳，她便是那承受着，反射着他的光和力的月亮。她像影子一般地跟随他，经过漆黑的暴风雨之夜，经过战场上非人的恐怖，也经过饥饿，疲劳，颠沛，永远的。当那叛军的领袖骑着天下闻名的乌骓马一阵暴风似地驰过的时候，江东的八千子弟总能够看到后面跟随着虞姬，那苍白，微笑的女人，紧紧控着马缰绳，淡绯色的织锦斗篷在风中鼓荡。十余年来，她以他的壮志为她的壮志，她以他的胜利为她的胜利，他的痛苦为她的痛苦。然而，每逢他睡了，她独自掌了蜡烛出来巡营的时候，她开始想起她个人的事来了。她怀疑她这样生存在世界上的目标究竟是什么。他活着，为了他的壮志而活着。他知道怎样运用他的佩刀，他的长矛，和他的江东子弟去获得他的皇冕。然而她呢？她仅仅是他的高吭的英雄的呼啸的一个微弱的回声，渐渐轻下去，轻下去，终于死寂了。如果他的壮志成功的话——

远远地，在山下汉军的营盘里一个哨兵低低地吹起画角来，那幽幽的，凄楚的角声，单调、笨拙，然而却充满了沙场上的哀愁的角声，在澄静的夜空底下回荡着。天上的一颗大星渐渐地暗了下去。她觉得一颗滚热的泪珠落在她自己的手背上。——啊，假如他成功了的话，她得到些什么呢？她将得到一个“贵人”的封号，她将得到一个终身监禁的处分。她将穿上宫妆，整日关在昭华殿的阴沉古黯的房子里，领略窗子外面的月色，花香，和窗子里面的寂寞。她要老了，于是他厌倦了她，于是其他的数不清的灿烂的流星飞进他和她享有的天宇，隔绝了她十余年来沐浴着的阳光。她不再反射他照在她身上的光辉，她成了一个被蚀的明月，阴暗、忧愁、郁结、发狂。当她结束了她这为了他而活着的生命的时候，他们会送给她一个“端淑贵妃”或“贤穆贵妃”的谥号，一只锦绣装裹的沉香木棺椁，和三四个殉葬的奴隶。这就是她的生命的冠冕。她又厌恶又惧怕她自己的思想。

“不，不，我今晚想得太多了！捺住它，快些捺住我的思潮！”她低下了头，握住拳头，指甲深深地掐到肉里去，她那小小的，尖下颏的脸发青而且微颤像风中的杏叶。“回去吧！只要看一看他的熟睡的脸，也许我就不会再胡思乱想了。”

她拿起蜡烛台，招呼近旁的哨兵过来用他的灯笼点亮了她的蜡烛。正当她兜紧了风帔和斗篷预备转身的时候，她突然停住了。从山脚下的敌兵的营垒里传出低低的，幽闲的，懒洋洋的唱小调的歌声。很远，很远，咬字也不大清晰，然而，风正朝山上吹，听得清清楚楚的楚国乡村中流行的民歌《罗敷姐》。先是只有一只颤抖的，孤零的喉咙在唱，但，也许是士兵的怀乡症被淡淡的月色勾了上来了吧，四面的营盘里都合唱起来了。《罗敷姐》唱完了，一阵低低的喧笑，接着又唱起《哭长城》来。虞姬木然站着，她先是略略有些惶惑。

“他们常唱这个么？”她问那替她燃蜡烛的哨兵。

“是的，”那老兵在灯笼底下霎了霎眼，微微笑着。“我们都有些不信那班北方汉子有这般好的喉咙哩。”

虞姬不说话，手里的烛台索索地乱颤。扑地一声，灯笼和蜡烛都被风吹熄了。在昏暗中，她的一双黑眼珠直瞪瞪向前望着，像猫眼石一般地微微放光，她看到了这可怖的事实。

等那哨兵再给她点亮了蜡烛的时候，她匆匆地回到有着帅字旗的帐篷里去。她高举着蜡烛站在项王的榻前。他睡得很熟，身体微微蜷着，手塞在枕头底下，紧紧抓着一把金缕小刀。他是那种永远年轻的人们中的一个；虽然他那纷披在额前的乱发已经有几茎灰白色的，并且光阴的利刃已经在他坚凝的前额上划了几条深深的皱痕，他的睡熟的脸依旧含着一个婴孩的坦白和固执。他的粗眉毛微微皱着，鼻子带着倔强的神气，高贵的嘴唇略微下垂，仿佛是为了发命令而生的。

虞姬看着他——不，不，她不能叫醒他告诉他悲惨的一切。他现在至少是愉快的；他在梦到援兵的来临，也许他还梦见内外夹攻把刘邦的大队杀得四散崩溃，也许他还梦见自己重新做了诸侯的领袖，梦见跨了乌骓整队进了咸阳，那不太残酷了么，假如他突然明白过来援军是永远不会来了？

虞姬脸上凝结了一颗一颗大汗珠。她瞥见了布篷上悬挂着的那把佩剑——如果——如果他在梦到未来的光荣的时候忽然停止了呼吸——譬如说，那把宝剑忽然从篷顶上跌下来刺进了他的胸膛——她被她自己的思想骇住了。汗珠顺着她的美丽的青白色的面颊向下流。红烛的火光缩得只有蚕豆小。项王在床上翻了个身。“大王，大王……”她听见她自己沙哑的声音在叫。

项王骨碌一声坐了起来，霍地一下把小刀拔出鞘来。

“怎么了，虞姬？有人来劫营了么？”

“没有，没有。可是有比这个更可怕的。大王，你听。”

他们立在帐篷的门边。《罗敷姐》已经成了尾声，然而合唱的兵士更多了，那悲哀的，简单的节拍从四面山脚下悠悠扬扬地传过来。“是江东的俘虏在怀念着家乡？”在一阵沉默之后，项王说。“大王，这歌声是从四面传来的。”

“啊，汉军中的楚人这样——这样多么？”

在一阵死一般的沉寂里，只有远远的几声马嘶。

“难道——难道刘邦已经尽得楚地了？”

虞姬的心在绞痛，当她看见项王倔强的嘴唇转成了白色，他的眼珠发出冷冷的玻璃一样的光辉，那双眼睛向前瞪着的神气是那样的可怕，使她忍不住用她宽大的袖子去掩住它。她能够觉得他的睫毛在她的掌心急促地翼翼扇动，她又觉得一串冰凉的泪珠从她手里一直滚到她的臂弯里，这是她第一次知道那英雄的叛徒也是会流泪的动物。

“可怜的……可怜的……”底下的话听不出了，她的苍白的嘴唇轻轻翕动着。他甩掉她的手，拖着沉重的脚步，歪歪斜斜走回帐篷里。她跟了进来，看见他伛偻着腰坐在榻上，双手捧着头。蜡烛只点剩了拇指长的一截。残晓的清光已经透进了帷幔。“给我点酒。”他抬起眼来说。当他提着满泛了琥珀的流光的酒盏在手里的时候，他把手撑在膝盖上，微笑地看着她。

“虞姬，我们完了。我早就有些怀疑，为什么江东没有运粮到垓下来。过去的事多说也无益。我们现在只有一件事可做——冲出去。看这情形，我们是注定了要做被包皮围的困兽了，可是我们不要做被猎的，我们要做猎人。明天——啊，不，今天——今天是我最后一次的行猎了。我要冲出一条血路，从汉军的军盔上面踏过去！哼，那刘邦，他以为我已经被他关进笼子里了吗？我至少还有一次畅快的围猎的机会，也许我的猎枪会刺穿他的心，像我刺穿一只贵重的紫貂一样。虞姬，披上你的波斯软甲，你得跟随我，直到最后一分钟。我们都要死在马背上。”“大王，我想你是懂得我的，”虞姬低着头，用手理着项王枕边的小刀的流苏，“这是你最后一次上战场，我愿意你充分地发挥你的神威，充分地享受屠杀的快乐。我不会跟在你的背后，让你分心，顾虑我，保护我，使得江东的子弟兵讪笑你为了一个女人失去了战斗的能力。”

“噢，那你就留在后方，让汉军的士兵发现你，去把你献给刘邦吧！”虞姬微笑。她很迅速地把小刀抽出了鞘，只一刺，就深深地刺进了她的胸膛。项羽冲过去托住她的腰，她的手还紧紧抓着那镶金的刀柄，项羽俯下他的含泪的火一般光明的大眼睛紧紧瞅着她。她张开她的眼，然后，仿佛受不住这样强烈的阳光似的，她又合上了它们。项羽把耳朵凑到她的颤动的唇边，他听见她在说一句他所不懂的话：“我比较喜欢那样的收梢。”

等她的身体渐渐冷了之后，项王把她胸脯上的刀拔了出来，在他的军衣上揩抹掉血渍。然后，咬着牙，用一种沙嗄的野猪的吼声似的声音，他喊叫：“军曹，吹起画角！吩咐备马，我们要冲下山去！”

（《明报月刊》1989 年第 1 期）

牛

张爱玲　文

禄兴衔着旱烟管，叉着腰站在门口。雨才停，屋顶上的湿茅草亮晶晶地在滴水。地下，高高低低的黄泥潭子，汪着绿水。水心里疏疏几根狗尾草，随着水涡，轻轻摇着浅栗色的穗子。迎面吹来的风，仍然是冰凉地从鼻尖擦过，不过似乎比冬天多了一点青草香。

禄兴在板门上磕了磕烟灰，紧了一紧束腰的带子，向牛栏走去。在那边，初晴的稀薄的太阳穿过栅栏，在泥地上匀铺着长方形的影和光，两只瘦怯怯的小黄鸡抖着粘湿的翅膀，走来走去啄食吃，牛栏里面，积灰尘的空水槽寂寞地躺着，上面铺了一层纸，晒着干菜。角落里，干草屑还存在。栅栏有一面磨擦得发白，那是从前牛吃饱了草颈项发痒时磨的。禄兴轻轻地把手放在磨坏的栅栏上，抚摸着粗糙的木头，鼻梁上一缕辛酸味慢慢向上爬，堵住了咽喉，泪水泛满了眼睛。

他吃了一惊——听见背后粗重的呼吸声，当他回头去看时，不知道从什么时候起，禄兴娘子已经立在他身后，一样也在直瞪瞪望着空的牛栏，头发被风吹得稀乱，下巴颏微微发抖，泪珠在眼里乱转。他不响，她也不响，然而他们各人心里的话大家看得雪亮。

瘦怯怯的小鸡在狗尾草窝里簌簌踏过，四下里静得很。太阳晒到干菜上，随风飘出一种温和的臭味。

“到底打定主意怎样？”她兜起蓝围裙来揩眼。

“……不怎样。”

“不怎样！眼见就要立春了，家家牵了牛上田，我们的牛呢？”

“明天我上三婶娘家去借，去借！”他不耐烦地将烟管托托敲着栏。

“是的，说白话倒容易！三婶娘同我们本是好亲好邻的，去年人家来借几升米，你不肯，现在反过来求人，人家倒肯？”

他的不耐烦显然是增进了，越恨她揭他这个忏悔过的痛疮，她偏要揭。说起来原该怪他自己得罪了一向好说话的三婶娘，然而她竟捉住了这个屡次作嘲讽的把柄——“明天找蒋天贵去！”他背过身去，表示不愿意多搭话，然而她仿佛永远不能将他的答复认为满足似的——“天贵娘子当众说过的，要借牛，先付租钱。”

他垂下眼去，弯腰把小鸡捉在手中，翻来覆去验看它突出的肋骨和细瘦的腿；小鸡在他的掌心里吱吱地叫。

“不，不！”她激动地喊着，她已经领会到他无言的暗示了。她这时似乎显得比平时更苍老一点，虽然她只是三十岁才满的人，她那棕色的柔驯的眼睛，用那种惊惶和恳求的眼色看着他，“这一趟我无论如何不答应了！天哪！先是我那牛……我那牛……活活给人牵去了，又是银簪子……又该轮到这两只小鸡了！你一个男子汉，只会打算我的东西——我问你，小鸡是谁忍冻忍饿省下钱来买的？我问你哪——”她完全失掉了自制力，把蓝布围裙蒙着脸哭起来。

“闹着要借牛也是你，舍不得鸡也是你！”禄兴背过脸去吸烟，拈了一块干菜在手里，嗅了嗅，仍旧放在水槽上。

“就我一人舍不得——”她从禄兴肩膀后面竭力地把脸伸过来，“你——你大气，你把房子送人也舍得！我才犯不着呢！

何苦来，吃辛吃苦为人家把家握产，只落得这一句话！皇天在上头——先抢走我那牛，又是银簪子，又该轮到鸡了！依你的意思，不如拿把刀来将我身上肉一片片剐下去送人倒干净！省得下次又出新花样！”

禄兴不做声，抬起头来望着黄泥墙头上淡淡的斜阳影子，他知道女人的话是不必认真的，不到太阳落山她就会软化起来。到底借牛是正经事——

不耕田，难道活等饿死吗？这个，她虽然是女人，也懂得的。

黄黄的月亮斜挂在茅屋烟囱口上，湿茅草照成一片清冷的白色。烟囱里正蓬蓬地冒炊烟，薰得月色迷迷蒙蒙，鸡已经关在笼里了，低低地，吱吱咯咯叫着。

茅屋里门半开着，漏出一线桔红的油灯光，一个高大的人影站在门口把整个的门全塞满了，那是禄兴，叉着腰在吸旱烟。他在想，明天，同样的晚上，少了鸡群吱吱咯咯的叫声，该是多么寂寞的一晚啊！

后天的早上，鸡没有叫，禄兴娘子就起身把灶上点了火，禄兴跟着也起身，吃了一顿热气蓬蓬的煨南瓜，把红布缚了两只鸡的脚，倒提在手里，兴兴头头向蒋家走去。

黎明的天上才漏出美丽的雨过天青色，树枝才喷绿芽，露珠亮晶晶地，一碰洒人一身。树丛中露出一个个圆圆的土馒头，牵牛花缠绕着坟尖，把它那粉紫色的小喇叭直伸进暴露在黄泥外的破烂棺材里去。一个个牵了牛扛了锄头的人唱着歌经过它们。

蒋家的牛是一只雄伟漂亮的黑水牛，温柔的大眼睛在两只壮健的牛角的阴影下斜瞟着陌生的禄兴，在禄兴的眼里，它是一个极尊贵的王子，值得牺牲十只鸡的，虽然它颈项上的皮被轭圈磨得稀烂。他俨然感到自己是王子的护卫统领，一种新的喜悦和骄傲充塞了他的心，使他一路上高声吹着口哨。

到了目的地的时候，放牛的孩子负着主人的使命再三叮咛他，又立在一边监视他为牛架上犁耙，然后离开了他们。他开始赶牛了。然而，牛似乎有意开玩笑，才走了三步便身子一沉，伏在地上不肯起来，任凭他用尽了种种手段，它只在那粗牛角的阴影下狡猾地斜睨着他。太阳光热热地照在他棉袄上，使他浑身都出了汗。远处的田埂上，农人顺利地赶着牛，唱着歌，在他的焦躁的心头掠过时都带有一种讥嘲的滋味。

“杂种畜牲！欺负你老子，单单欺负你老子！”他焦躁地骂，刷地抽了它一鞭子。“你——你——你杂种的畜牲，还敢欺负你老子不敢？”

牛的瞳仁突然放大了，翻着眼望他，鼻孔涨大了，嘘嘘地吐着气，它那么慢慢地，威严地站了起来，使禄兴很迅速地嗅着了空气中的危机。一种剧烈的恐怖的阴影突然落到他的心头。他一斜身躲过那两只向他冲来的巨角，很快地躺下地去和身一滚，骨碌碌直滚下斜坡的田陇去。一面滚，他一面听见那涨大的牛鼻孔里咻咻的喘息声，觉得那一双狰狞的大眼睛越逼越近，越近越大——和车轮一样大，后来他觉得一阵刀刺似的剧痛，又咸又腥的血流进口腔里去——他失去了知觉，耳边似乎远远地听见牛的咻咻声和众人的喧嚷声。

又是一个黄昏的时候，禄兴娘子披麻戴孝，送着一个两人抬的黑棺材出门。她再三把脸贴在冰凉的棺材板上，用她披散的乱发揉擦着半干的封漆。她那柔驯的战抖的棕色大眼睛里面塞满了眼泪；她低低地用打颤的声音告诉：

“先是……先是我那牛……我那会吃会做的壮牛……活活给牵走了……银簪子……陪嫁的九成银，亮晶晶的银簪子……接着是我的鸡……还有你……还有你也给人抬去了……”她哭得打噎——她觉得她一生中遇到的可恋的东西都长了翅膀在凉润的晚风中渐渐地飞去。

黄黄的月亮斜挂在烟囱，被炊烟薰得迷迷蒙蒙，牵牛花在乱坟堆里张开粉紫的小喇叭，狗尾草簌簌地摇着栗色的穗子。展开在禄兴娘子前面的生命就是一个漫漫的长夜——缺少了吱吱咯咯的鸡声和禄兴的高大的在灯前晃来晃去的影子的晚上，该是多么寂寞的晚上呵！

（一九三六年）

（《明报月刊》1989 年第 1 期）

书评四篇

张爱玲　文

《若馨》评

这是一个具有轻倩美丽的风格的爱情故事，也许，一般在小说中追求兴奋和刺激的读者们要感到失望，因为这里并没有离奇曲折，可歌可泣的英雄美人，也没有时髦的“以阶级斗争为经，儿女之情为纬”的惊人叙述，这里只是一个平凡的少女怎样得到，又怎样结束了她的初恋的故事。然而，唯其平淡，才能够自然。本书之真挚动人，当然大半是因为题材是作者真实生活中的经验的缘故。本书的女主角若馨写得可爱极了，谁能不为那“微微向上的眉毛”，与“一球球的卷发”倾倒呢？那迷人的青年——华蓝，他的个性似乎略嫌写得晦暗一些。如果作者肯多费一些篇幅来描写他的心理，一定能够把他的个性发挥得较坚强。这故事的开始是在迟缓的调子中进行着的，到了中部，调子突转明快。几个精彩的场面，如若馨练习自行车的一段，其技巧之成熟，笔触之轻灵，实可佩服。像若馨与华蓝骑车一场，与若馨和敏强骑车一场，笔墨一样细腻轻快，而又各不相犯，其设想之精微可见。当然缺点也不是没有的：几个高潮，如若馨之拒婚，若馨之哄华蓝，都略嫌不够一点。假使再多费些气力去烘托暗示，一定能更深深地打入读者的心。

（一九三六年）

读书报告《烟水愁城录》[1]

这是一个探险的故事，叙述三个勇敢的英国人到未开发的非洲去，历尽奇险，寻到一个白种人足迹未到过的王国，和女王发生恋爱，引起国中绝大的战争和屠杀，结果三人中之一和女王终谐眷属，其余二人幸能重回文明的世界。这一类的故事，虽乏文学上的价值，却是很好的娱乐品。译笔华丽精炼，自是林译的特色。前半部充满阴惨恐怖的空气，引人入胜；后半部奇幻美丽，很能启发读者的幻想力。

（一九三六年）

书评《无轨列车》[2]

是一部不甚连续的漫画式的小说。杂写青年李琳、钟大鹏、丽珠等的情史,中间插入二十余段与故事没有密切关系的都市风景描写,体裁很特别。全书的开端以厦门鼓浪屿为背景，也许这地方为作者所熟悉的吧，描写颇为真切流利，然而不久便不幸地陷入时下都市文学的滥调里去。写上海，写名媛，写有闲阶级的享乐，永远依照固定的方式，显然不是由细密的观察得来的。结尾写“一·二八”之战，更见生硬。结构不谨严，自然也是致命伤。描写也嫌不够深入。作者笔风模仿穆时英，多矫揉造作之处。

（一九三七年）

书籍介绍《在黑暗中》[3]

丁玲是最惹人爱好的女作家。她所作的《母亲》和《丁玲自选集》都能给人顶深的印象，这一本《在黑暗中》是她早期作品中的代表作，包括四个短篇，第一篇《梦珂》是自传式的平铺直叙的小说，文笔散漫枯涩，

1 《烟水愁城录》林纾译。

2 《无轨列车》林疑介著。

3 《在黑暗中》丁玲著。

中心思想很模糊，是没有成熟的作品。《莎菲的日记》就进步多了——细腻的心理描写，强烈的个性，颓废美丽的生活，都写得极好。女主角莎菲那矛盾的浪漫的个性，可以代表五四运动时代一般感到新旧思想冲突的苦闷的女性们。作者的特殊的简练有力的风格，在这本书里可以看出它的养成。

（一九三七年）

（《明报月刊》1989 年第 1 期）

离开内地前在上海发表的最后一部作品
——张爱玲创作中篇小说《小艾》的背景

陈子善　文

笔者最近整理资料时，发现了张爱玲一九五二年离开内地去香港前，在上海发表的最后一部作品——中篇小说《小艾》。

张爱玲作品受重视

虽然有些评论家称张爱玲的小说是标准的“太太小说”，但张爱玲至今在海内外拥有大量不同层面的“张迷”，却是不容忽视的事实。据中国台北《联合报》最近报道，旅美学人郑树森与瑞典皇家学院院士、诺贝尔文学奖评委马悦然讨论中国作家能否得到诺贝尔文学奖时，马悦然也认为张爱玲“确实是很不错的”，张爱玲影响之大由此可见一斑。

由于众所周知的原因，从五十年代到七十年代，内地的张爱玲研究几乎一片空白，倒让港台和海外学者着了先鞭，并取得了长足的进展，如已故学者唐文标编撰的《张爱玲研究》《张爱玲资料大全集》等书，洋洋大观，令人折服。近年来，内地出版界和研究界开始注意张爱玲，《传奇》已出版了至少三种版本，《十八春》也已重印，《流言》和搜集更为完备的《张爱玲小说集》即将问世，《张爱玲研究资料》正在编撰中，研究论文也时见发表。

然而，总的说来，内地的张爱玲研究尚在起步阶段，还有许多工作要做，张爱玲的作品有待进一步挖掘，对张爱玲的评论也应该逐步深入。笔者偶然发现的这部《小艾》，为迄今各种张爱玲资料集所均未提及，张爱玲自己大概也忘记了（她在《惘然记》一文中说过，离开内地时许多文稿都没有带出），可算是这方面的一个新收获。

《小艾》连载于一九五一年十一月四日至次年一月廿四日《亦报》第三版。《亦报》是份八开对折的小报，一九四九年七月廿五日在上海创刊，一九五二年十一月二十日停刊，由唐大郎（云旌）和龚之方主编。作为一位出色的报人，唐大郎不但自己写得一手漂亮文章，还把《亦报》第二版和第三版（即副刊版）编得有声有色，除了刊登周作人以申寿、鹤生、十山、祝由等笔名撰写的专栏文章外，尤以连载精彩的长篇或中篇小说引人入胜。张爱玲的著名长篇《十八春》也是首次在该报连载的，远在《小艾》发表之前（顺便插一句，唐文标编撰的《张爱玲作品系年》误作《十八春》发表于一九四八年，想是未见原刊之故）。《十八春》后来由亦报社印行单行本，流传较广。因此，要了解《小艾》的写作经过，有必要追溯一下张爱玲与《亦报》的关系。

故作神秘采用笔名"梁京"

在四十年代末的上海文坛上，张爱玲已经大名鼎鼎，但她发表《十八春》时却署了一个新笔名：梁京。这个笔名，张爱玲本人直到七十年代初才对来访的研究者水晶公开承认，而在当时，为了使读者不致错过欣赏名家佳作的机会，唐大郎委实花费了一番苦心。在《十八春》连载前三天，《亦报》就登出预告，强调《十八春》是"名家小说"；连载前一天，又发表了署名"叔红"的《推荐梁京的小说》，文中称赞"梁京不但具有卓越的才华，他的写作态度的一丝不苟，也是不可多得的。在风格上，他的小说和散文都有他独特的面目。他即使描写人生最黯淡的场面，也仍使读者感觉他所用的是明艳的油彩。"作者向《亦报》读者大力推荐《十八春》，指出："我读梁京新近所作的《十八春》，仿佛觉得他是在变了。我觉得他的文章比从前来得疏朗，也来得醇厚，但在基本上仍保持原有的明艳的色调。同时，在思想感情上，他也显出比以前沉着而安稳，这是他的可喜的进步。”

果然，广大读者很快为《十八春》所吸引，进而纷纷猜测作者梁京的真名。《十八春》连载不到半个月，就有署名“传奇”者在《亦报》发表《梁京何人？》一文，“传奇”的妻子从《十八春》“题目有点怪”这一点推测，梁京不是徐讦就是张爱玲；“传奇”自己一时无法肯定梁京是谁，只能看出“梁京是高手，看他（还是她呢？）无论写哪点都这么清新细致。”同时断言“《亦报》有十山之文，子恺之画，梁京之小说，可拿得到任何文评画展大会去矣。”把梁京的小说与早已脍炙人口的周作人的散文和丰子恺的漫画相提并论，评价不可谓不高，确实很有见地。

在《十八春》连载过程中，《亦报》还先后发表了《〈十八春〉事件》《与梁京谈〈十八春〉》《也谈〈十八春〉》等文章，探讨《十八春》中主要人物的命运和作者的艺术技巧，张爱玲本人也参加了这场讨论，她对读者如此关心她的作品感到既高兴又恐惧，并且畅谈了她在《十八春》中着力塑造曼璐、曼桢这两个不同类型的“旧社会的牺牲者”的意图。组织读者与作者进行这样的文字交流，在《亦报》历史上恐怕是绝无仅有的一次，从中也可看出编者对张爱玲作品的重视。

张爱玲与《亦报》的关系

张爱玲对《亦报》也颇有好感，她是《亦报》的忠实读者，把《亦报》看作“一个极熟的朋友”。一九五〇年七月廿五日《亦报》创刊一周年纪念之际，张爱玲特地写了一篇《〈亦报〉的好文章》以示祝贺，这是张爱玲的又一篇佚文，文情并茂。好在不长，照录如下，以飨海内外“张迷”。

从前在中学里读书的时候，总是拿着一本纪念册求人写，写来写去总是“祝你前途光明！ ×× 学姊留念”，或者抄上一首英文诗：“在你的回忆之园中，给我种上一棵勿忘我花。”这是最普遍采用的一首，其次便是“工作的时候工作，游戏的时候游戏……”以下还有两句，记不清了。最叫人扫兴的是那种训诫式的“为学如逆水行舟，不进则退。”

给人写纪念册，也的确是很难下笔的。我觉得在一个刊物的周年纪念的时候写一篇文章，很像在纪念册上题字。不过因为是《亦报》，就像是给一个极熟的朋友写纪念册，却又感到另一种困难，因为感想太多，而只能够写寥寥几个字，反而无从写起来了。

我到店里去买东西，看见店伙伏在柜台上看《亦报》，我马上觉得自己脸上泛起了微笑。又有一次去看医生，生了病去找医生，总是怀着沉重的心情的，但是我一眼瞥见医生的写字台上摊着一份《亦报》，立刻有一种人情味，使我微笑了。一张报纸编得好，远远看见它摊在桌上就觉得眉目清楚，醒目而又悦目。报纸是有时间性的，注定了只有一天的生命，所以它并不要求什么不朽之作，然而《亦报》在过去一年间却有许多文章是我看过一遍就永远不能忘怀的。譬如说十山先生写的有一篇关于一个乡村里的女人，被夫家虐待，她在村里区里县里和法院里转来转去，竟没有一个地方肯接受她的控诉。看了这篇文章，方才觉得“无告”这两个字的意义，真有一种入骨的悲哀。

天天翻看《亦报》，就有机会看到这样的文字，真要谢谢《亦报》。祝它健康。

笔者按：张爱玲文中提到的十山（即周作人）的文章，指《妇女会的工作》，载一九五〇年六月廿二日《亦报》，周作人从报载一县城妇女因离婚案在区、县无告而向《人民日报》求助，联想到“乡村妇女的无告状况相当普遍”，因而主张“妇女会实有强化之必要。”而张爱玲对不幸妇女的关切也已溢于言表。

欲罢不能再埋首创作《小艾》

《十八春》终篇之后，许多“张迷”投书报社，希望梁京继续有新作在《亦报》刊载。据《亦报》一九五一年二月十九日载《访梁京》（作者署名高唐，实为唐大郎本人）一文透露，《亦报》编者早在《十八春》杀青前一个月，就已要求张爱玲再写新作，他对张爱玲说：“你写这么好的小说，别说读者不放松你不写下去，就是《亦报》同人，也不放松你不发这个稿子呀！”《十八春》登完之后的第二天，编者又向张爱玲重申前请，还具体规定待张恨水的长篇《人迹板桥霜》连载完毕后就接登她的新作。张爱玲欲罢不能，答应一俟《十八春》修订结束，马上为《亦报》“结构下一篇小说的故事”。这些消息，显然为当时广大“张迷”所乐闻。不料《人迹板桥霜》登完之后，未见梁京新作的踪影，她的这部中篇姗姗来迟，直到八个月之后的十月三十一日，《亦报》才在显著地位刊出“梁京继《十八春》后新作中篇小说《小艾》日内起刊”的预告，四天后《小艾》正式连载。

《十八春》原书封面

与《十八春》连载时边写边登不同，《小艾》是张爱玲构思多时，一气呵成后才交《亦报》付梓的，因为她觉得“《十八春》写到后来，明明发现前面有了漏洞，而无法修补，心上老是有个疙瘩。所以再要给《亦报》写的小说，非待全文完毕后，不拿出来了。”（这里也要插一句，《十八春》出版单行本时，作者已作了修订，到七十年代初，作者又把《十八春》大幅度增删，改名为《半生缘》，所以现在海外的“张迷”反而对《十八春》有点陌生。）当然，为适应连载的需要，《小艾》每天一段，情节上仍能相对完整。

《半生缘》原书封面

张爱玲的小说素以对沪港畸形社会及其历史渊源的探索和将人性遭受摧残的过程表现得令人不寒而栗为其鲜明特色，她笔下的人物大都凝集于沪港“十里洋场”的上层，像《小艾》这样上至主人，下探仆佣，旁触农村和小市民层，大跨度地涉及整个社会结构，又以下层人的生活为主要视野的作品；在她的创作中实属罕见，只有《桂花蒸　阿小悲秋》无几近似，但《桂花蒸　阿小悲秋》只写了江苏“阿妈”丁阿小平凡的一天的经历，《小艾》的容量则要大得多，从二十年代中期一直写到五十年代初，涵括了女佣小艾多灾多难的大半生。作者长于刻画女性心理。她在小说中不但真切地展现了小艾被卖到景藩家后蒙受的种种欺凌和屈辱，更以细致入微的笔触抒写了小艾的痛苦、迷惘、追求和挣扎，从而对社会的不平透出了张爱玲式的人道主义的呼声。作者对小艾充满同情和爱怜，为她终于获得新生抵制不住内心的喜悦。

张爱玲自画像（原载1944年6月《杂志》月刊第十三卷第二期，系胡兰成《评张爱玲》一文插图）

然而，作者毕竟过于熟悉她所属的那个势微破落的阶层，过于熟悉那种老式的或半改良式的大家庭中男男女女醉生梦死的生活，以至《小艾》的前半部分写得得心应手，从容不迫，后半部分就显得较为薄弱，结尾也略嫌仓促。尽管如此，无论在营造气氛、刻画人物性格所采用的手段，以及从作品中所显示出来的敏感气质等方面，与作者的其他成功作品相比，《小艾》还是体现了艺术风格的一致性。若就题材和主题的别具一格而言，《小艾》无疑应在张爱玲的小说创作中占据一个特殊的地位，它是一种转折，一种时间极为短暂但仍属难能可贵的转折。

时移势易反响大不如前

奇怪的是，《小艾》连载两个多月，《亦报》未曾刊登一篇有关的文章，与《十八春》连载前后的热烈反响形成了鲜明对照，是读者对《小艾》不感兴趣，抑或有别的什么原因？这是个费解的谜。也许当时某些人已把张爱玲其人其文视作异端，张爱玲的老友柯灵曾在《遥寄张爱玲》一文（载《香港文学》一九八五年二月号）中提到当时主管上海文艺界的夏衍拟聘请张爱玲担任电影编剧，遭到了某些人的反对。不管怎样，我们现在明白无误地知道，《小艾》终篇后不久，张爱玲就远走香港了，再过十个月，《亦报》也寿终正寝。对于张爱玲离开内地，柯灵认为“是很自然的事，既然感到格格不入，不合则去，正是各行其是，各得其所。内地曾经‘运动’成风，到‘文化大革命’而达于顶点，张爱玲留在内地，肯定逃不了，完全没有必要做这种无谓的牺牲，我为此代她庆幸”，笔者深以为然。

不过，随着《小艾》的“出土”我们又明白无误地知道，张爱玲确曾在自己的作品中对刚刚诞生的新社会表示过欢迎，尽管她的声音很小，很微弱，但是她并没有做作，她的态度是真诚的。在早期的《金锁记》《倾城之恋》等中短篇小说和后来的《秧歌》《赤地之恋》等“蜕变风格的作品”之间，竟还存在着这样一部《小艾》，这是值得海内外张爱玲研究者认真研究的。

（《明报月刊》1987 年第 1 期）

小　　艾

张爱玲　文

一

下午的阳光照到一座红砖老式洋楼上。一只黄蜂被太阳照成金黄色，在那黑洞洞的窗前飞过。一切寂静无声。

这种老式房子，房间里面向来是光线很阴暗的。席五太太坐在靠窗的地方，桌上支着一面腰圆大镜，对着镜子在那里剪前刘海。那时候还流行那种人字形的两撇前刘海，两边很不容易剪得齐，需要用一种特别长的剪刀，她这一把还是特地从杭州买来的。

她忽然把前刘海一把掳上去，要看看自己不打前刘海是什么样子。五太太明年就三十了，在当时的"女界"仿佛有一种不成文法，一到三十岁，就得把前刘海撩上去了，过了三十岁还打前刘海，要给人批评的。五太太在镜子里端详着自己的脸。胖胖的国字脸，容貌很平常，但是，都说她福相，也还有人说她长得很甜净。无论如何，是一点也不带薄命相，然而……却生就了很奇异的命运。

她是填房，前面那太太死得很早，遗下一子一女。五老爷年纪轻轻的，倒已经有了三房姬妾，后来因为要续弦，把她们都打发了，单留下一个三姨太太，这五老爷在他们兄弟间很是一个人才，谈吐又漂亮，心计又深，老辈的亲戚们说起来，都说只有他一个人最有出息，颇有重振家声的希望。果然他出去做过两任官，很会弄钱，可惜更会花钱，挥霍起来，手面大得惊人。

他们席家和五太太娘家本来是老亲，五老爷的荒唐，那边也知道得很清楚的。因此五太太出阁之前，她家里人就再三地叮嘱，要她小心，不要给人家压倒了，那三姨太太是一向最得宠的，得要给她一个下马威。五太太过门后的第二天，三姨太太来见礼，给她磕头，据说是五太太的态度非常倨傲。其实也并不是五太太自己的意思，她那两个陪房的老妈子都是家里预先嘱咐过的，一边一个搀住了她，硬把她胳膊拉紧了，连腰都不能弯一弯。三姨太太委屈得了不得，事后不免加油加酱向五老爷哭诉，五老爷十分生气，大概对太太发了话了，太太受不了，大哭大闹了两回，大家都传为笑谈，说这新娘子脾气好大。五老爷也并不和她争吵，只是从此以后就不理睬她了。他本来在北京弄了个差使，没等满月就带着姨太太上任去了。

二

这时候已经是辛亥革命以后，像席五老爷这样，以一个遗少的身份在民国时代出仕，一般人议论起来，已经要骂他变节了，何况他本身还做过清朝的官。大家都觉得他这时候再出去，很犯不着。但是五老爷一半也是由于负气，因为他挥霍得太厉害了，屡次闹亏空，总是由家里拿出钱来替他清了债务，弟兄们自然对他非常不满，他觉得他在家里很受歧视，他哪里受得了这个气，所以宁可出外另谋发展。五太太为了这缘故，一直恨着她那几个大伯。她一恨自己娘家，二恨她那婆婆不替她做主叫她跟着一块儿去，三恨他们兄弟们，都是他们那种冷淡的态度把他逼走了。也不知怎么，恨来恨去，就是恨不到他本人身上。

五老爷到了北京，起初两年甚是得意，着实大阔了一阵。后来也是因为浪费过分，大笔的挪用公款，不知怎么又给闹穿了，幸而有人从中斡旋，才没有出事，结果依旧是由家里拿出钱去弥缝，他不久也就回来了。三姨太太这几年在北方独当一面，散诞惯了，嫌老公馆里规矩大，不愿意回去，便另外租了房子住在外面，对老太太只说她留在北京没有一同回来。老太太装糊涂，也不去深究。五老爷也住在外面，有时候到老公馆里来一趟，也只在书房里坐坐，老太太房里坐坐。

时间一年年的过去，在这家庭里面，五太太又像弃妇又像寡妇的一种很不确定的身份已经确定了。小姑和侄女们常常到她房里来玩，一天到晚窜出窜进，因为她这里没有男人，不必有什么顾忌。五太太天性也是一个喜欢热闹的人，人来了她总是很欢迎，成天嘻嘻哈哈，热热闹闹的，人都说她没心眼儿。

三

这一天她正半闭着眼睛在那里剪前刘海，免得短头发落到眼睛里去，她的一个小姑婉小姐在外面叫了声“五嫂，你在干什么呢？”便一掀帘子走了进来。五太太笑道：“没有事情做。这两天天越过越长了，闷死了！”婉小姐道：“可不是吗！”一面伸着懒腰，就在一张杨妃榻上坐了下来，随手摸了摸榻上蟠着的一只大狸花猫，又道：“可有什么吃的没有？上回那糖还有吧？”说着，便去开那只洋铁筒，向里面张了一张，便鼓着嘴撒起娇来道：“五嫂！那松子糖没有了！”

五太太道：“明儿再去买去。刚才我叫陶妈去买枇杷去了，等着吃枇杷吧。”五太太对于吃零食最感兴趣，平常总是她领着头想吃这个，想吃那个，买了来大家一块儿吃，所以她每月贴在这上面的钱为数很可观。那些妯娌们其实也不短吃她的，在背后却常常批评，说大家同时拿这一点月费，只有她一个人又没有小孩，又没有什么别的负担，全给她瞎花了。

五太太自己剪完了前刘海，又和婉小姐说：“你那刘海儿也长了，我来给你绞绞。”因把一张椅子挪了过来，两人脸对脸坐着。五太太一面剪着，婉小姐闭着眼睛说道：“你看我这脸，反而比从前更黑了！”五太太便道：“你看我呢？”婉小姐眯缝着眼睛向她脸上端详着。她们前一向因为看见报上有一种西洋药品的广告，说是搽在脸上可以褪掉一层皮、使皮层变为白嫩，就去买了来尝试。一搽，果然脸上整大块的皮褪下来，只好躲在房里装病不见人，等到褪完了，也确实又白又嫩。白了总有十几天，那嫩皮肤大概是特别敏感，并没有经过风吹日晒，倒已经变黑了，以前倒还没有那样黑。

大家都十分气愤。

四

那女佣陶妈买了一篓子枇杷回来，正遇见老姨太也到她们这里来，便叫了声“老姨太”，替她打起帘子。这老姨太年纪其实也并不大，不过三十来岁模样，也还很有几分风韵，穿着一件月白纱衫，黑华丝葛裤子。婉小姐是一身月白纱衫裤。

五太太最羡慕的就是像她们那种瘦怯怯的身材，袖管里露出的一截手腕骨瘦如柴，她拉着她们的手，说不出来的又爱又恨，嫌自己太胖了蠢相。

陶妈送了茶进来，五太太笑道：“姨，我们正是三缺一。”她们常常瞒着老太太偷偷地打牌，似乎五太太的兴致比谁都好。她只管鬼鬼祟祟的含着微笑轻声问着：“来不来？来来？”老姨太笑道：“不知道三太太有工夫没有。”那陶妈一听见说打牌就很高兴，因为可以有进账，所以老在旁边逗留着没有走开。五太太对于这陶妈却有几分畏惧，她原来的那两个陪房的老妈子已经走了，换了这个陶妈，但是五太太还是一样地怕她，和她说起话来总是小心翼翼的，支使她做什么事的时候，也总是笑嘻嘻的，用一种搀掇的口吻。当时五太太便悄悄的向她笑道：“老陶，你去看看三太太有工夫没有！”陶妈一走，这里就忙着叫另一个女佣刘妈把桌子摆起来，婉小姐和老姨太也帮着，把桌布扎起来，桌布底下再垫上一床毯子，打起牌来可以没有声音，怕给老太太听见了。同时陶妈已经把三太太请了来，他们家是三太太当家，她本来就比较忙，这两天快过节了，自然更忙一点。一走进来，看见大家在那里数筹码，便笑道：“呦，又要打牌啦？我还当是什么事情！”五太太笑道：“你不想打呀？又要来装腔作势的！”三太太笑道：“待会儿人家说婉妹妹全给我们带坏了。”一面说着，已经坐了下来。

五

五太太让三太太吃枇杷，老姨太早已剥了一颗，把那枇杷皮剥成一朵倒垂莲模样，蒂子朝下，十指尖尖擎着送了过来。老姨太从前是堂子里出身，这种应酬功夫是最拿手的。五太太在旁说道：“今年的枇杷不好，没有买着一回甜的。”三太太道：“今天田上来了人，带了好些枇杷来，不知道比这儿买的可好些。还带了些糯米来。哦，那两个丫头也买来了。”他们平常买丫头，因为老太太不喜欢外省人，总是带信给他们原籍乡下的师爷，叫他在那里买了送来。他们在乡下有许多田地，有一个师爷常住在那里收租。

大家坐下来打牌，打了四圈，看看已经日色西斜，三太太便道：“这时候老太太该醒了，得有一个人去一趟。”五太太道：“好，我去我去！”照规矩她们全得去，但是如果大家一同去，老太太势必要疑心，说怎么这许多人在一起，刚好一桌麻将。所以只好轮流地去。他们老太太其实是最爱打牌的，现在因为年纪大了，有腰疼的毛病，在牌桌上坐不了一会就得叫别人代打，所以不大打了，就也不许她们打。老太太每天一大早起来，睡得又晚，媳妇们也得陪着她起早睡晚，但是她每天下午要睡午觉，却不许媳妇们睡，只要看见她们头发稍微有点毛，就要骂出很不好听的话来。不过她从来不当面骂人的，总是隔着间屋子骂，或者叫一个女佣传话，使那媳妇更觉得羞辱些。

五太太到老太太那里去，硬着头皮走进那阴暗高敞的大房间，老太太睡中觉刚起来，正坐在那里吃牛奶，因为嫌牛奶腥气，里面掺着有姜汁。一个女佣拿着把梳子站在椅子背后替她拢拢头发。

六

五太太叫了声“妈”，问道：“妈睡好了没有？”老太太只是带理不埋地哼了一声。五太太便站在一旁，准备着在旁边递递拿拿的，其实也无事可做。她一有点窘，就常常在喉咙口发出一种轻微的“啃”“啃”的咳嗽的声音。

忽然听见汽车喇叭响。上海这时候已经有汽车了，那皮球式的喇叭，一捏“叭”一响，声音很短促，远远听着就像一声声的犬吠。五老爷新买了一部汽车，所以五太太一听见这声音就想着，不要是他回来了，顿时张惶起来。他们夫妇俩也并不是不见面，不过平常五老爷来了，她们妯娌们本来要到老太太房里请安的，听见说五老爷在那里，就不去了，五太太也是如此，但是要是她先在那里，然后他来了，当然她也没有回避的道理。可是老太太有没有听见这汽车喇叭声音呢？也甚至于老太太还以为她待在这儿不走，是有心要想跟他见面，那可太难为情了。

五太太正是六神无主，这里门帘一掀，已经有一个男子走了进来，那女佣叫了声“五老爷”。这席五老爷席景藩身材相当高，苍白的长方脸儿，略有点鹰钩鼻，一双水灵灵的微爆的大眼睛，穿着件樱白华丝纱长衫，身段十分潇洒，一顶巴拿马草帽拿在手里，进门便在桌上一搁。老太太向来对儿子们是非常客气的，尤其因为景藩向不住在家里，隔两天从小公馆里回来一次，陪老太太谈谈，老太太看见他更是眉花眼笑的，非常的敷衍他。因见他已经穿上了夏天的衣裳，便笑道：“你倒换了季了？不嫌冷哪，这两天早晚还很凉呢。”又别过头去向女佣说：“我还有那半瓶牛奶，热了来给五爷吃，姜汁搁得少一点，刚才把我都辣死了！”

七

那女佣自去烫牛奶，五老爷便在下首一张椅子上坐了下来。五太太依旧侍立在一边。普通一般的夫妻见面，也都是不招呼的，完全视若无睹，只当房间里没有这个人，他们当然也是这样，不过景藩是从从容容的，态度很自然，五太太却是十分局促不安，一双手也没处搁，好像怎么站着也不合适，先是斜伸着一只脚，她是一双半大脚，雪白的丝袜，玉色绣花鞋，这双鞋似乎太小了，那鞋口扣得紧紧的，脚面肉唧唧的隆起一大块。可不是又胖了！连鞋都嫌小了。她急忙把脚缩了回来，越发觉得自己胖大得简直无处容身。又疑心自己头发毛了，可是又不能拿手去掠一掠，因为那种行动仿佛有点近于搔首弄姿。也只好忍着。要想早一点走出去，又觉得他一来了她马上就走了，也不大好，倒像是赌气似的，老太太本来就说景藩不跟她好是因为她脾气不好，这更有的说了。因此左也不是右也不是，站在那里迸了半天，方才搭讪着走了出来。一走出来，立刻抬起手来拢了拢头发，其实头发如果真是蓬乱的话，这时候也是亡羊补牢，已经晚了。她的手指无意中触到面颊上，觉得脸上滚烫，手指却是冰冷的。

她还没回到自己房里，先弯到下房里，悄悄的和陶妈说："待会儿三太太她们在这儿吃饭，你看有什么菜给添两样，稍微多做一点，分一半送到书房里去。五老爷今天回来了。"他们这里的饭食本来是由厨房里预备了，每房开一桌饭，但是厨房里备的饭虽然每天照开，谁都不去吃它，嫌那菜做得不好，另外各自拿出钱来叫老妈子做"小锅菜"，所以也可以说是行的分炊制。五太太房里就是陶妈做菜，陶妈是吃长素的，做起菜来没法儿尝咸淡，但是手艺很不错，即或有时候做得不大好，五太太当然也不敢说什么，依旧是人前人后的赞不绝口。

八

当下她向陶妈嘱咐了一番，便回到自己房里去，三太太婉小姐老姨太几个人干坐在牌桌旁边，正等得不耐烦，嗑了一地的瓜子。五太太急急地入座，马上就又打了起来。陶妈进来倒茶，五太太一面打着牌，又赔笑向陶妈说道："老陶，等会儿菜里少搁点酱油，昨天那鱼太咸了一点。"陶妈顿时把脸一沉，拖长了声气说道："哦，太咸啦？"五太太忙笑道："挺好吃的，不过稍微太咸了点。"陶妈也没说什么，自出去了。

她们这里打着牌，不觉已经天黑了下来，打完了这一圈就要吃晚饭了。刘妈已经在外房敲着猫钵子"咪咪！咪咪！"地唤着。五太太这里养了很多的猫。

牌桌上点着一盏绿珠璎珞电灯，那灯光把人影放大了，幢幢的映在雪白的天花板上。陶妈忽然领着一个褴褛的小女孩走了进来，在那孩子肩头推搡了一下，道："叫太太。"众人一齐回过头来看着，猜着总是那新买来的丫头，看上去至多不过七八岁模样，灰扑扑的头发打着两根小辫子，站在那里仿佛很恐惧似的。婉小姐不由得笑了起来道："这么小会做什么事呀？"五太太问了一声："几岁呀？"陶妈便道："太太问你几岁呢。说呃！"又推了她一下道："说呀！——说呀！"那孩子只是不作声。陶妈道："说是当九岁买来的呢，这样子哪有九岁？"老姨太便笑着说："小一点好，可以多使几年。"五太太向陶妈说道："把她辫子给绞了，头发给绞短了洗洗，别带了虱子过到猫身上。"陶妈答应着，就又把她带出去了。

三太太她们在这里吃了晚饭，又续了几圈，方才各自回房。陶妈等人都走了，便气烘烘的和五太太说道："太太，一个好的丫头给三太太拣去了！那一个总有十一二岁了，又机灵，这一个好了，连梳头自己都不会梳！"五太太怔了一怔，方道："算了，别说了。太机灵了也不好。"陶妈恨道："太太就是太随便了，所以人家总欺负你。"五太太也没言语。

九

五太太因为那小丫头来的时候正是快要过端午节了，所以给取了个名字叫小艾。此后她们晚上打牌，就是小艾在旁边伺候着。打牌打到夜深，陶妈刘妈都去睡了，小艾常是靠在门上打盹，等到打完了牌，地下吃了一地的瓜子壳花生衣果子核，五太太便高叫一声："小艾！扫地！"小艾睡眼蒙眬的抢着从门背后拿出扫帚来，然后却把扫帚拄在地下，站在那里发糊涂。大家都哄然笑起来。

自从小艾来了，倒是添了许多笑料。据说是叫她喂猫，她竟抢猫饭吃。她年纪实在小，太重的事情当然也不能做，晚上替五太太捶捶腿，所以常常要熬夜，早上陶妈刘妈是一早就得起来的，小艾来了以后，就是小艾替她们拎洗脸水，下楼去到灶上拎一大壶热水上来。厨房里的人是势利的，对于五太太房里的人根本也就不怎么放在眼里，看这小艾又是新来的，又是个小孩子，所以总是叫她等着，别房里的人来在她后面，却先把水拎了去了，等到小艾拎了洗脸水上来，陶妈便向她嚷："我还当你死在厨房里了！丫头坯子懒骨头，拎个水都要这些时候！跑哪儿去玩去了？"劈脸一个耳刮子。小艾才来的时候总是不开口，后来有时候也分辩，却是越分辩越打得厉害，并且说："这小艾现在学坏了，讲讲她还是她有理！"

五太太照说是个脾气最好的人，但是打起丫头来也还是照样打。只要连叫个一两声没有立刻来到，来了就要打了。五太太没事就爱嗑瓜子，所以随时的需要扫地，有时候地刚扫了，婉小姐她们或者又跑来一趟，嗑些瓜子在地下，就要骂小艾扫地扫得不干净。五太太屋里这些猫都是经过训练的，猫屎通常都是拉在灰盆子里，但是难免也有例外的时候。倘然在别处发现了猫屎，就又要打小艾，总是她没有把猫灰盆子搁在最适当的地方。

十

无论什么东西砸碎了，反正不是她砸的也是她砸的。五太太火起来就拿起鸡毛掸帚呼呼地抽她！后道："下回还敢吧？还敢不敢了？"有时候也罚跪，罚她不许吃饭。小艾这孩子，本来是怎样一个性情，是也看不出来了，似乎只是阴沉而呆笨。刚来的时候，问她家里有些什么人，她也答不上来，大家都笑，说哪有这样快倒已经不记得了。其实记是记得的，不过越是问，她越是不说，因为除此以外她也没有别的方法可以表示丝毫的反抗。渐渐的也就真的忘记了。仿佛家里有父亲有母亲，也有弟弟妹妹，但是渐渐的连这一点也都不确定起来。也是因为在这样小的年纪，就突然的好像连根拔了起来，而且落到了这样一个地方，所以整个地觉得昏乱而迷惘。

她的衣服是主人家里给她做的，所以比一般的女佣要讲究些，照例给她穿得花花绿绿的很是鲜艳，也常常把六孙小姐的旧衣服给她穿。六孙小姐是五老爷前头的太太生的那个小姐，照大排行是行六。六孙小姐那些绫罗绸缎的衣服，质地又不结实，颜色又娇嫩，被小艾穿着操作，有时候才上身就撕破了或污损了，不免又是一场打骂，说她不配穿好衣裳。

她大概身体实在好，一直倒是非常结实。要是不受那些折磨的话，会长得怎样健壮，简直很难想象。六孙小姐出嫁那一年，小艾总也有十四五岁了，个子不高，圆脸，眼睛水汪汪的又大又黑，略有点吊眼梢。脸上长得很“喜相”，虽然她很少带笑容的。也许因为终年不见天日的缘故，她的皮肤是阴白色的，像水磨年糕一样的瓷实。

十一

那年正是北伐以后，到南京去谋事的人很多。五老爷也到南京去活动去了，带着姨太太一块儿去，在南京赁下了房子住着，住了些时，忽然写了封信来，要接五太太到南京去。家里的人听见这话都非常惊异，在背后议论着，大都认为这里面一定有什么花头。五太太虽然也和她们同样地觉得非常意外，但是她自有一种解释，她想着一个人年纪大些，阅历多了，自然把那些花花草草的事情都看得淡了，或者倒会念起夫妇的情分，也未可知。而且她一向在家里替他照应他那两个孩子，现在一个男孩子也大了，在一个洋学堂里念书，女孩子呢也已经嫁了。她在这方面的责任已了。从前没好接她出去，大概也是因为有一个女孩子在她身边——如果把六孙小姐也带着，和姨太太住在一起，似乎不大好，人家要批评的，甚而至于对她的婚事也有妨碍。现在当然没有这些问题了。五太太心中自是十分高兴，当下就去整理行装，把陶妈刘妈小艾都带去，单留下一个粗做的女佣看守房间，照管那一群猫。她想着要是把猫也带了去，给家里这些人看着，好像这一去就不打算回来了，倒有点不好意思，而且五老爷恐怕也不喜欢猫。

五太太到了南京，自然有仆人在车站上迎接，一同回到家里。五老爷有应酬，出去了，只有三姨太太在那里。三姨太太很客气地招待着，但是却改了称呼，不叫她“太太”而叫“五太太”，像是妯娌间或是平辈的亲戚的称呼，无形中替自己抬高了身份。五太太此来是抱着妥协的决心的，所以态度也非常谦逊，而且跟她非常亲热。当下两人前嫌尽释，五太太擦了把脸，姨太太便陪着她一同用饭。

十二

这三姨太太从前在堂子里的时候名字叫作忆妃老九，她嫁给五老爷有十多年了，能够一直宠擅专房，在五老爷这样一个没长性的人，不能不说是一个奇迹。五太太带来的几个佣人都是久已听见说这三姨太太生得怎样美貌。不过一直没有见过。计算她的年龄，总也有三十多了，倒是一点也看不出来。她是娇小身材，头发剪短了烫得乱蓬蓬的，斜掠下来掩住半边面颊，脸上胭脂抹得红红的，家常穿着件雪青印度绸旗衫，敞着高领子，露出颈子上四五条紫红色的揪痧的痕迹。她用一只细长的象牙烟嘴吸着香烟，说着一口苏州官话，和五太太谈得十分热闹。

景藩不久也就回来了，五太太这几年比从前又胖了，景藩一过四十岁，却是一年比一年瘦削，夫妇两人各趋极端。这一天天气很热，他一回来就把长衣脱了，穿着一身纺绸短衫裤，短衫下面拖出很长的一截深青绣白花的汗巾。乌亮的分发，刷得平平的贴在头上。他和五太太初见面，不过问问她这一向老太太身体可好，又随便问问上海家中的事情，态度却很和悦，五太太也就不像以前见了他那样拘束得难受了。

忆妃想必和景藩预先说好了的，此后家下人等称呼起来，不分什么太太姨太太，一概称为“东屋太太”，“西屋太太”，并且她有意把西屋留给五太太住，自己住了东屋，因为照例凡是“东”“西”并称，譬如“东太后”“西太后”，总是“东”比较地位高一些。五太太也并不介意，对忆妃仍旧是极力地联络，没事就到她房里去坐着，说说笑笑，亲密异常，而且到照相馆里去合拍了几张照片，两人四手交握，斜斜地站着拍了一张，同坐在一张S形的圈椅上又拍了一张。

十三

景藩和忆妃此后出去打牌看戏吃大菜，也总带她一个。他们所交往的那些人里面，有许多女眷都是些青楼出身的姨太太，五太太也非常随和，一点也不搭架子。她对于那种繁华场中的生活与那些魅丽的人物也未始没有羡慕之意。

五太太来了没有多少日子，景藩就告诉她说，他这次到南京来，虽然有很好的门路，可惜运动费预备得不够充裕，所以至今还没有弄到差使，但是他已经罗掘俱空了，想来想去没有别的法子，除非拿她的首饰去折变一笔款子出去，想必跟她商量她不会不答应的，一向知道她为人最是贤德。五太太听了这话，当然没有什么说的，就把她的首饰箱子拿了出来给他挑拣，是值钱些的都拿了去了。

那年年底，景藩的差使发表了，大家都十分兴奋。景藩写了信回去告诉上海家里，一方面忆妃早就在那里催着他，要他把五太太送回去。这一天又在那里和他交涉着，忽然看见有人在门口探了探头，原来五太太有一件夹背心脱在忆妃房里忘了带回去了，所以差小艾来拿，小艾看见景藩在这里，就没敢冒冒失失地走进去。却被忆妃看见了，便向景藩扁着嘴笑了一笑，轻声道："准是打发了来偷听话的。"景藩便皱着眉喝道："在那儿贼头鬼脑的干什么？滚出去！"小艾忙走开了。她在景藩跟前做事情的时候很少，但是一向知道这老爷的脾气最难伺候。给他打手巾把子，那水一定要烫得不能下手，一个手巾把子绞起来，心里都像被火灼伤了似的，火辣辣地烧痛起来。

十四

他们这里有一架电话，装在堂屋里。有一天下午，电话铃响了，刚巧小艾从堂屋里走过，不见有人来接，只得走去接听，是一个男子的声气，找老爷听电话。小艾到忆妃房里去说了，景藩才起来没有一会，正在那里剃胡子，他向来是那种大爷脾气，只管不慌不忙的，一面还和忆妃说着话，把胡子剃完了，方才趿着拖鞋走了出来，拿起听筒。不料那边等不及，也说不定以为电话断了，已经挂上了。景藩道："咦，怎么没有人了？"便把小艾叫了来问道："刚才是谁打来的？"小艾道："他没说。"景藩道："放屁！他没说，你怎么不问？——你不会听电话，谁叫你听的？"一面骂着，走上来就踢了她一下。小艾满心冤屈，不禁流下泪来。五太太在房里听见了，觉得她要是在旁边不作声，倒好像是护着丫头，而且这小艾当着忆妃的那些佣人面前给她丢人，也实在是可气，便也赶出房来，连打了小艾几下，厉声道："下回什么电话来你都不许去听！事情全给你耽误了！"正说着，电话铃倒又响了起来，是刚才那个人又打了来了，邀景藩去吃花酒。这一天晚上景藩本来答应两位太太陪她们去看戏的，已经定好了一个包厢，结果是忆妃和五太太自己去了。

他们租的这房子是两家合住的，后面一个院子里住着另外一家人家，这家人家新死了人，这天晚上正在那里做佛事。忆妃房里的几个女佣知道她出去看戏总要到很晚才会回来，而且景藩也出去了，她们估量着他只有回来得更晚，便趁这机会溜了出去，到后面去看热闹去了。陶妈向来不大喜欢和她们混在一起的。今天却也破了例，她本来是个吃斋念佛的人，所以也跟着一同去看放焰口。

十五

家里就剩下小艾一个人，陶妈临走丢下话来，叫她把五太太房里的炉子封上。她捧了一大畚箕煤进去，把火炉里的灰出干净了，然后加满了碎煤，把五太太的床也铺好了。她只要是一个人的时候，总是很愉快的，房间里静悄悄的，只听见钟摆的滴答，她几乎可以想象这是她自己的家，她在替自己工作。

快过年了，桌上的一盆水仙花照例每一枝都要裹上红纸。她拿起剪刀，把那红纸剪出来，匝在水仙花梗子上，再用一点糨糊粘上。房间里的灯光很暗，这城市的电灯永远电力不足，是一种昏昏的红黄色。窗外的西北风呜呜吼着，那雕花的窗棂吹得咯咯的响。

景藩回来了。他本来散了席出来，就和两个朋友到他相熟的一个姑娘那里去坐坐，不知怎么一来，把他给得罪了，他相信她一定有一个小白脸在那边房里，赌气马上就走了，坐了汽车无情无绪地回到家里来。走进院门，走廊上点着灯，一看上房却是漆黑的，这才想起来，忆妃和五太太去听戏去了，想必老妈子们全都跑哪儿赌钱去了，他越发添了几分焦躁。五太太这边他向来不大来的，看看这边有一间房里窗纸上却透出黄黄的灯光，景藩便踱了过来，把那棉门帘一掀。小艾吃了一惊，声音很低微地说了声：“老爷回来了。”景藩道：“人都上哪儿去了？怎么太太去听戏去了，这些人就跑得没有影子了！”小艾道：“我去叫陶妈去。”景藩却皱着眉道：“不用了——这炉子灭了？怎么这屋里这样冷？”小艾忙把那火炉上的门打开了，让那火烧得旺些，又拿些火钳戳了戳。

十六

她低着头拨火，她那剪得很短的头发便披到腮颊上来，头发上夹着一只假珐蓝的薄片别针，是一只翠蓝色的小凤凰。景藩偶尔向她看了一眼，不觉心中一动。他倒挽着一双手，在火炉旁边前前后后踱了几步，便在床上坐下了，说了声：“拿牙签来。”他接过牙签，低着头努着嘴很用心地剔着牙，一双眼睛却只管盯着她看着。小艾觉得他那眼睛里的神气很奇怪，不由得心里突突地跳了起来，跟着就涨红了脸。可是一方面又觉得她这种模糊的恐惧是没有理由的，她从来也不想看自己长得好看，从来也没有人跟她说过。而且老爷是一向对她很凶的，今天下午也还打过她。

景藩抬起胳膊来半伸了个懒腰，人向后一仰，便倒在床上，道：“来给我把鞋脱了。”他横躺在那灯影里，青白色的脸上微微浮着一层油光，像蜡似的。嘴黑洞洞的张着，在那里剔牙。小艾手扶着椅背站在一张椅子背后，似乎踌躇了一会，然后她很突然的快步走了过来，蹲下来替他脱鞋。他那瘦长的脚穿着雪青的丝袜，脚底冰冷的，略有点潮湿。他忽然问道：“你几岁了？”小艾没有做声。景藩微笑道：“怎么不说话？唔？……干吗看见我总是这样怕？”小艾依旧没说什么，站直了身子，便向房门口走去。

景藩望着她却笑了，然后忽然换了一种声气很沉重地说道：“去给我倒杯茶来！”小艾站住了脚，但是并没有掉过身来，自走到五斗橱前面，在托盘里拿起一只茶杯，对上一些茶卤，再冲上开水送了过来，搁在床前的一张茶几上。景藩却伸着手道：“咦？拿来给我！”小艾只得送到他跟前，他不去接茶，倒把她的手一拉，茶都泼在褥子上了。

十七

她在惊惶和混乱中仍旧不能忘记这是专门给老爷喝茶的一只外国瓷茶杯，砸了简直不得了，她两只手都去护着那茶杯，一面和他挣扎着。景藩气咻咻的吃吃笑了起来。

灯光是黯淡的红黄色。

一到了将近午夜的时候，电力足了，电灯便大放光明起来，房间里照得雪亮的，却是静悄悄的声息毫无。陶妈推开房门向里面张望了一下，见景藩睡熟在床上，帐子没有放下来，她心里想他今天倒早，也不知道他什么时候回来的。她轻轻地掩上了门，自退了出去，估量着五太太也就快要回来了，得要到厨房里去看看那火腿粥炖得怎样了，她们看了戏回来要吃宵夜的。

厨房离开上房很远，陶妈沿着那长廊一路走过去，只见前前后后的房屋都是黑洞洞的，那些别的女佣都还在隔壁看人家做佛事。没有回来，陶妈是先回来了一步。她两手抄在棉袄底下，缩着脖子快步走着，一阵寒风吹过来，身上就像是一丝不挂没穿衣裳似的，嗦嗦地抖起来。

院子里黑沉沉的，远远听见隔壁的和尚念经，那波颤的喃喃的音调，夹杂着神秘的印度语，高音与低音唱和着一起一落，丁呀当呀敲着磬铃鼓钹，那音乐仿佛把半边天空都笼罩住了，听着只觉得惘惘的，有一种奇异的哀愁。陶妈这时候不知怎么一来，忽然想起来隔壁新死了人。这样一想，正是有一点害怕，却听见一阵呜呜咽咽的声音，仿佛有人在那黑暗中哭泣，不禁毛发皆竖。越是害怕，倒越是不敢停留下来，壮着胆子笔直的向前走去，再走了几步，这就听出来了，那声音是从她们住的那间对厢房里发出来的，这没有别人，一定是小艾在那里睡觉魇住了。

十八

当下陶妈定了定神，便走过去把房门一推，电灯一开，果然看见小艾伏在床上，她那哭声却已经停止了，只是不免还有些赶赶咐咐的，发出那抽噎的声音。陶妈高声道："小艾！睡得发糊涂啦？太太她们就要回来了，还不起来？"正说着，刘妈已经在走廊那一头遥遥向她叫唤着："回来了，回来了！"陶妈便又向小艾吆喝了一声："太太回来了，还不起来！"匆匆地回身向上房走去。

五太太看了戏回来，便跟着忆妃一同到她房里去了。陶妈便也跟着到忆妃房里去伺候着，帮着五太太把一件灰背领子黑丝绒斗篷脱了下来，搭在自己手臂上，当时便说了一声："老爷已经睡了。"五太太和忆妃听见这话，却是不约而同的都向床上看了一眼，床上并没有人。原来是睡在那边房里。大家都觉得很出意料之外，忆妃心里自然是有点不痛快，便道："老爷什么时候回来的？这么早倒已经睡了？"陶妈道："老爷回来我都没听见。"五太太倒有点不好意思起来，本来到忆妃这里来也没打算久坐的，这时候倒不便马上就走了，因搭讪着向陶妈笑道："饿了！那火腿粥熬好了没有？拿到这儿来吃，拣点泡菜来。"又向忆妃笑道："你也吃点儿吧？"陶妈便到厨下去，把一锅火腿粥和两样下粥的菜用一只托盘端了来，这里忆妃的女佣已经摆上了碗筷，两人对坐着，吃过了粥，又闲谈了一会，五太太方才回房去了。

陶妈和刘妈都进房来伺候着，刘妈拎了水来预备五太太洗脸，虽然都是悄悄地踮着脚走路，依旧把景藩惊醒了，睁开眼来看了看。五太太笑道："你醒了？今天怎么睡得这么早？"她倒有点担心起来，想着他不要是病了。

十九

景藩也没说什么。五太太道："有火腿粥挺好的，你要吃不要？"景藩隔了一会，方才懒洋洋地应了声："吃点儿也好。"五太太一回头。忽然看见小艾来了，挨着房门站着，并没有进来。五太太不由得生起气来道："回来这半天怎么不看见你影子？净让陶妈在这儿做事，你就不管了？"但是当着景藩，她向来不肯十分怎样责骂佣人的，免得好像显着她太凶悍了，失去了闺秀的风度，因此就这样说了两声，也就算了，只道："你去！去把粥拿来给老爷吃！"小艾灰白着脸色，一声也没言语，自出去了。然后她手里拿着一只托盘，端了一碗粥进来，向床前走去，低着眼皮并不去看他，但是心里就像滚水煎熬着一样，她真恨极了，恨不得能够立刻吐出一口血来喷到他脸上去。她一步步地走近前来，把那托盘放下来，搁在枕边，景藩歪着身子躺着，便挑起一匙子来送到嘴里去。他那眼光无意之间射到她脸上来，却是冷冷的，就像是不认识她一样。对于小艾，却又是一种刺激，就仿佛凭空给人打了个耳刮子，心里说不出的难受，虽然自己也不解是为什么缘故。

还剩下大半碗粥，景藩便放下匙子，把那托盘一推，自睡下了。五太太便道："给老爷打个手巾把子来。"小艾擦了个手巾把子递过去，这天冷，从厨房里提来的热水冷得很快，从壶里倒到脸盆里，已经不是太热了。景藩接过毛巾，只说了一声："一点也不烫！"便随手一扔，那毛巾便落在地下。五太太皱着眉向小艾说道："你这人这么没有记性！要烫一点！"见她仍旧呆呆的样子，便又提醒她道："不会把热水瓶里的开水倒上一点么？"

二十

小艾把脸盆里的水倒了，再倒上些热水瓶里的水，她那生着冻疮的红肿的手插到那开水里面，在一阵麻辣之后，虽然也感觉到有些疼痛，心里只是惚惚恍恍的，仿佛她自己是另外一个人。五太太把那热手巾把子接了过去，亲自递给景藩，小艾便把脸盆端了出去，粥碗和托盘也拿了出去，掩上房门，五太太自去收拾安寝不提。

没有几天就过年了，景藩在正月里照例总是大赌，一开了头似乎就赌兴日益浓厚，接连一个月赌下来，输得昏天黑地。一直到二三月里，他们也还是常常有豪赌的场面。有一天家里来了客，在忆妃这边打牌，景藩因为前一天晚上推牌九熬了夜，要想补一个中觉，嫌这边屋里吵嚷得太厉害，便说到五太太那边去睡去。五太太正坐在桌下打牌，陶妈也在旁边伺候着，五太太便别过头来和她说了一声，叫她跟了去给他把窗帘放下来。陶妈先是说："小艾在那儿呢。"后来也就去了。还没走到五太太房门口，却看见小艾从里面直奔出来，刚巧正撞到她身上，仿佛很窘似的，也没顾到和她说什么，就这么跑了。陶妈见这情形，也就明白了几分，当时就没有敢进去，恐怕老爷正在那里生气，不犯着去碰在他气头上。

她心里忖度着，便向后面走去，刘妈在后面小院子里洗衣裳，陶妈忍不住就把刚才那桩事情说给她听，不过被陶妈一说，就好像小艾是因为听见她来了，所以跑了。刘妈怔了一会，便道："嗳呀，这两天小艾怎么吃了东西就要吐，不要是害喜吧？……我们这个老爷倒也说不定。"两人只是私下里议论着，陶妈和忆妃那边的佣人向来是一句话也不多说的，但是刘妈恐怕比较嘴敞，这句话也不知怎么，很快的就传到那边去了，那边自然有人献殷勤，去告诉了忆妃。

二十一

五太太那天打牌打了个通宵，所以次日起得很晚，下午正在那里梳头，忽然听见忆妃在那边高声骂人，隔着几间屋子，也听不仔细，就仿佛听见一句："不要脸！自己没本事，叫个丫头去引老爷！"陶妈站在五太太背后，在那儿替她梳头，听见那边千"不要脸"万"不要脸"的骂着，晓得是在那里骂五太太，不由得便有些变貌变色的。五太太不知就里，还微笑着问："她在那儿骂什么？”陶妈轻声叹了口气，便放低了声音，弯下腰来附耳说道：“我正要告诉太太的，怕你生气——昨天你在那边打牌，我看老爷到这边来睡中觉，我跟进来看看可要把帘子拉起来，哪儿晓得小艾在房里，老爷跟她拉拉扯扯的，后来她看见我来，就赶紧跑出去了。看这样子，恐怕已经不止一天了。……这个丫头，这么点儿大年纪，哪儿想到她已经这样坏了！真是‘人小鬼大’！”

五太太听了，气得话都说不出来了，只是喃喃的再三重复着说：“你给我把她叫来！”陶妈去把小艾叫了来，五太太头也没梳好，紫涨着脸，一只手挽着头发，便站起身来，迎面没头没脸地打上去，道：“不要脸的东西，把你带到南京来，你给我丢人！到底是怎么回事，你说！说！你不说出来我打死你！”她只恨两只胳膊气得酸软了，打得不够重，从床前拾起一只红皮底的绣花鞋，把那鞋底劈劈啪啪在小艾脸上抽着。小艾虽是左右躲闪着，把手臂横挡在脸上，眼梢和嘴角已经涔涔地流下血来，但是立刻被泪水冲化了，她的眼泪像泉水一样地涌出来，她自从到他们家来，从小时候到现在，所有受的冤屈一时都涌上心来，一口气堵住了咽喉，虽然也叫喊着为自己分辩，却抽噎得一个字也听不出。

五太太在这里拷问小艾，那边忆妃也在那里向景藩质问，景藩却是一口就承认了。忆妃跟他闹，他只是微笑着说：“谁当真要她。你何必这样认真。”又瞅着她笑了笑，道：“谁叫你那大也不在家。”他尽管是这种口吻，忆妃终究放心不下，尤其因为根据报告，小艾恐怕已经有了身孕，忆妃自己这些年来一直盼望着有个孩子，但是始终就没有，倘然小艾倒真生下个孩子，那是名正言顺的竟要册立为姨太太了，势必要影响到自己的地位。她因此十分动怒，只管钉着他和他吵闹，要他马上把那丫头给打发了。景藩后来不耐烦起来，戴上帽子就出去了。

二十二

五太太也正是为这桩事情有些委决不下，因为盘问小艾，知道她有喜了，无论如何，总是老爷的一点骨血，五太太甚至于想着，自己一直想要一个小孩子，只是不能如愿，他前妻生的一儿一女是和她没有什么感情的，这一个小孩子要是一生下来就由她抚养，总该两样些吧？但是这孩子生下来以后，却把小艾怎样处置呢？要是留下她，那是越发应了人家说的那话，说这件事情全是我的主谋，诚心地叫自己的丫头去笼络老爷。要是把她打发了呢，倒又不知道老爷到底是一个什么态度。五太太心里斟酌着，不免左右为难起来，刚才拿着打小艾的一只花鞋也扔在地下了，退后两步坐在梳妆台前面的一只方凳上。小艾背着身子斜靠了桌子角站着，抬起一只手臂把脸枕在臂弯里，只是痛哭。五太太坐在那里发一会愣，又指着她骂个一两声，但是火气似乎下去些了，陶妈便在旁边解劝着，正要替她挽起头发来继续梳头，忽见忆妃气乎乎的一阵风似的走了进来，不觉怔了一怔。

忆妃一言不发地走进来，一把揪住小艾的头发，也并不殴打，只是提起脚来，狠命向她肚子上踢去，脚上穿的又是皮鞋。陶妈看这样子，简直要出人命，却也不便上前拉劝，只是心中十分不平，丫头无论犯了什么法，总是五太太的丫头，有什么不好，也该告诉五太太，由五太太去责罚她。哪有这样的道理，就这么闯到太太房里来，当着太太的面打她的丫头，也太目中无人了。五太太也觉得实在有点面子上下不来，坐在那里气得手足冰冷。这时小艾却已经一挣挣脱了，跳到一张椅子背后躲着，忆妃抢上前去，小艾便把那张椅子高高地举起来，迎头劈下去。陶妈不觉吃了一惊，也来不及喝阻，心里想这孩子不知轻重，这是以下犯上，简直造反了，忙从后面奔上去，紧紧执住她两只胳膊，忆妃本来有两个女仆跟了来，在房门口观望着，至此便一拥而上，夺下那张椅子。忆妃又惊又气，趁这机会便用尽平生之力，向小艾一脚踢去，众人不由得一声“嗳哟！”齐声叫了出来，看小艾时，已经面色惨白，身子直挫下去，倒在地下。大家一阵乱哄哄的，把她半拖半抬地弄了出去。忆妃心里虽然也有些害怕，嘴里也还是骂骂咧咧的，自有她的佣人把她劝回房中。

一刹那间人都走光了，只剩五太太一个人呆呆地坐在梳妆台前的方凳上。经过刚才的一场大闹，屋子里乱得很，也不知道什么时候桌上的一只茶杯给带翻了，滚到地下去，蜿蜒一线茶汁慢慢地流过来，五太太眼看着它像一条小蛇似的亮晶晶的在地板上爬着，向她的脚边爬过来，她的脚也不知怎么，依旧一动也不动。

隔了有一会工夫，陶妈方才走了进来，悄悄地说道："太太，她肚子疼得在那儿打滚，血流得不止，一定要小产了。"五太太便道："让她死了就死了！我也管不了她！我都给她气死了！"陶妈拿起梳子来又来替她梳头，五太太忽然一转念，又吩咐陶妈道："去告诉老爷去。"陶妈哼了一声，冷笑道："老爷！刚才那边跟他闹了一场，他就出去了。"五太太不言语了。

二十三

忆妃和五太太之间，虽然并没有怎样正面冲突过，也已经闹得很僵了。五太太当晚就没有出来吃饭。这时候小艾已经小产了，陶妈告诉五太太，还是一个男孩子，五太太听了，不由得有一种莫名其妙的惋惜的感觉。忆妃听见这话，却是觉得侥幸，幸而被她打掉了。但是留着小艾总是个祸根，因此急于要把她随便给个人。陶妈听见这话，便又来告诉五太太，五太太只是喃喃地说："让她嫁掉了算了！——给她气死了！"陶妈却极力的撺掇五太太，叫她无论如何要赌这口气，倒偏要把小艾留着，不要让忆妃趁了愿。但是结果也并不是出于五太太的力量，却是因为大家都不敢兜揽这件事，家里这些女佣谁也不敢替小艾做媒。男佣也不敢要她，因为怕得罪了老爷。忆妃后来急了，要叫人贩子来卖了她。向来他们这种大宅门里，只有买人，没有卖人之说，忆妃固然是不管这些，但是小艾自从小产以后便得了病，一直也不退烧，一拖几个月，把人拖得不像样子，所以说是要卖她，也没有成为事实。

小艾的病，五太太说她是自作自受，也并没有给她医治。五太太对小艾实在是有一点恨，因为她心里总觉得，要不是出了这桩事情，大家都过得和和气气的。现在给这样一来，竟把自己委曲求全的一番苦心全都付之东流。

现在倒成了个僵局，五太太和忆妃一直也没见面，忆妃也把景藩管得很紧，不许他上这边来。五太太总是在自己房里吃饭，他们这里的厨子本来也是忆妃用进来的。给五太太这边预备的饭菜一天比一天坏。同时陶妈也天天向五太太诉苦，说那些别的佣人怎样欺负她。陶妈在上海那时候一向是“自在为王”惯了的，哪里受得了这个气，就极力的劝五太太回上海去。在五太太的意思，却认为她跟着老爷过活，是名正言顺的，眼前虽然闹了这个别扭，还能老这样下去么？总有熬出头的一天。而且老爷拿了她的首饰，答应过她将来一有了钱就买了还她。倘若在他跟前守着呢，也说不定还有点希望，虽然她心里明白，这希望也很渺茫。她要是走了呢，那就简直没有了。但是五太太这一点苦衷却无法对陶妈说，因为那首饰的事情她根本就没有告诉陶妈，怕陶妈要埋怨她。

二十四

又一次陶妈又非常生气，她因为吃素，一向总给自己预备一两样素菜，不知道什么人有意和她过不去，给她在素菜里搀上几根肉丝，害得她整个的一碗菜都不能吃。陶妈跑来向五太太诉说，闹着要辞工回上海去。五太太被她一闹，也就认真的考虑着要回去了。恰好上海有一封信来，说老太太病了，五太太要是回去侍疾，倒也是应当的。她便叫陶妈去通知老爷。她不愿意跌这个架子去请他过来，但是他倒自动的来了，说了几句很冠冕的话，赞成她回去。于是五太太在这以后不久就离开了南京，小艾的病还没有好。但是也把她带着一同回去了。

回上海之前，五太太虽然嘱咐过陶妈刘妈，不要把小艾的事情说出去，但是这种事情，到底也没法禁止人说，渐渐闹得上上下下都知道了。在那些女佣们看来，无非是觉得这丫头不规矩，不免对她更是冷淡一些。家里几位奶奶太太们却另有一种好奇心，都说“年纪这样小就这样作怪。这五老爷也真是——怎么会看中她的！”因此都用一种特殊的眼光去看她。特别注意的结果，果然觉得她外表上虽然不声不响的，骨子里有一种妖气，这是逃不过她们的眼睛的，于是大家都留了神，凡是老爷少爷们都绝对不让她有机会接近。

当着五太太的面，当然谁也不去提起这桩事情，因为五太太对于这回事始终保持缄默，而且忌讳得非常厉害，别人谈话中只要偶尔提起一声小艾，五太太立刻脸色阴沉下来，一声也不言语，使人觉得好像吃馒头忽然吃到一块没发起来的死面疙瘩。

小艾的病一直老不见好，也不能老是躺在床上，后来也就撑着起来做事了。五太太其实从前也并不喜欢她，不过总是一天到晚“小艾！小艾！”的挂在口边叫着，现在好像这名字叫不响亮了，轻易也不肯出口。她恨她。尤其因为时间一天天的过去，五太太在南京的一段生活在她的记忆中渐渐的和事实有些出入了，她只想着景藩对她也还不错，他亏待她的地方却都忘怀了，因此她越发觉得怨恨，要不是因为小艾，也不至于产生这样一个隔膜，他们的感情不好，她除了怪她娘家，怪她婆家的人，现在又怪上了小艾。然而五太太的性格就是这样，虽然这样恨着小艾，也并不采取任何步骤或是遣开她或是把她怎么样，依旧让她在身边伺候着。

那一年交了冬之后，因为老太太病重，景藩也从南京回来过两次。五太太听见说他这一向常常到上海来，但是过门不入，没有到家里来。现在又和上海的一个红妓女打得火热，要娶她回去。忆妃已经失宠了，她大概是什么潜伏着的毛病突然发作起来，在短短的几个月内把头发全掉光了。景藩马上就不要她了。他本来在南京做官，自从迷上了现在这一个，就想法子调到上海来，却把忆妃丢在南京。

二十五

第二年老太太去世了，忆妃便到上海来奔丧，借着这名目来找五老爷。她来到老公馆里，刚巧景藩那天没有来，后来景藩听见说她来了，索性连做七开吊都不到场了。忆妃便到里面去见五太太，五太太倒是不念旧恶，仍旧很客气的接待她。忆妃浑身缟素，依旧打扮得十分俏丽，只是她那波浪纹的烫发显然是假发，像一顶帽子似的罩在头上，眉毛一根也没有了，光光溜溜的皮肤上用铅笔画出来亮莹莹的两道眉毛，看上去也有点异样。但是她的魔力似乎并没有完全丧失，因为她跟五太太一见面，一诉苦，五太太便对她十分同情，留她住在自己房里，两人抵足长谈。忆妃把她的身世说给五太太听，说到伤心的地方，五太太也陪着她掉眼泪。妯娌们和小辈有时候到五太太房里去，看见五太太不但和她有说有笑的，还仿佛有点恭维着她，赶着替她递递拿拿地做点零碎事情，而忆妃却是安之若素。家里的人刻薄些的便说，倒好像她是太太，五太太是姨太太。五太太大概也觉得自己这种态度需要一点解释，背后也对人说："她现在是失势的人了，我犯不着也去欺负她。从前那些事也不怪她，是五老爷不好。"

小艾不见得也像五太太这样不记仇。五太太却也觉得小艾是有理由恨忆妃的，因此忆妃住在这里的时候，五太太一直不大叫她在跟前伺候，一半也是因为怕事，怕万一惹出什么事来。

忆妃在上海一住住了好几个月，始终也没有见到景藩，最后只好很失意的回去了。陶妈刘妈对于这桩事情都觉得非常快心，说："报应也真快！"小艾却并不以此为满足。一个忆妃，一个景藩，她是恨透了他们，但是不光是他们两个人，根本在这世界上谁也不拿她当个人看待。她的冤仇有海样深，简直不知道要怎样才算报了仇。然而心里也常是这样想着："总有一天我要给他们看看，我不见得在他们家待一辈子。我不见得穷一辈子。"

二十六

席家在老太太死了以后就分了家。五房里一点也没拿到什么，因为景藩历年在公账上挪用的钱已经超过了他应得的部分。五太太从老宅里搬了出来，便住了个一楼一底的小房子，带着前头太太生的一个寅少爷一同过活，每月由寅少爷到景藩那里去领一点生活费回来，过得相当拮据。五太太却是很看得开，她住的一间屋子收拾得干干净净的，摆着几件白漆家具，一张白漆小书桌上经常有几件小玩意陈列在那里，什么小泥人，显微镜，各种花里胡哨的卷铅笔刀，火车式的，汽车式的。她最爱买这些东西，又爱给人，人家看见了只要随便赞一声好，她就一定要送给他，笑着向人手里乱塞，说："你拿去拿去！"她实在心里很高兴，居然她有什么东西为人们很喜爱。她仍旧养着好些猫，猫喂得非常好，一个个肥头胖耳的，美丽的猫脸上带着一种骄傲而冷淡的神气忍受着她的爱抚。

她也仍旧常常打麻将。她在亲戚间本来很有个人缘。虽然现在穷下来了，而人都是势利的，但是大家都觉得她不讨厌。她头发已经剪短了，满面春风的，戴着金脚无边眼镜，穿着银灰绉绸旗袍，虽然胖得厉害，看上去非常大方。常有人说："不懂五老爷为什么不跟她好。"

景藩有时候说起她来，总是微笑着说"我那位胖太太"，或是"胖子"。他现在的境况也很坏，本来在上海做海关监督，因为亏空过巨，各方面的关系又没有敷衍得好，结果事情又丢了。渐渐的到了山穷水尽的地步。他现在的一个姨太太叫作秋老四，他一向喜欢年纪大一点的女人，这秋老四或者年纪又太大了一点，但是她是一个名人的下堂妾，手头的积蓄很丰富，景藩自己也承认他们在银钱方面是两不来去的，实际上还是他靠着她。所以他们依旧是洋房汽车，维持着很阔绰的场面。大概每隔几个月，遇到什么冥寿忌辰祭祀的日子，景藩便坐着汽车到五太太那里去一次，略微坐个几分钟，便又走了。

寅少爷若是在家，就是寅少爷出来见他，五太太就不下楼来了。难得有时候五太太下来和他相见，虽然大家都已经老了，五太太也不知为什么，在他面前总是那样局促不安，把脖子僵僵着，垂着眼皮望着地下，窘得说不出话来，时而似咳嗽非咳嗽的在鼻管和喉咙之间轻轻地"啃！"一声，接着又"啃啃"两声。

每回景藩来的时候，小艾当然是避开了。好在他也不是常来。小艾的病虽然已经好了，脸色一直有点黄黄的，但是倒比小时候更秀丽了。她的年龄是连她自己也不知道的，假定当初到南京去那时候是十四五岁，这时候总也有二十三四了。一直也没有谁提起她的婚姻的事情。五太太是早已声言“不管她的事了”。不过这句话的意思，当然也并不是就可以容许她自由行动。

二十七

陶妈有一个儿子名叫有根，一向在芜湖一爿酱园里做事，因为和人口角，赌气把事情辞了，到上海来找事。陶妈的丈夫死得早，就这样一个儿子，自然是非常钟爱。他到了上海，便住在五太太这里，在楼下客厅里搭上一张行军床，睡在那里，白天有时候就在厨房里坐着，吃饭也是在厨房里大家一桌吃。他和小艾屡次同桌吃饭，也并没有交谈过。有一天下雨，有根冒雨出去奔走着，下午回到家里来，陶妈炒了碗饭给他吃。他们那扇后门上面空着一截，镶着一截子暗红漆的矮栏杆，她便把他那把橙黄色的破油纸伞撑开来插在栏杆上晾着。有根坐在那里吃饭，她坐在一旁和他说着话，问他今天出去找事的经过。忽然小艾捧着个猫灰盆子走了来，要出去倒在外面的垃圾箱里，有根马上放下了饭碗抢着上前去把那把伞拿了下来，让她好走出去。他这种神气陶妈却是有点看不惯。她本来早就觉得了，他对小艾是很注意。陶妈也是因为小艾过去有那段历史，总认为她不是一个安分的人，因此总防着她，好像唯恐自己的儿子会被她诱惑了去。他们母子二人的心事，小艾也有点觉得了，所以有根在那儿的时候，她总是躲着他。

有一天她一个人在厨房里洗抹布，有根忽然悄悄地走了来，把两个小纸包递给她，嗫嚅着笑道：“我买了双袜子……还有一瓶雪花膏，送给你搽。”小艾忙道：“不要，你干吗那么客气。”她一定不肯接，有根便搁在桌上，笑道：“你不要见笑，东西不好。”小艾把两只手在围裙上一阵乱揩，便把纸包拿起来硬要还给他，道：“不不，我真不要，你留着送别人。”有根笑道：“你就拿着吧，你不拿就是嫌不好。”一面说着，已经一溜烟从后门跑了。

小艾拿着那两样东西，倒没有了主意，想拆开来看看，踌躇了一会，也没有拆开，依旧搁在桌上，希望他自己看见了会收回去。她草草洗完了抹布，自上楼去了，不料有根这一天直到吃晚饭的时候方才回来。刘妈在桌上摆碗筷，看见那纸包，随手打开来一看，却是一双肉色长筒女式线袜，便道："咦，这是谁的袜子？"陶妈也觉得诧异。小艾在旁边就没有作声，有根也没说什么，脸色却很难看，隔了一会，方才说了声"是我买的。"拿过来便向衣袋里一塞。陶妈狠狠的向他瞅了一眼，当时也没有说什么。

二十八

那天晚上，五太太有一只猫不知跑了哪儿去了没有回来，叫小艾出去找去。她走下楼来，看见客厅里点着灯，房门半掩着，大概陶妈已经给有根铺好了床，坐在床上跟他说话，只听见她一个人的声音，有根似乎一直不开口。陶妈虽然把喉咙放得低低的，显然是带着满腔怒气，渐渐的声音越说越高，道："你趁早死了这条心吧！你当她是个什么好东西，我娶媳妇要娶个好的！"小艾也没有再听下去。其实她一点也不是属意于有根，但是这几句话实在刺心。她走到厨房里，把后门开了，走到弄堂里去，但是并没有马上开口唤猫，因为怕自己一张开口来，声音一定颤抖得厉害，听上去很奇异。因此只是悄悄的在暗影中走着。

她出来的时候是把后门虚掩着的，后门那扇门被风吹着一开一关，訇訇地响，却被有根听见了，他本来已经睡了，陶妈也已经上楼去了，他心里想着："这是谁忘了关门，万一放了个贼进来，刚巧这两天我住在这里，丢了东西不要疑心我吗。"便又披衣起床，到后面去把门关上了。

等到小艾把猫找了回来，推门推不开，只得在门上拍了几下。又是有根来开门，他却没有想到是小艾。她穿着一件蓝白芦席花纹的土布棉袄，脸上冻得红彤彤的，像搽了胭脂一样，灯光照着，把她那长睫毛的影子一丝丝的映在面颊上，有根不由得看呆了。她一看见有根，却是马上就想起陶妈刚才说的那话，心中实在气忿不平，忽然想小小的报复一下，便含着微笑溜了他一眼，道："还没睡呀？不冷哪？"有根越发呆住了，一时也想不出什么话来说，小艾倒已经抱着猫走了。

小艾后来想想，倒又觉得懊悔，不该去招惹他。有根已经找到了事情，是陶妈托人把他荐进去的，在法大马路一爿南货店里，离这里很远，他搬出去以后，却差不多天天晚上总要来一趟，乘电车只有很短的一截可乘，所以要走非常长的一段路，陶妈又是心疼，又是生气，却也无法可施。他来了也不过在厨房里坐一会，有时候并也见不到小艾。后来他忽然绝迹不来了，小艾还以为是她对他的态度太冷淡的缘故。隔了有一两个月光景，有一天忽然又来了，却已经把头发养长了，梳得光溜溜的，大概前一向他因为头发刚刚养长，长到一个时期就矗立在头上，很不雅观，所以没有来。

日子一久，小艾心里也就有点活动起来了。因为除了嫁人以外也没有别的方法可以离开席家。从前三太太有一个丫头，就是和她同时买来的，比她大几岁，很机灵的那个，名叫连喜，后来逃走了，小艾那时候还小，但是对于这桩事情印象非常深。后来却又听见说，有人碰见连喜，已经做了沿街拉客的妓女，她是遇见了坏人，对她说介绍她到工厂里去做工，把她骗了卖掉了。小艾听到这话，心里非常难受，对于这吃人的社会却是多了一层认识。

二十九

她因此打消了逃走的念头，这许多年来一直在这里苦熬着。现在这有根倒是对她很好，别的不说，第一他是一个知道底细的人，总比较可靠。但是小艾对于他总觉得有点不能决定。倒并不是为了她对他有没有感情的问题。她因为从来没有爱过任何人，根本不知道爱情是什么，所以也不知道重视它。她最认为不妥的，还是他是陶妈的儿子这一层。即使陶妈肯要她做媳妇，她也还不愿意要陶妈这样一个婆婆——难道受陶妈的气还没有受够。同时她也觉得有根这人不像是一个有作为的人。怎样才是一个有志气有作为的人，她也说不出来，然而总有这样一个模糊的意念，在这种社会里，一个人要想扬眉吐气，大概非发财不行吧。至于怎样就能够发财，她却又是很天真的想法，以为只要勤勤恳恳的，好好的做人就行了。

他们住的这弄堂，是在一个旧家的花园里盖起几排市房，从前那座老洋房也还存留在那里，不过也已经分租出去了，里面住了不知道多少人家，楼下还开着一爿照相馆。那幢大房子也就像席家从前住的那种老式洋楼一样，屋顶上矗立着方形的一座座红砖砌的烟囱，还竖着定风针。常常有一个人坐在那屋顶上读书。小艾在夏天的傍晚到晒台上去收衣裳，总看见对门的屋顶上有那么一个青年坐在那里看书，夕阳照在那红砖和红瓦上，在那楼房的屋脊背后便是满天的红霞，小艾远远地望过去，不由得有些神往，对于那个人也就生出种种幻想。对门那屋顶上搭着个铅皮顶的小棚屋，这人大概就住在那里，那里面自然光线很坏，所以他总坐到外面来看书。看他穿着一身短打，也不像一个学生，怎么倒这样用功呢？

三十

夏天天黑得晚，有一天晚饭后，天色还很明亮，小艾在窗口向对过望去，那人已经不在那里了，屋顶上斜架着一根竹竿，晾着一件蓝布褂子，在那暮色苍茫中，倒像是一个人张开两臂欹斜地站在那里。她正向那边看着，忽然听见底下弄堂里闹哄哄的一阵骚动，向下面一看，来了两部汽车；就在他们门口停下了，下来好儿个穿制服带枪的人，小艾倒怔住了，正要去告诉五太太，那些法警已经蜂拥上楼，原来是因为景藩在外头借的债积欠不还，被人家告了，所以来查封他们的财产，把家里的箱笼橱柜全都贴上了封条，一方面出了拘票来捉人。其实景藩这时候已经远走高飞，避到北边去了，起初五太太这边还不知道。五太太出去替他奔走设法，到处求人帮忙，但是亲戚间当然谁也不肯拿出钱来，都说：“他们这是个无底洞。”寅少爷虽然也着急，却很不愿意他后母参与这些事情，因为她急得见人就磕头，徒然丢脸，一点用处也没有。五太太自从受过这番打击，性格上似乎有了很显著的变化，不那么嘻嘻哈哈的了，面色总是十分阴沉，在应酬场中便也不像从前那样受欢迎了。有时候人家拉她打牌，说替她解闷，她的牌品本来很好的，现在也变坏了，一上来就怕输，一输就着急，一急起来便将身体左右摇摆着，摇摆个不停。和她同桌打牌的人都说："我只要一看见她摇起来我就心里发烦。"因此人家都怕跟她打，她常常去算命，可是又害怕，怕他算出什么凶险的事来，因此总叫他什么都不要说，"只问问财气。"

五太太不久就得了病。有一次她那心脏病发得很厉害，家里把她娘家的兄嫂也请了来，他们给请了个医生，大家忙乱了一晚上，家里的一只猫出去了一夜也没回来，大家也没有注意。

三十一

五太太这一向因为节省开支，把所有的猫都送掉了，只剩下这一只黑尾巴的"雪里拖枪"，是她最心爱的。第二天五太太病势缓和了些，便问起那只猫，陶妈楼上找到楼下，也没找到，只得骗她说："刚才还在这儿呢，一会儿倒又跑出去了。"一面就赶紧叫小艾出去找去。小艾走到弄堂里，拿着个拌猫饭的洋瓷盘子镗镗敲着，"咪咪！咪咪！"的高叫着，同时嘴里啧啧有声，她是常常这样做的，但是今天不知怎么，总觉得这种行为实在太可笑了，自己觉得非常不自然，仿佛怕给什么人听见了。

在弄堂里前前后后都走遍了，也没有那猫的影子。回到家里来，才掩上后门，忽然有人揿铃，一开门，却吃了一惊，原来就是对过屋顶上常常看见的那俊秀的青年，他抱着个猫问道："这猫是不是你们的？"越是怕他听见，倒刚巧给他听见了。小艾红着脸接过猫来，觉得应当道一声谢，却一个字也说不出来，那青年便又解释道："给他们捉住关起来了——我们家里老鼠太多，他们也真是，也不管是谁家的，说是要把这猫借来几天让它捉捉老鼠。"小艾便笑道："哦，你们家老鼠多？过天我们有了小猫，送你们一个好吧？"那青年先笑着说"好"，略顿了一顿，又说了声："我就住在八号里。我叫冯金槐。"说着，又向她点了个头，便匆匆的走开了。

小艾抱着猫关上了门，便倚在门上，低下头来把脸偎在那猫身上一阵子揉擦，忽然觉得它非常可爱。她上楼去把猫送到五太太房里。五太太房里有一个日历，今天这一张是红字，原来是星期日，他今天大概是放假吧，要不然这时候怎么会在家里。那天天气非常好，小艾便一直有点心神不定，老是往对过屋顶上看着，那冯金槐却一直没有出来。也许出去了，难得放一天假，还不出去走走。

三十二

陶妈做菜的时候发现酱油快完了，那天午饭后便叫小艾去打酱油，生油也要买了。小艾先把蓝布围裙解了下来，方才拿了油瓶走出去。他们隔壁有一家鞋店，遇到这天气好的时候，便把两张作台搬到后门外面来摆着，几个店员围着桌子坐着，在那里粘贴绣花鞋面，就在那蓝天和白云底下，空气又好，光线又好，桌上摊满了各色鞋面，玫瑰紫的，墨绿的，玄色、蓝色的，平金绣花，十分鲜艳。小艾每次走过的时候总要多看两眼，今天却没有怎样注意，心里总觉得有些惴惴不安，不知道为什么很怕碰见那冯金槐。

从弄堂里走出去，一路上也没有碰见什么人。回来的时候，却老远的就看见那冯金槐穿着一件破旧的短袖汗衫，拿着个洋瓷盆在自来水龙头那里洗衣裳。他一定也觉得他这是“男做女工”，有点难为情似的，微笑着向她点了点头，小艾也点点头笑了笑，偏赶着这时候，她的头发给风吹的，有一绺子直披到脸上来，她两只手又都占着，拿着一瓶油，一瓶酱油，只得低下头来，偏着脸一直凑上去，把头发扶到耳后去。同时自己就又觉得，这一个动作似乎近于一种羞答答的样子，见了人总是这样不大方，因此便又红着脸笑道：“今天放假呀？”然而也就说了这么一句，因为看见鞋店里那些伙计坐在那边贴鞋面，有两个人向他们这边望过来，仿佛对他们很注意似的。她也没有等他回答，便在他身边走了过去，走回家去了。

以后她注意到，每星期日他总拿着一卷衣服，到那公用的自来水龙头那里去洗衣裳。想必他家里总是没有什么人，所以东西全得自己洗。

三十三

平常在弄堂里有时候也碰见，不过星期日这一天是大概一定可以碰见一次的。见面的次数多了偶尔也说说话。他说他是在一个印刷所里做排字工作的，他是一个人在上海。

五太太房里的日历一向是归小艾撕的，从此以后，这日历就有点靠不住起来，往往一到了星期六，日历上已经赫然是星期日了，而到了星期一，也仍旧是一张红字的星期日，星期二也仍旧是星期日，或许是因为过了这一天之后，在潜意识里仿佛有点懒得去撕它，所以很容易忘记做这桩事情。五太太是反正在生病，病中光阴，本来就过得糊里糊涂的，所以也不会注意到这些。

五太太那只猫怀着小猫，后来没有多少时候就养下来了，一窠有五只，五太太一只也不预备留着，打算谁要就给谁。小艾便想着，等看见金槐的时候要告诉他一声，但是这一向倒刚巧没有机会见到他。已经有好两个星期没有看见他出来洗衣服了。近来天气渐渐冷了，大约因为这缘故，一直也没看见他在屋顶上看书。有一天她又朝那边望着，心里想不会是病了吧。那屋顶上斜搭着一根竹竿，晾着几件衫裤，里面却有一件女人的衣服，一件紫红色鱼鳞花纹的布旗袍。她忽然想起来，前些时有一次看见两辆黄包车拉到八号门口，黄包车上堆着红红绿绿的棉被和衣服，是人家办喜事“铺嫁妆”，八号那一座房子里面住了那么许多人家，也不知道是哪一家娶新娘子。当时也没有注意，后来新娘子是什么时候进门的，也没有看见。

三十四

其实也很可能就是金槐结婚。除非他已经有了女人了，在乡下没有出来。两样都是可能的。她这时候想着，倒越想越像——也说不定就是他结婚。怪不得他这一向老没出来洗衣裳，一定是有人替他洗了。

小艾自己想想，她实在是没有理由这样难过，也没有这权利，但是越是这样，心里倒越是觉得难过。

小猫生下来已经有一个多月，要送掉也可以送了。小艾便想着，借着这机会倒可以到金槐那里去一趟，把这猫给他们送去，顺便看看他家里到底是个什么情形。她趁着有一天，是一个阴历的初一，陶妈刘妈都到庙里烧香去了，五太太在床上也睡着了，她便去换上一件干净的月白竹布旗袍，拿一条冷毛巾匆匆地擦了把脸，把牙粉倒了些在手心里，往脸上一抹，把一张脸抹得雪白的，越发衬托出她那漆黑的眼珠子，黑油油的齐肩的长发。她悄悄的把猫抱着，下楼开了后门溜了出去，便走到对过那座老房子里，走上台阶，那里面却是一进门就是黑洞洞的，有点千门万户的模样。她略微踌躇了一下，便径自走上楼梯。楼梯口有一个女人抱着孩子呜呜作声的哄着拍着，在那里踱来踱去，看见了小艾，便只管拿眼睛打量着她。小艾便笑道："对不起，有个冯金槐是不是住在这里？"那女人想了一想道："冯金槐——是呀，他本来住在上头的，现在搬走了呀。"小艾不觉怔了怔，道："哦，搬走啦？"那女人见她还站在那里，仿佛在那里发呆，便问道："你可是他的亲戚？"小艾忙笑道："不是，我是对过的，因为上回听见他说他们这儿老鼠多，想要一只猫，我答应他我们那儿有小猫送他一只的。"说着，便把那小猫举了一举给她看看。那女人说道："他搬了已经一个多月了，本来他跟他表弟住在一间房里的，现在他表弟讨了娘子了，所以他搬走了。"

三十五

小艾哦了一声，又向她点了个头，便转身下楼，手里抱着那只小猫，另一只手握着它两只前爪，免得它抓人，便这样一直走出去，下了台阶。太阳晒在身上很暖和，心里也非常松快，但同时又觉得惘然。虽然并不是他结婚，但是他已经搬走了。她又好像得到了一点什么，又好像失去了什么，心里只是说不出来的怅惘。

又过了些日子。有一天黄昏的时候，小艾在后门外面生煤球炉子，弯着腰拿着把扇子极力地扇着，在那寒冷的空气里，那白烟滚滚的往横里直飘过去。她只管弯着腰扇炉子，忽然听见有人给烟呛得咳嗽，无意之中抬起头来看了看，却是金槐。他已经绕到上风去站着了。他觉得他刚才倒好像是有心咳那么一声嗽来引起她的注意，未免有点可笑，因此倒又有点窘，虽然向她点头微笑道，那笑容却不大自然。小艾却是由衷地笑了起来，道："咦？……我后来给你送小猫去的，说你搬走了。"金槐哟了一声，仿佛很抱歉似的，只是笑着，隔了一会方道："叫你白跑一趟。我搬走已经好几个月了。我本来住在这儿是住在亲戚家里。"小艾便道："你今天来看他们啦？"金槐道："嗳。今天刚巧走过。"说到这里，他也想不出还有什么话可说，因此两人都默然起来，小艾低着头只管扳弄着那把扇炉子的破蒲扇。半晌，她觉得像这样面对面地站在后门口，又一句话也不说，实在不大妥当，不要给人看见了。因见那煤球炉子已经生好了，便俯身端起来，向金槐笑了笑，自把炉子送了进去。

三十六

她在炉子上搁上一壶水，忍不住又走到后门口去看看，心里想他一定已经到他亲戚家里去了。但是他并没有进去，依旧站在对过的墙根下，点起一支香烟在那里吸着。小艾把两手抄在围裙底下，便也慢慢的向那边走了过去。她并没有发问，他倒先迎上来带笑解释着，道："我想想天太晚了，不上他们那儿去了。"他顿了顿，又道："因为正是吃晚饭的时候，回头他们又要留我吃晚饭，倒害人家费事。"小艾也微笑着点了点头，应了一声，随即问道："你是不是从印刷所来？你们几点钟下工？"金槐说他们六点钟下工，又告诉她印刷所的地址，说他现在搬的地方倒是离那儿比较近，来回方便得多。两人一面闲谈着，在不知不觉间便向弄口走去。也可以说是并排走着，中间却隔得相当远。小艾把手别到背后去把围裙的带子解开了，仿佛要把围裙解下来，然而带子解开来又系上了，只是把它束一束紧。

走出弄口，便站在街沿上。金槐默然了一会，忽然说道："我来过好几次了，都没有看见你。"小艾听他这样说，仿佛他搬走以后，曾经屡次的回到这里来，都是为了她，因为希望能够再碰见她，可见他也是一直惦记着她的。她这样想着，心里这一份愉快简直不能用言语形容，再也抑制不住那脸上一层层泛起的笑意，只得偏过头去望着那边。金槐又道："你大概不大出来吧？夏天那时候倒常常碰见你。"小艾却不便告诉他，那时候是因为她一看见他出来了，就想法子借个缘故也跑出来，自然是常常碰见了，她再也忍不住，不由得噗嗤一笑。

三十七

金槐想问她为什么笑。也没好问，也不知道自己说错了什么话，只管红着脸向她望着，小艾也有点不好意思起来，便扭身靠在一只邮筒上，望着那街灯下幢幢往来的车辆。金槐站在她身后，也向马路上望着。小艾回过头来向他笑道："你真用功，我常常看见你在那儿看书。"金槐笑道："你在哪儿看见我，我怎么没看见你？"小艾道："你不是常常坐在那房顶上的吗？"金槐笑道："我因为程度实在太差，所以只好自己看看书补习补习。别的排字工人差不多都中学程度，只有我只在乡下念过两年私塾。"她问他是哪里人，几时到上海来的。他说他十四岁的时候到上海来学生意，家里还有母亲和哥哥在乡下种田。他问她姓什么，她倒顿住了，她很不愿意刚认识就跟人家说那些话，把自己说得那样可怜，连姓什么都不知道；因此犹豫了一会，只得随口说了声"姓王"。她估计着她已经出来了不少时候，便道："我得要进去了，恐怕他们要找我了。"金槐也知道她是那家人家的婢女，行动很不自由的，不要害她挨骂，便也说道："我也要回去了。"这样说了以后，两人依旧默默相向，过了一会，小艾又说了声："我进去了。"便转身走进弄堂。

虽然并没有约着几时再见面，第二天一到了那时候，小艾就想着他今天下了班不知会不会再来，因此就拣了这时候到厨房里去劈柴，把后门开着，不时的向外面看看，果然看见他来了。陶妈刚巧也在厨房里，小艾就没有和他说话，金槐也就走开了。小艾等劈好了柴，便造了个谎说头发上插的一把梳子丢了，恐怕在弄堂里了，便跑出去找。走到弄堂口，金槐还在昨天那地方等着她，便又站在那儿说起话来。

三十八

以后他们常常这样，隔两天总要见一次面。后来大家熟了，小艾有一天便笑着说："你这人真可笑，从前那时候住在一个弄堂里，倒不大说话，现在住得这样远，倒天天跑了来。"金槐笑道："那时候倒想跟你说话，看你那样子，也不知道你愿意理我不愿意理我。"小艾不由得笑了，心里想他也跟她是一样的心理，她也不知道他喜欢她。怎么都是这样傻。

金槐又说："我早就知道你叫小艾了。"小艾却说她最恨这名字，因为人家叫起这名字来永远是恶狠狠的没好气似的。后来有一次他来，便说："我另外给你想了个名字，你说能用不能用。"说着，便从口袋里掏出一支铅笔头和一张小纸片，写了"王玉珍"三个字，指点着道："王字你会写的，玉字不过是王字加一点，珍字这半边也是个王字，也很容易写。"小艾拿着那张纸看了半晌，拿在手里一折两，又一折四，忽然抬起头来微笑道："我那天随口说了声姓王，其实我姓什么自己也不知道。"她对于这桩事情总觉得很可耻，所以到这时候才告诉他，她从小就卖到席家，家里的事情一点也记不起了，只晓得她父母也是种田的。她真怨她的父母，无论穷到什么田地，也不该卖了她。六七岁的孩子，就给她生活在一个敌意的环境里，人人都把她当作一种低级动物看待，无论谁生起气来，总是拿她当一个出气筒、受气包。这种痛苦她一时也说不清，她只是说："我常常想着，只要能够像别人一样，也有个父亲有个母亲，有一个家，有亲戚朋友，自己觉得自己是一个人，那就无论怎样吃苦挨饿，穷死了也是甘心的。"说着，不由得眼圈一红。

三十九

金槐听着，也沉默了一会，因道："其实我想也不能怪你的父母，他们一定也是给逼迫得实在没有办法，也难怪你，你在他们这种人家长大的，乡下那种情形你当然是不知道。"他就讲给她听种田的人怎样被剥削，就连收成好的时候自己都吃不饱，遇到年成不好的时候，交不出租子，拖欠下来，就被人家重利盘剥，逼得无路可走，只好卖儿卖女来抵偿。譬如他自己家里，还算是好的，种的是自己的田，本来有十一亩，也是因为捐税太重，负担不起，后来连典带卖的，只剩下二亩地，现在他母亲他哥嫂还有两个弟弟在乡下，一年忙到头，也还不够吃的，还要靠他这里每月寄钱回去。

小艾很喜欢听他说乡间的事，因为从这上面她可以想象到她自己的家是什么样子。此外他又说起去年"八·一三"那时候，上海打仗，他们那印刷所的地区虽然不在火线内，那一带的情形很混乱，所以有一个时期是停工的。他就去担任替各种爱国团体送慰劳品到前线去，一天步行几十里路。那是很危险的工作，他这时候说起来也还是很兴奋，也很得意，说到后来上海失守，国民党军队节节败退，又十分愤慨。小艾不大喜欢他讲国家大事，因为他一说起来就要生气。但是听他说说，到底也长了不少见识。

小艾这一向常常溜出来这么一会，倒也没有人发觉，因为现在家里人少，五太太为了节省开支，已经把刘妈辞歇了，剩下一个陶妈，五太太病在床上，又是时刻都离不开她的。除了有时候晚饭后，有根来了，陶妈一定要下楼去，到厨房里去陪他坐着，不让他有机会和小艾说话。

陶妈本来想着，只要给他娶个媳妇，他也就好了，所以她一直想回乡下去一趟。凭自己的眼力替他好好地拣一个，但是因为五太太病得这样，一直也走不开。托人写信回家去，叫他们的亲戚给做媒，人家提的几个姑娘，有根又都十分反对。

陶妈转念一想，他到上海来了这些时候，乡下的姑娘恐怕也是看不上眼了，便又想在上海托人做媒，又去找上次把有根荐到那南货店里去的那个表亲。那人和那南货店老板是亲戚，没事常到他们店里去坐坐。他背地里告诉陶妈，听见说有根刚来的时候倒还老实，近来常常和同事一块儿出去玩，整夜的不回来。陶妈听了非常着急，要想给他娶亲的心更切了。

有根虽然学坏了，看见小艾却仍旧是讷讷的。他也并不觉得她是躲着他，他以为全是他母亲在那里作梗，急起来也曾经和他母亲大闹过两回，说他一定要小艾，不然宁可一辈子不娶老婆。陶妈都气破了肚子。她因为恨自己的儿子不争气，这些话也不愿意告诉人，一直也没跟五太太说，所以闹得这样厉害，五太太在楼上一点也不知道。

景藩这时候已经回到上海来了，一直深居简出的，所以知道的人很少。但是渐渐的就有一种传说，说他在北边的时候跟日本人非常接近，也说不定他这次回来竟是负着一种使命。外面说得沸沸扬扬的，都说席老五要做汉奸了。五太太从她娘家的亲戚那里也听到这话。她问寅少爷，寅少爷说："大概不见得有这个事吧。"五太太也知道，他即使有点晓得，也不会告诉她的。

四十

这时候孤岛上的人心很激昂，像五太太虽然国家观念比较薄弱，究竟也觉得这是一桩不名誉的事情，因此更添上一层忧闷。

景藩回上海以后，一直很少出去，只有一个地方他是常常去的，他有一个朋友家里设着一个乩坛，他现在很相信扶乩。那地方离他家里也不远，他常常戴着一副黑眼镜，扶着手杖，晒着太阳，悠然的缓步前往。这一天，那乩仙照例降坛，跟他们唱和了几道诗，对于时局也发表了一些议论。但是它虽然有问必答，似乎对于要紧些的事情却抱定了天机不可泄漏的宗旨，一点消息也不肯透露。因为那天景藩从那里回去，一出大门没走几步路，就有两个人向他开枪，他那朋友家里忽然听见砰砰的几声枪响，从阳台上望下去，只看见景藩倒卧在血泊里，凶手已经跑了。这里急忙打电话叫救护车，又通知他家里。他姨太太秋老四赶到他朋友家里，却已经送到医院去了。又赶到医院里。已经伤重身亡。秋老四只是掩面痛哭，对于办理身后的事情却不肯怎样拿主意，因为这是花钱的事情。她叫佣人打了个电话给寅少爷，等寅少爷来了，一应事情都叫他做主，寅少爷跟她要钱，她便哭着说他还不知道他父亲背了这许多债，哪儿还有钱。寅少爷只得另外去想法子，这一天大家忙乱了一天，送到殡仪馆里去殡殓。寅少爷一直忙到很晚，方才回到家里来。

四十一

那寅少爷也是个城府很深的人，他心里想五太太这病是受不了刺激的，这消息要是给她知道了，万一因此有个三长两短，她娘家的人一定要怪到他身上，还是等明天问过她的兄嫂，假使他们主张告诉她，也就与他无干了。当晚他就把陶妈和小艾都叫了来，说道："老爷不在了。太太现在病着，你们暂时先不要告诉她。明天的报不要给她看，要是问起来就说没有送来。"此外他也分头知照了几家近亲，告诉他们这桩事情是瞒着五太太的，免得他们泄露了消息。但是次日也仍旧有些亲戚到他们这里来致慰问之意，一半也是出于一种好奇心，见了五太太，当然也不说什么，只说是来看看她。陶妈背着五太太便向他们打听，从这些人的口中方才得知事实的真相，寅少爷昨天并没有告诉她们，原来景藩是被暗杀的。

小艾听见了觉得非常激动。一方面觉得快意，同时又有些惘惘的，需要一遍一遍地告诉自己，那个人已经死了。世界上少了他这一个人，仿佛天地间忽然空阔了许多。

这一天她见到金槐的时候，就把她从前那桩事情讲给他听。她一直也没有告诉他，一来也是因为他们总是那样匆匆一面，这些话又不是三言两语可以解释得清楚的。同时她又对自己说，既然金槐也还没有向她提起婚姻的事，她过去的事情似乎也不是非告诉他不可。倘若他要是提起来，她是一定要告诉他的。至于他一直没有提起婚事的原因，大概总是因为经济的关系，据她所知。他拿到的一点工资总得分一大半寄回家去，自己过得非常刻苦，当然一时也谈不到成家的话。在小艾的心里，也仿佛是宁愿这样延宕下去，因为这样她就可以用不着告诉他那些话。因为她实在是不想说。

然而今天她是不顾一切地说了出来。她好像是自己家里有这样一个哥哥，找到这里来了，她要把她过去受苦的情形全都告诉给他听。她又仿佛是告诉整个的世界，因为金槐也就是她整个的世界。

他说的话很少，他太愤怒了，态度显得非常僵硬。席景藩要是还活着，他真能够杀了他。但是既然已经死了，这种话说了也显得不真实，所以他也没有说。他们站在马路边上，因为小艾怕给熟人认出来，总是站在一个黑暗的地方，在两家店铺中间，卸下来的排门好几扇叠在一起倚在墙上，小艾便挨着那旁边站着。两边的店家都在那昏黄的灯光下吃晚饭。小艾突然说道："我进去了。"便转过身来向弄堂口走去。金槐先怔了一怔，想叫她再等一会再进去，然而他赶上去想阻止她，她却奔跑起来，很快地跑了进去。金槐站在那里倒呆住了，他这时候才觉得他刚才对她的态度不大好，她把这样的话告诉他，他应当怎样的安慰她才对，怎么一句话也不说，倒好像冷冷的，她当然要误会了。她回去一定觉得非常难过。

他这一天回到家里，心里老这样想着，也觉得非常难过。

第二天他来得特别早些。她到了时候也出来了，但是看见了他却仿佛稍微有点意外似的，脸色还是很凄惶。金槐老远的就含笑迎了上去，道："你昨天是不是生气了？"小艾笑了笑，道："没生气。"金槐顿了顿，方笑道："我带了一样东西给你。"小艾笑道："什么东西？"

四十二

金槐拿出一个小纸包来，走到弄口的窗灯光下，很小心地打开来，小艾远远地看着，仿佛里面包着几粒丸药，走到跟前接过来一看，却是金属品铸的灰黑色的小方块，尖端刻着字像个图章似的。金槐笑道："这就是印书印报的铅字，这是有一点毛病的，不要了。"小艾笑道："怎么这样小，倒好玩！"金槐道："这是六号字。"他把那三只铅字比在一起成为一行，笑道："这两个字你认识吧？"小艾念出一个"玉"字一个"珍"字，自己咦了一声，不由得笑了起来。再看上面的一个字笔划比较复杂，便道："这是个什么字？"金槐道："哪，这是你的名字，这是姓。"小艾道："不是告诉你我没有姓吗？"金槐笑道："一个人怎么能没有姓呢？"小艾本来早就有点疑惑，看他这神气，更加相信这一定是个"冯"字，便将那张纸攥成一团，把那铅字团在里面，笑着向他手里乱塞。金槐笑道："你不要？"小艾的原意，或者是想向他手里一塞就跑了，但是这铅字这样小，万一掉到地下去，滚到水门汀的隙缝里，这又是个晚上，简直就找不到了，那倒又觉得十分舍不得，因此她也不敢轻易撒手，他又不肯好好地接着，闹了半天。他们平常总是站在黑影里，今天也是因为要辨认那细小的铅字，所以走到最亮的一盏灯底下，把两人的面目照得异常清楚，刚巧被有根看见了。不然有根这时候也不会来的，是他们店里派他去进货，他觑空就弯到这里来一趟，却没有想到小艾就站在马路上和一个青年在一起，有根在她身边走过，她都没有看见。

有根走进去，来到席家，他母亲照例陪着他在厨房里坐着，便把前天老爷被刺的事情详细地说给他听。有根一语不发地坐在那里，把头低着，俯着身子把两肘搁在膝盖上。过了一会，小艾进来了，他一看也不看她，反而把头低得更低了一点。

四十三

小艾因为心里高兴，所以一点也没有注意到有根今天看见她一理也不理，有一点特别。她很快地走了过去，自上楼去了。有根突然向他母亲说道："怎么，小艾在外头轧朋友啊？"陶妈一时摸不着头脑，道："什么？"有根哼了一声道："一天到晚在一块儿，你都不知道。"陶妈便追问道："你怎么知道的，你看见的呀？"有根气愤愤的没有回答，隔了一会，方才把他在弄口看见的那一幕叙述了一遍。陶妈微笑道："要你管她那些闲事做什么。"沉吟了一会，又道："你看见那个人是个什么样子？"有根恨道：

“你管他是什么样子呢！——还叫我不要多管闲事！”

他走了以后，陶妈心里忖度着，想着这倒也是一个机会，让她嫁了也好，不然有根再也不会死心的。她乘着做饭的时候便盘问小艾，说道：“小艾，你也有这么大岁数了，你自己也要打打主意了。那个人可对你说过什么没有，可说要娶你呀？”小艾呆了一呆，方道：“什么人？”陶妈笑道：“你还当我不知道呢，不是有个男人常常跟你在外头说话吗？”小艾微笑道：“哦，那是从前住在对过的，看见了随便说两句话，那有什么。”陶妈便做出十分关切的神气，道：“外头坏人多，你可是得当心点。你可知道这人的底细？”小艾便道：“这人倒不坏，他在印刷所里做事的。”陶妈眉花眼笑地说：“那不是很好吗？你要是不好意思跟太太说，我就替你说去。这也是正经的事情。”小艾微笑着没有作声。她和金槐本来已经商量好了，金槐要她自己去对五太太说，现在陶妈忽然这样热心起来，她总有点疑心她是不怀好意，但是她真要去说，当然也没法拦她，也只好听其自然了。

四十四

陶妈当天就对五太太说了。五太太听了这话，半天没言语。其实五太太生平最赞成自由恋爱，不但赞成，而且鼓励，也是因为自己被旧式婚姻害苦了，所以对于下一代的青年总是希望他们“有情人都成眷属”。她的侄儿侄女和内侄们遇到有恋爱纠纷的时候，五太太虽然胆小，在不开罪他们父母的范围内，总是处于赞助的地位的，但是在她的心目中，总仿佛谈恋爱是少爷小姐们的事情，像那些仆役、大姐，那还是安分一点凭媒说合，要是也谈起恋爱来，那就近于轧姘头。尤其因为是小艾，五太太心里恨她，所以只要是与她有关的事情，都觉得有些憎恶。当下五太太默然半晌，方向陶妈说道：“这时候她要走了，她这一份事没有人做了，你一个人怎么忙得过来。再要叫我添个人，我用不起！”陶妈笑道：“不要紧的，我就多做一点好了，太太也用不着添人了。小艾也有这样大了，留得住她的人，你留不住她的心！”陶妈既然是这样一力主张着，五太太也就不说什么了。

依允了以后，却又放下脸子说道："可是你跟她说，是她自己愿意的，将来好歹我可不管呵！"

陶妈把这消息告诉小艾，说好容易劝得太太肯了，她又劝他们马上把事情办起来。金槐写信回去告诉他家里，他家里是没有什么问题的。他本来在一个朋友家里搭住，现在想法子筹了一点钱，便去租下一间房间，添置了一些家具，预备月底结婚。在结婚前几天，他买了四色茶礼，到席家去了一趟，算是去见见五太太。他本来不愿意去的，因为实在恨他们家，便是一趟也不去，似乎也说不过去，他也不愿意叫小艾为难。而且他知道五太太一直病在床上，根本也不会下来见他的。结果由陶妈代表五太太，出来周旋了一会，小艾也出来了，大家在客厅里坐着，金槐没坐一会就走了。

四十五

这两天他们这里刚巧乱得很，因为六孙小姐回娘家来了。六孙小姐出嫁以后一直住在汉口，这次回来是因为听见景藩的噩耗，回上海来奔丧。这桩事情他们现在仍旧是瞒着五太太，寅少爷已经问过她娘家的兄嫂，他们一致主张不要告诉她，说她恐怕禁不起刺激。所以六孙小姐对五太太说，就不好说是来奔丧的，只好说是因五太太病了，到上海来看她的。

五太太听她这样说，于感动之余，倒反而觉得伤心起来。向来一个后母与前头的女儿总是感情很坏的，她们当然也不是例外，想不到这时候倒还是六孙小姐惦记着她，千里迢迢的跑来看她，而她病到这样，景藩却一次也没有来看过她，相形之下，可见他对她真是比路人还不如了。她对着六孙小姐，也不说什么，只是流泪。六孙小姐只当她是想着她这病不会好了，不免劝慰了一番。

六孙小姐难得到上海来一次的，她住在五太太这里，便有许多亲戚到这里来探望她，所以这两天人来人往，陶妈一个人忙不过来，小艾就要出嫁了，自己不免也有些事情要料理，陶妈便想起那个辞歇了的刘妈。刘妈从这里出去以后，因为年纪相当大了，就也没有另外找事，跟着她儿子媳妇住着，吃一口闲饭，也有时候带着一只水壶，几只玻璃杯，坐在马路边上卖茶。陶妈便和五太太说了，把她叫了来帮几天忙。

四十六

有根自从上次生了气以后，好些天也没来，但是这一天晚上他又来了，刚巧刘妈一个人在厨房里冲热水瓶，见他来了，她冲着楼上喊了陶妈一声，告诉她她儿子来了。灶上有开水，刘妈顺手倒了杯茶给他，谈话中间，便把小艾就要出嫁的消息讲给他听。那天金槐到这里来，她也看见的，便絮絮的告诉有根他是怎样的一个人，又说他还那样周到，送了荔枝、桂圆、南枣、白糖四色茶礼。正好这两天他们这里常常来客，便把那桂圆、荔枝拿出来待客。陶妈听见说有根来了，下楼的时候就带了些下来，又想起南枣是最滋补的，便又包了一包南枣，拿到楼底下来，有根心里正是十分愤懑，他母亲却抓了一把桂圆、荔枝搁在他面前的桌子上，笑道："哪，你吃点。"又把一包枣子递到他手里，道："看你这一向瘦得这样，把这个带回去，每天晚上上床的时候吃几个，补的。"有根接过来便向地下狠命一掼，道："我才不要吃呢！"马上站起来就走了。刘妈在旁边倒怔住了，也没好说什么，陶妈也只嘟囔了一声："这东西！"此外也没有说什么。

那包南枣掼在地下，纸包震破了，枣子滚了一地，陶妈后来一只只拾了起来。第二天早上小艾扫地，却又扫出两只枣子来，她便笑道："咦，这儿怎么掉了两个枣子。"刘妈在灶上煮粥，忙回过头来向她摆了摆手，又四面张望了一下，方才轻声说道："昨天都把我吓一跳——有根也不知道为什么跟他妈闹别扭，他妈包了一包枣子叫他带回去吃，他一掼掼了一地。"小艾听了，她自然心里明白，一定是因为他知道是金槐送的礼，所以这样生气。她不免有些怅触，因为她对于有根，虽说是没有什么感情，总也有一种知己之感。

四十七

她后天就要结婚了。五太太早已和陶妈说过："叫她早一天住出去。不能让她在我家出嫁。"因为有这样一种忌讳，丫头嫁人，如果从主人家里直接嫁出去，有些主人就要不愿意，认为不吉利。所以小艾头一天就辞别了五太太，搬到刘妈家里去住着。刘妈自己在席家帮忙没有回来，第二天便由她的媳妇做了送亲的人。

小艾因为那天住在那里打搅了他们，觉得很不过意，结了婚以后，过了些日子，便和金槐一同去看他们，五太太那里她却一直没有过去。后来刘妈有一次到五太太那里去拜年，就告诉陶妈听，说得花团锦簇，道："看不出小艾还有这点福气，她嫁的这男人真不坏，上回到我家里来的，夫妻两个，小艾穿了件新旗袍，绒线衫，像人家少奶奶一样。说她婆婆也从乡下出来了，乡下苦，她年纪大了，也做不动，现在娶了媳妇了，所以出来跟他们一块儿过了。"

刘妈因为住得远，平日也难得到五太太那里去的。在这以后总有两年多了，陶妈有一天忽然又来找她，说五太太病势十分沉重，看样子就在这两天了，家里人手太少，所以又要叫刘妈去帮忙。当下刘妈就跟着她一同回去，来到席家，却见他们客室里坐满了人，也有五太太娘家的亲戚，席家这一边，三太太也来了，还有些侄儿侄女和侄媳妇，寅少爷是去年结的婚，和他少奶奶在旁边陪着。这两天他们天天来，五太太心里也还明白，看着这情形也猜着一定是医生说她就要死了，所以大家都来了。独有景藩，她病了这些年，他始终一次也没有来过，彼此夫妻一场，连这一点情分都没有，她就要死了，都不来看看她。

四十八

她也曾经问过寅少爷："你这两天看见你爸爸没有？"这句话本来她一直也不肯出口的，但是到了最后，终于还是说了。寅少爷回说："没看见，我没上那边去。”五太太自然也不好再说什么，但是她的心事寅少爷其实也知道。为这桩事情，他们家里这些人一直也在那里讨论着，究竟是不是应当告诉她。要是索性瞒到底，岂不使她抱恨终天，心里想她临死景藩都不来跟她见一面。但是现在这时候要是告诉她，突然受这样一个刺激，无异一道催命符。所以她娘家的人始终认为不妥。有她自己娘家人在场，她婆家这些人当然谁也不肯有什么切实的主张。寅少爷更是不肯负担这个责任，他要是赞成告诉她，反而给人家说一句，因为是他的后母，到底隔一层了，所以他能够这样冷酷，置她的生命于不顾。

然而眼看着她这样痛苦，就又有人提起来说：或者还是告诉她吧？大家每天聚集在楼下客室里悄悄商议着，只是商量不出个所以然来。陶妈这天带着刘妈一同上楼，便皱着眉轻声和她说：“他们真是的，其实明知道太太这病也不会好了，就告诉了她有什么要紧呢，告诉了她还让她心里痛快一点。”到了楼上，刘妈进房去叫了一声“太太”。五太太躺在床上只是一声一声低低地哼着，眼睛似睁非睁，看那样子已经不认识人了。陶妈向她望着，不由得掉下泪来，掀起衣襟来擦了擦眼睛，便恨恨地向刘妈轻声道：“再不告诉她来不及了！”刘妈怔了一会，便道：“其实你就告诉她好了。”陶妈又踌躇了一下，便走到床前，刘妈站在门口望风，陶妈便俯下身去压低了喉咙连叫了几声“太太”，说道：“老爷三年前头已经不在了，一直瞒着你的，不敢告诉你。”

四十九

五太太在枕上微侧着脸躺着，像她那样肥胖的人一旦消瘦下来，脸上的皮肉都松垂着，所以经常的有一种凄黯的神情。陶妈凑在她跟前向她望着，隔了一会，又喊了几声“太太”，见她的眼皮仿佛微微一动，陶妈便把刚才那几句话又重复了一遍，但是依旧看不出她有什么反应。到底也不知道她听见了没有。

陶妈直起身子来，和刘妈面面相觑了一会。房间里静静的。在这种阴阴的天气，虽然也并不十分冷，身上老是寒浸浸的，人在房间里就像在一个大水缸的缸底。陶妈给五太太把被窝牵了一牵，觉得这棉被不够厚，想拿出两件衣服来盖在脚头，便去开抽屉，一开抽屉，却看见五太太那只猫睡在里面，这猫现在老了，怕冷，常常跑到柜里去钻在衣服堆里睡着。陶妈轻轻地骂了一声，把它赶了出来，拿出衣服来抖了一抖，拍了拍灰，便给五太太盖在床上。

五太太的情形一直没有什么变化，拖到第二天晚上就死了，刘妈在他们家帮了几天忙，入殓以后就回去了，因为顺路，便弯到小艾那里去，想告诉她一声五太太死了。

小艾他们现在住着一间前楼阁，同时有半间客堂他们也可以使用的，所以上次刘妈来的时候便在客堂里坐着，没有上去。那是个石库门房子，这一天刘妈一推门进去，他们天井里晾着些青菜，大概预备腌的，小艾的婆婆蹲在地下，在那阳光中把青菜一棵棵的翻过来。刘妈笑着叫了声“冯老太”。冯老太一抬头看见是她，忙点头招呼，笑道：“玉珍病了。”刘妈道：“怎么病啦？”冯老太道：“是呀，有十几天了，也不知是不是害喜。”说着，便站起身来把客人往里让，又向阁楼上嚷了一声：“刘大妈来了。”

五十

刘妈便道：“我上去看看她去。”冯老太搬过一只竹梯倚在阁楼上，刘妈便从梯子上爬上去，冯老太在下面扶着梯子，仰着脸只管叫着“走好！走好！”小艾在上面也带笑连声招呼着“当心！当心头！”里面黑赳赳的像个船舱似的，刘妈弯着腰进了门，进了门也仍旧直不起腰来。小艾忙把电灯捻开了，让她在对面一张床上坐下。刘妈问候她的病，问她是不是有喜了。小艾仿佛有点难为情，但是刘妈听她说的那病情，倒也不像是有喜，说是不能起床，一起来就腰酸头晕。其实小艾自己也疑心，这恐怕还是从前小产后留下的毛病，不过她当然不会对她婆婆说这些，这时候她婆婆虽然不在跟前，她也很怕刘妈会提起从前事情，忙岔开来说了些别的话。刘妈便告诉她五太太去世的消息。小艾听了，也觉得有些怆然。虽然五太太过去待她并不好，她总觉得五太太其实也很可怜。

刘妈坐到她床上来，嘁嘁喳喳告诉她五太太临终的情景。小艾的床前搁着一双鞋，刘妈坐过来的时候一脚踩在上面，便拿起来撣了撣灰，笑道："哟！你自己做的呀？越来越能干了！"那是一双青布袢带鞋，却仿照着当时流行的皮鞋式样，鞋底分三层，一层青布包的，上面衬着一层红布包的，又是一层淡灰色的。这双鞋，她自己很是得意。

她自从出嫁以后，另是一番天地了，她仿佛新发现了这个世界似的，一切事物都觉得非常有兴味。她现在做菜也做得不坏，不过因为对于一切都有试验的兴趣，常常弄出很奇异的配搭，譬如洋山芋切丝炒黄豆芽。金槐起初也有点吃不惯，还是喜欢他母亲做的菜，但是冯老太因为有脚气病，在灶前站久了就要脚肿。

五十一

他们这阁楼的板壁上挖了一个相当大的方洞，从这窗户里可以看见下面的客堂。刘妈偶一回头，向下面看了看，便笑道："你们金槐回来了。"金槐端了一张长板凳坐在他母亲斜对面，两人在那里说话，脸色都很沉郁。隔了一会，金槐便上来了，刘妈直让他坐，在这低矮的屋顶下，不坐也是不行。他在对面的一张床上坐了下来，便微笑着问小艾："你今天怎么样？可好了点没有？"小艾笑道："还是那样。"金槐微皱着眉毛向她脸上望去，他坐在那里，身子向前探着一点，两肘架在腿上，十指交挽着，显出那一种焦虑的样子。小艾倒觉得有点窘，心里想他今天怎么回事，当着人就是这样。金槐默然地坐了一会，便又下楼去了。他一走，刘妈便取笑小艾道："你看金槐待你多好，为你的病他那么着急。"小艾只是笑。刘妈又坐了一会，便说要走了，小艾也没有十分挽留，她并不怎么欢迎刘妈常来，因为刘妈虽然人还不坏，但是有点快嘴，来得多了，说话中间不免要把她的底细都泄露出来，小艾很不愿意她同住的这些人知道她的出身，因为一般人对于婢等女总有点看不起，而她是一个最要强的人。

刘妈从梯子上下去的时候却有点害怕，先上来的时候还不很费事，现在站在门口低头一看，那条梯子笔直的下去，简直没法下脚，只得一坐坐在门槛上，然后一步一步的往下挨，冯老太在下面搀扶着她，到了地面上，便又笑着替她在背后拍打了两下，原来刚才那一坐，裤子上坐了一大块黑迹子。刘妈也笑了起来，自己也拍打了一阵子，便告辞出门，冯老太母子都送了出去。

五十二

刘妈走了，冯老太便弯腰把地下晾着的青菜拾起来，却叹了口气，道："早晓得少腌点菜了——又不能带走。"金槐道："送给别人腌好了。"说着，便转身进去，匆匆地跑到阁楼上，向小艾说道："我们那印刷所要搬到中国香港去了，工人要是愿意跟着去，就在这两天里头就要动身。"小艾"嗳呀"了一声，在枕上撑起半身向他望着。金槐是很兴奋，自从上海成了孤岛，虽然许多人还存着苟安的心理，有志气些的人都到内地去了，金槐也未尝不想去，不过在他的地位，当然是不可能的。到中国香港去，那边的环境总比这里要好些。

他又微笑着："刚才我跟妈商量好了，你跟我一块儿去，她回乡下去。不过我看你这样子好像不能走，怎么办呢？"小艾怔了一会，便道："我想不要紧的，又不是什么大病。"金槐向她望着，半天没有作声，然后说道："我看你还是不要硬撑着，路上一定要辛苦点的。还是我先去，你随后再来吧。"小艾自己忖度了一下，只得笑道："那也好，我一好了就来。"金槐道："也只好这样了。"他坐在她对面，把她床前的一双鞋踢着玩，踢成八字脚的式样，又给它并在一起。两人都默然，过了一会，金槐又道："听见说中国香港的房子难找，我先去找好了地方也好。"

他们商量着什么东西应当带去，金槐说棉衣服可以用不着带，中国香港天气热。小艾叫他把一只热水瓶带去，金槐道："等你来的时候再带来好了，这两天你们还要用呢。"又笑道："你一个人跑到那里，又不会说广东话，等会给人拐去卖掉了。"小艾笑道："我又不是个小孩子了？"

两人表面上只管说说笑笑的，心里却有点发慌，小艾拥着一床大红碎花布面棉被躺在那里，那黄色的电灯光从上面照射下来，在那船舱似的阁楼上，大家心里都说不出来是一种什么感想，大概就是浮生若梦的感觉了。

五十三

在金槐动身前的那天晚上，箱子、网篮、包袱都理好了，他忽然想起来，又把桌子上的抽屉抽出来，把里面的东西一阵子乱翻乱掀。冯老太在旁边看着，便道："你在那儿找什么？"金槐只含糊地应了一声："我看看可还有什么东西要带去的。"等冯老太走开了，金槐便问小艾："那张照片呢？"他们很少拍照的，小艾除了他们结婚的时候合拍的一张便装照，也没有什么别的照片。这一天他问起来，小艾便笑道："那张照片我送人了。"金槐便有点不大高兴，咕噜了一声，道："只剩那一张了，怎么也给人了。"后来冯老太把他的手绢子全都洗干净了，烘干了拿来给他收在箱子里。金槐打开箱子，箱子盖里面有一个夹袋，他把一叠手帕向里面一塞，里面除了一把新牙刷，还有一样东西，摸着冰冷的，扁平而光滑，是一张硬纸片，这用不着看，也就知道是什么了。他把那张照片抽出一半来看了看，便望着小艾笑了一笑，小艾横了他一眼，然后也笑了。

这一天夜里，金槐三点多钟就起来了。他知道他母亲和小艾也是刚睡着没有一会，所以也不愿意惊醒她们，轻轻地开了灯，把小件的行李先拎了两样，从梯子上下去，就在厨房里盥洗了一下，再上来拿箱子。略有点响动，小艾便惊醒了，挣扎着要坐起来披衣下床，金槐忙按住她道："你不要起来了，"她还有点睡眼蒙眬，只觉得他的脸很冷，有一股清冷的牙膏气味。然后他就走了。她听见他一路下去，后门"砰"的一声关上了。随着那一声“砰！”便有一阵子寂寞像潮水似的涌了进来。那寂静几乎是哗哗的冲进来，淹没了这房间。桌上的钟滴答滴答走着，也显得特别的响。

五十四

金槐到中国香港去了以后，不久就有信来，说那边房子已经找好了，月底又汇了点钱来。这里小艾也托楼下住的一个孙先生给写了回信去，又写了封信给乡下的兄嫂，叫金槐的哥哥出来一趟，把母亲接回去。一切布置就绪，小艾的病却是老不见好，心里非常着急。冯老太也说是看这样子大概是病不是喜。他们这附近有一家国药店，店里有一个医生常住在那里，诊金比较便宜，小艾便去看了一趟，吃了两帖药，也不甚见效。她那大伯冯金福倒已经来了。小艾结婚后一直也没有回乡下去过，所以还是第一次见面。

金福来了少不得总有一两天的耽搁，也没有地方住，只得在楼下的客堂里搭了个铺。他们这客堂后面拦掉一半，作为另一个房间租了出去，前面却把一排槅扇全都拆了，扩展到天井里，占去半个天井，所以名为客堂，倒有一半是露天的，夜里风飕飕的，睡在那里十分寒冷。

金福有好些年没到上海来过了，他来的第二天，早上起来吃了碗泡饭，便说要到外面去遛遛。出去没一会，却退回来了，说外面乱得很，马路上走不通。冯老太正笑他不中用，小艾躺在床上，却说：“妈，你听，今天外头怎么这样闹嚷嚷的。”

住在客堂后面的孙先生是在一个洋行里做式老夫的，每天早上按时出去上班，这时候也退了回来，带来了惊人的消息，说日本兵开进租界了，外面人心惶惶，乱得一塌糊涂。

五十五

这一天大家都关着门守在家里，没有出去。孙先生到隔壁去借打电话，起初一直打不通，因为电话太忙碌。直到晚饭后方才接通了，也听到了一些消息，说日本人同日进攻中国香港，孙先生回来一说，小艾听见说中国香港已经打起来了，面上也还不肯露出十分着急的样子，反而用话去宽慰冯老太。虽说金槐在中国香港是举目无亲，单身一个人陷在那里，但是他们印刷所里这次去了那么许多职工，大家缓急之间总也有个照应。而且中国香港那么大地方，那么多人呢，不见得单是他就会遇到危险。说是这样说，急也还是一样的急。小艾别的不懊悔，只恨她自己没有跟他一同去，就是死也死在一起。

十天以后，报上登出中国香港陷落的消息，至少那边的战事已经结束了。但是一个月二个月地过去，上海、香港之间一直信息不通，依旧死生莫卜。小艾他们这时候一点进项也没有，稍微有一点积蓄，也快用完了。金福还住在他们这里，起初是因为路上不好走，他也没有回原籍去，所以凭空又添上一个人坐吃。金福住在这里，心里也非常不安，因此也急于要回去。忽然有一天，他的三弟金桃也到上海来了，说金福幸而不在家乡，这一向乡下抽壮丁，捉人捉得非常厉害，他还是逃出来的。金福听见这话，也只得死心塌地地住了下来。反而又添了一个人吃饭。他们兄弟俩四处托人找事，急切间哪里找得到事情。

小艾病了这些时，现在渐渐的能够起床了，就也想出去找事。像她这样的人出去做事，通常的出路是帮佣，但是她非常不愿意，她觉得那种劳役的生活她已经过够了，事情重一点倒没有关系，她就是不愿意看人家的脸子。她想到工厂里做工，但是没有门路，也进不去。

五十六

金桃倒有了着落，由他表哥介绍到一个火炉店去学生意。这时候他们家里实在维持不下去了，小艾急得没有办法，刚巧楼底下孙先生有一个朋友家里要添一个女佣，孙家就把她荐了去。这家人家姓吴，男主人本来是孙先生的同事，不过是洋行里一个式老夫，也还是最近方才跳出去自立门户，几个人合伙开了个公司，因为他会说几句日本话，便勾结了日本人，小小的做些非法的生意。孙先生看着眼热，又有些气不服，所以把这些事情全部给他说了出来，慨叹着说他自己是不肯做这种事情，不然也发财了。

小艾到了吴家，他们那里已经用了个烧饭娘姨，她就管洗衣服打杂兼带孩子。那吴太太是个中年妇人，一张焦黄的尖削面孔，脸上那样瘦，身上却相当的胖，圆滚滚的身子，穿着件金晃晃的织锦缎旗袍。她有个脾气，不肯让佣人有一刻工夫闲着，否则就觉得自己花这些钱雇这么个人有点冤枉。因此只要看见人家在那里歇着，暂时没做什么，她没事也要想出些事来给人做。每天吃剩下的鸡鱼鸭肉，她宁可倒了也不给佣人吃，说道："给他们吃惯了荤的，哪天要是没有荤菜吃就要叽咕了！索性一年到头给他们吃素，倒也一声不响。"有时候骂烧饭的这碗菜做得不好，拿起来就往痰盂里一倒，道："当是烧坏了就给你们吃了？偏不给你们吃！"小艾就最受不了这种叱骂的声气，那仿佛是另一个世界的回声，她以为是永别了的一个世界。但是她也只能忍耐着，这里的工钱虽然也不大，常常有人来打麻将，所以外快很多。

她又把金福荐给他们，在吴先生的行里做出店。金福很认识几个字。

五十七

金福有了职业以后，也寄了点钱回家去，但是此后没有多少时候，他的老婆就拖儿带女找到上海来了。也还是因为乡下抽壮丁，他们家的男丁全跑光了，不出人就得出钱，保甲长借端敲诈，金福的老婆被逼得没有办法，想着金福在上海也有了事情，便带着几个孩子和他们最小的一个弟弟一同到上海来了。当然仍旧是住在小艾这里，好在小艾现在出去帮佣，不住在家里，所以金福也可以不用避什么嫌疑，便和他的老婆孩子一齐都住到阁楼上去。

小艾有时候回家来看看，仿佛形成了鹊巢鸠占的局面。但是她觉得这也是应当的，她因为她自己娘家没有人，一向把金槐家里的人当作她的至亲骨肉看待。同时她总忘不了她从前是个丫头，人家总说大户人家出来的丫头往往好吃懒做，不会过日子，她倒偏要争这口气，所以一向非常刻苦，总想人家说她一声贤惠。她现在每月的收入自己很少动用，总是拿到家里来。不但冯老太靠她养活，就连金福夫妇也全仗她接济，金福的收入有限，又有那么一大群儿女嗷嗷待哺，也实在是不够用。最小的一个小叔金海已经送到一爿皮鞋店里去做学徒去了，两个小叔都在店里学生意，虽然管吃管住，衣裳鞋袜还是要自己负担，又要小艾拿出钱来。她有时候也有一点怨，但是每逢看到他们总觉得十分亲切。尤其是现在，中国香港陷落了已经快四个月了，金槐至今还没有信来，她渐渐地感到凄凉恐怖和绝望，在这种时候，偶尔抽空回去一趟，虽然家里这些人也并不能给她什么安慰，她只要听见他们一家老小叽哩喳啦用他们的家乡口音说着话，不由得就有一种温暖之感，也不知为什么缘故，心里仿佛踏实了许多。

有一天晚饭后，金福忽然到吴家来找小艾，很兴奋地说："金槐有信来了！今天早上到的，他们也不晓得，等我回去才看见。"说着，便从衣袋里取出那封信来，念给她听。上写着：

玉珍贤妻，吾现已平安到抵贵阳，可勿必挂念。在中国香港战事发生后，吾们虽然饱受惊恐，幸而倒没有受伤。惟印刷所工作停顿，老板复避不见面，拒绝援助，以致同人们告贷无门，流落他乡。去冬港地天气反常奇冷，棉衣未带，饥寒交迫。吾们后来决定冒着艰险步行赴内地，现已到抵贵阳，在此业已找到工作，暂可糊口。现在别的没有什么，只是不放心你们在上海，不知何日再能团聚。而且家中生活无着。不知你病好了没有？你的身体也不好，但吾母亲与家里人仍须赖你照顾。书不尽言，夫金槐白。

小艾听到后来，不觉心头一阵辛酸，两行热泪直流下来。她本来想马上就写回信，就请金福代笔，可是这封信她倒有点不愿意叫他写，另外去找了个测字先生写了。其实里面也没有什么话，不过把家中的近况详细告诉他，无非叫他放心的意思。她现在也略微认识几个字了，信写好了，自己也拿着看看，不是自己写的，总觉得隔着一层。她忽然想起来从前他给她的“冯玉珍”三颗铅字，可以当作一个图章盖一个在信尾。他看见了一定要微笑，他根本不知道那东西她一直还留着。

次日下午，她趁着吴太太出去打牌，就溜回家去拿那铅字。冯老太见她来了，便说起金槐来信的事，因道：“这金槐也是的，跑到那地方去——不是越走越远了吗？”小艾也没有替他辩护，心里想说了她也不懂。

五十八

她那铅字是包了个小纸包，放在一只旧牙粉盒里，盒面上印着一只五彩的大蝴蝶。她记得就在抽屉里靠里的一角，但是找来找去找不到。冯老太问道：“你在抽屉里找什么？”小艾道：“我有个牙粉盒子装着点东西，找不到了。”冯老太道：“那天我看见阿毛拿着个牙粉盒子在玩的，一定给她拖不见了。”阿毛是金福的大女儿。当下小艾便没有说什么，心里想要是查问起来，她嫂嫂要多心了，而且东西到了小孩手里，一定也没有了，问也是白问。但是她为这一桩小事，心里却是十分气恼，又觉得悲哀。同时又注意到桌下搁着一只双耳小钢精锅子，是她借给他们用的，已经敲瘪了两块。

家里有小孩，东西总是容易损坏些。金福夫妇带着几个孩子在这里一住两三年，家具渐渐的都变成缺胳膊少腿的。这还没有什么，小艾有一次回来，看见她的一面腰圆镜子也砸破了，用一根红绒绳缚起来，勉强使用着，镜面上横切着一道裂痕。小艾看了，心里十分气苦。金槐到内地去已经有两三年了，起初倒不断的有信来，似乎他在那边生活也非常困苦，一度到重庆去过，后来因为失业，又飘流到湖南，在湖南一个小印刷所工作过一个时期。今年却一直没有信来，也不知道为什么。她打听别人，也有人说是长久没有收到“里边”来的信了。

她有一个小姊妹名叫盛阿秀，住在她们隔壁，这一天阿秀听见说她回来了，便走过来找她谈天。只有她们两人在阁楼上，那阿秀是个爽快的人，心里搁不住事，就告诉小艾说她的丈夫怎样负心，她丈夫也是到内地去了，听说在那边已经另外有了人。她诉说了半天，忽然想起来问小艾："你们金槐可有信来？"小艾苦笑道："没有呀，差不多一年没有信了。听见人家说，现在信不通。"阿秀道："哪里！昨天我还听见一个人说接到重庆他一个亲戚的信。"小艾听了这话，不由得心里震了一震。

五十九

阿秀也默然了。过了一会，方道："听他们说，到重庆去的这些人，差不多个个都另外讨了女人。黑良心，把我们丢在这里，打算不要了。我就不服这口气——我们不会另外找男人呀？他们男人可以我们女人不可以呀？老实说，现在这种世界，也无所谓的！"她涨红了脸，说话声音很大，小艾听她那口气，仿佛她也另外有了对象了。

她们这样在阁楼上面谈话，可以听见金福的老婆在楼下纳鞋底，一针一针把那麻线戛戛地抽出来，这时候那戛戛的声音却突然的停止了，一定是在那里竖着耳朵听她们说话。等会一定要去告诉冯老太去了，冯老太的脾气，也像有一种老年人一样，常常对小艾诉说大媳妇怎么怎么不好，但是照样也会对大媳妇说她不好的。小艾可以想象她们在背后会怎么样议论她，一定说是阿秀在那里劝她，叫她把心思放活动一点。本来像她这样住在外面，要结识个把男朋友也很便当的。

也说不定她们竟会疑心她有点靠不住。她突然觉得非常厌烦。她辛辛苦苦赚了钱来养活这批人，只是让他们侦察她的行动，将来金槐回来了，好在他面前搬是非造谣言吗？她倒变成像从前的寡妇一样了，处处要避嫌疑，动不动要怕人家说闲话。她有时候气起来，恨不得撇下他们不管了，自己一个人到内地去找金槐去。但是他的母亲是他托付给她的，怎么能不管呢？所以想想还是忍耐下去了，只是心里渐渐觉得非常疲倦。

她在那吴家做事。吴家现在更发财了，新买了部三轮车。有一天他们的三轮车夫在厨房里坐着，有客人来了，一男一女，在后门口递了张名片给他，他拿着进去，因见小艾在客堂里擦玻璃窗，便把名片交给她拿上去。小艾把那张“陶攸赓”的名片送上楼去，吴先生马上就下来了，把客人让到客堂里坐着。小艾随即倒了茶送进去，还没有踏进房门，便听见里面有一个人说话的声音有点耳熟。

六十

她再往前走一步，一眼便看见沙发上坐着一个胖胖的西装男子——是有根。不过比从前胖多了，脸庞四周大出一圈来，眉目间倒显得挤窄了些，乍一看见几乎不认识了。小艾捧着一只托盘，站在门口呆住了。自从她出嫁以后，一直也没有听到有根的消息，原来他发财了。有根虽然是迎面坐着，他正在那里说话，却并没有看见她，小艾的第一个冲动便是想退回去，到厨房里去叫他们家里车夫把茶送进去。正这样想着，一回头，却看见吴太太从楼梯上走下来，吴太太换了件衣服，也下来招待客人了。这里小艾端着个茶盘拦门站着，势不能再踌躇不前了，只得硬着头皮走进客厅。吴太太也进来了，大家只顾应酬吴太太，对于这女佣并没有怎样加以注意。小艾便悄悄地绕到沙发背后，把一杯茶搁在有根旁边的茶几上，他同来的还有一个艳装的年轻女人，也搁了杯茶在她旁边，吴先生敬他们香烟，有根却笑道：“哦，我这儿有我这儿有！我的喉咙有点毛病，吃惯了这个牌子的，吃别的牌子的就喉咙疼。”一面说着，已经一伸手掏出一只赤金香烟盒子，打开来让吴先生抽他的。

吴太太笑道：“把衣裳宽一宽吧。”两个客人站来脱大衣，小艾拎着个空盘子正想走出去，吴太太却回过脸来向她咕哝了一声：“大衣挂起来。”小艾只得上前接着，有根把大衣交到她手里的时候，不免向她看了看，顿时脸上呆了一呆，又连看了她几眼，虽然并没有和她招呼，却也有点笑意。但是在小艾的眼光中，这微笑就像是带着几分讥笑的意味。她板着个脸，漠然地接过两件大衣，挂在屋角的一只衣架上，便走了出去，自上楼去了。

她到楼上去洗衣服，就一直没有下来。半晌，忽然听见吴太太在那里喊："冯妈，来谢谢陶太太！"想必是有根的女人临走丢下了赏钱。小艾装作没听见，也没下去。后来在窗口看见有根和那女人上了三轮车走了，她方才下楼。吴太太怒道："喊你也不来，人家给钱都没人谢一声！"

小艾道："刚才宝宝醒了，我在那里替他换尿布，走不开。"

六十一

吴太太把桌上几张钞票一推，道："哪，拿去。你跟赵妈一人一半。"这钱小艾实在是不想拿，但是不拿似乎又显着有点奇怪。只得伸过手去，那钞票一拿到手里，仿佛浑身都有一种异样的感觉。

她听他们正在那里谈论刚才两个客人，吴先生说几时要请他们来打牌，吴太太却嫌这一个陶太太不是正式的，有点不愿意。小艾听他们说起来，大概有根是跑单帮发财的。她心里却有点百感交集，想不到有根会有今天的一天。想想真是不服，金槐哪一点不如他。同时又想着："金槐就是傻，总是说爱国，爱国，这国家有什么好处到我们穷人身上。一辈子吃苦挨饿，你要是循规蹈矩，永远也没有出头之日。火起来我也去跑单帮做生意，谁知道呢，说不定照样也会发财。人生一世，草生一秋，我也过几天松心日子。"

她下了个决心，次日一早便溜出去找盛阿秀商量，阿秀有两个小姊妹就是跑单帮的。小艾把一副金耳环兑了，办了点货，一面进行着这桩事，一面就向吴家辞工，只说要回乡下去了。她家里的人对于这事却大不赞成，金福屡次和冯老太说，其实还是帮佣好，出去跑单帮，一去就是许多日子不回来，而且男女混杂，不是青年妇女能做的事情。但是小艾总相信一个人只要自己行得正，立得正，而且她在外面混了这几年，也磨炼出来了，谁也不要想占她的便宜。然而现在这时候出门去，旅途上那种混乱的情形她实在是不能想象。一个女单帮只要相貌长得好些，简直到处都是一重重的关口，单是那些无恶不作的"黑帽子"就很难应付。小艾跑了两次单帮，觉得实在干不下去了，便又改行背米。运气好的时候，背一次倒也可以赚不少钱。身体却有些支持不住了，本来有那病根在那里，辛劳过度，就要发作起来。

六十二

有一天金福的女儿阿毛正蹲在天井里，用一把旧铁匙子在那里做煤球，忽然听见哄通一声，不知什么东西撞在大门上，她赶出去一看，却是小艾回来了，不知怎么晕倒在大门口，背的一袋米甩出去几尺远。阿毛便叫起来，大家都出来了，七手八脚把她抬进去。

冯老太看她这次的病，来势非轻，心里有些着慌，也主张请个医生看看。次日便由她嫂嫂陪着她到一个医院里去，这医院里门诊的病人非常多，挂号要排班，排得非常的长，内科外科分好几处，看妇科也不知道应当排在哪里。金福的老婆见有一个看护走过，便赔着笑脸走上去问她，还没开口，先叫了声“小姐”，一句话一个“小姐”。那看护寒着脸向她身上穿着打量了一下，略指了指，道：“站在那边。”便走开了。小艾在旁边看着，心里非常反感。排了班挂号以后，又排了班候诊，大家挤在一间空气混浊的大房间里，等了好几个钟头。小艾简直撑不住了，一阵阵的眼前发黑，一面还在那里默默背诵着她的病情，好像预备考试一样，唯恐见到医生的时候有什么话忘了说，错过了那一刻千金的机会。后来终于轮到她了，她把准备下的话背了一遍，那医生什么也没说，就开了张方子，叫她吃了这药，三天后再来看。

她那天到医院去大概累了一下，病势倒又重了几分。把那药水买了一瓶来吃着，也没有什么效验，当然也就没去复诊了。

庆祝胜利的爆竹她也是在枕上听着的。胜利后不到半个月，金槐便有信来了。说他有一年多没有收到家信了，听见人家说是信不通，他非常惦记，不知道家里的情形怎么样。现在的船票非常难买，他一买到船票就要回来了。

阿秀有一天来探病，小艾因为阿秀曾经怀疑过，金槐或者在那边也有了女人，现在她把金槐这封信拿出来给阿秀看，不免流露出一丝得意的神情。但是后来说说又伤心起来，道："我这病恐怕也不会好了，不过无论怎样我总要等他回来，跟他见一面再死。"说着便哭了。阿秀道："年纪轻轻的，怎么说这种话。你哪儿就会死了，多养息养息就好了。"

六十三

小艾再也没想到，这船票这样难买，金槐在重庆足足等了一年工夫，这最后的一年最是等得人心焦，因为觉得冤枉。金槐回来的那天，是在一个晚上，在那昏黄的电灯光下，真是恍如梦寐。金槐身上穿着的也还是他穿去的衣裳，已经褴褛不堪，显得十分狼狈。冯老太看他瘦得那样子，这一天因为时间已晚，也来不及买什么吃的，预备第二天好好地做两样菜给他吃。次日一早，便和金福的老婆一起上街买菜。

自从小艾病倒以后，家中更是度日艰难，有饭吃已经算好的了，平常不是榨菜，就是咸菜下饭，这一天，却做了一大碗红烧肉，又炖了一锅汤。金槐这一天上午到他表弟那里去，他们留他吃饭，他就没有回来吃午饭。家里烧的菜就预备留到晚上吃，因为天气热，搁在一个通风的地方，又怕孩子们跑来跑去打碎了碗，冯老太不放心，把两碗菜搬到柜顶上去，又怕闷馊了，又去拿下来，一会搁到东，一会搁到西。小艾躺在床上笑道："闻着倒挺香的。"冯老太笑道："真是人逢喜事精神爽，你胃口也开了，横是就要好了。你今天也起来，下去吃一点吧。"

金桃金海也来了，今天晚上这一顿饭仿佛有一种团圆饭的意义，小艾便也支撑着爬起来，把头发梳一梳通，下楼来预备在饭桌上坐一会。金福几个小孩早在下首团团坐定，冯老太端上菜来，便向孩子们笑道："不要看见肉就拼命地抢，现在我们都吃成'素肚子'了，等会吃不惯肉要拉稀的。"正说着，忽然好像听见头顶上簌的一声，接着便是轻轻的"叭"一响，原来他们这天花板上的石灰常常大片大片的往下掉，刚巧这时候便有一大块石灰落下来，正落到菜碗里。大家一时都呆住了。静默了一会之后，金槐第一个笑了起来，大家都笑了。就中只有小艾笑得最响，因为她今天实在太高兴了，无论怎么样，金槐到底是回来了。

六十四

金槐这次回来，却是带着一种黯淡的心情，到内地去了这几年，看见许多事情都是使他灰心的，贪污腐败，由上面领头投机囤积，哪里有一点“抗战建国”的气象，根本没在那里抗战。现在糊里糊涂的算是胜利了，倒又打起内战来了，真觉得前途茫茫，不堪设想。这些话他也不对小艾说，小艾只觉得他不像从前那样喜欢讲时事了。

他一回来就找事，没有几天，便到一个小印刷所去工作。小艾的病他看着很着急，一定逼着她要她好好的找个医生看看。这一天他特为请了假陪她去，医生给她检查了一下，说是子宫炎，不但生育无望，而且有生命的危险，应当开刀，把子宫拿掉。开刀自然是需要一大笔钱。两人听了，都像轰雷击顶一样。还想多问两句，看护已经把另一个病人引了进来，分明是一种逐客的意思，只得站起身来走出去了。

回到家里，小艾在阁楼上躺着，大家在楼下吃晚饭，金槐一个人先吃完，便到阁楼上去，拿热水瓶倒了杯开水喝，一面就在她对面坐下，捧着杯子，将手指甲敲着玻璃杯，的的作声。半晌，方才自言自语道：“这怎么办呢，开刀费要这么许多，到哪儿去想办法呢？”小艾翻过身来望着他说道：“你不要愁了，我也不想开刀。”金槐倒怔了怔，因道：“你不要害怕，许多人开刀，一点也没有什么危险的。”小艾道：“我不是怕，我不愿意开刀。”金槐道：“为什么呢？”问了这样一声以后，自己也就明白过来了，她一定是想着，要是把子宫拿掉，那是绝对没有生育的希望了，像这样拖延下去，将来病要是好些，说不定还可以有小孩子。他便又说道：“还是自己身体要紧，医生不是说不开刀很危险的？”

小艾没有回答。金槐心里也想着，这时候跟她辩些什么，反正也没有钱开刀，仿佛辩论得有些无谓，便没有再说下去了。因见她脸色很凄楚的样子，便坐到她床沿上去，想安慰她两句。他一坐坐在她一条手绢子上，便随手拣起来，预备向她枕边一抛，不料那手绢子一拿起来，竟是湿淋淋的，冰凉的一团。想必刚才她一个人在楼上哭，已经哭了很久的时间了。

他默然了一会，便道："你不要还是想不开。有小孩子没小孩子我一点也不在乎。只要你身体好。"小艾一翻身朝里睡着，半晌没有作声。许久，方才哽咽着说道："不是，我不是别的，我只恨我自己生了这病，你本来已经够苦的了，我这样不死不活的，一点事也不能做，更把你拖累死了。"金槐伸过手去抚摸着她的头发，道："你不要这样想。"只说了这样一句，听见外面梯子咯吱咯吱响着，有人上楼来了，就也没说什么了。

自从金槐回来以后，金福的老婆因为叔嫂关系，要避一点嫌疑，不好再住在阁楼上，便带着孩子们回乡下去了。金福这时候仍旧在吴先生行里做出店，便和吴先生商量，晚上就住在写字间里。金槐这里只剩下冯老太和他们夫妻两个，顿时觉得耳目一清。金福的几个孩子在这里的时候，一天到晚儿啼女哭，小艾生病躺在床上，病人最怕烦了，不免嫌他们讨厌，但是这时候他们走了，不知为什么倒又有点想念他们。现在家里一共这两个人，倒又老的老、病的病，金槐晚上回来，也觉得家里冷清清的。金槐虽然说是没有小孩子他一点也不介意，但是她知道他也和她一样，很想有个孩子。人到了中年，总不免有这种心情。

六十五

楼下孙家有一个小女孩子很是活泼可爱，金槐总喜欢逗着她玩，后来小艾和他说："你不要去惹她，她娘非常势利，看不起我们这些人的。"金槐听了这话，就也留了个神，不大去逗那个孩子玩了。有一天他回家来，却又笑着告诉小艾："刚才在外头碰见孙家那孩子，弄堂里有个狗，她吓得不敢走过来。我叫她不要怕，我拉着她一起走，我说你看，它不是不咬你么，她说，'刚才我要走过来，它在那儿对我喊。'"他觉得非常发噱，她说那狗对她"喊"，告诉了小艾，又去告诉冯老太。又有一次他回来，告诉她们一个笑话，他们弄堂口有个擦皮鞋摊子，那擦皮鞋的看见孙家那孩子跑过，跟她闹着玩，问她鞋子要擦吧，她把脖子一扭，脸一扬，说："棉鞋怎么好擦呢？"金槐仿佛认为她对答得非常聪明。小艾看他那样子，心里却是很怅惘，她因为自己不能生小孩，总觉得对不起他。

她一直病在床上，让她婆婆伺候着，心里也觉得不安，而且冯老太有脚气病，也不大能多走动，这一向小艾仿佛好了些，便照常起床操作。阿秀有一天来看她，阿秀的丈夫已经从内地回来了，把另一个女人也带到上海来，阿秀便和他离了婚，正式跟了她相与的那个男人。阿秀把她离婚的经过演述了一遍，然而她今天的来意，却是因为惦记着小艾的病，她听见说现在某处有个"小老爷"治病非常灵，劝小艾去求个方子，没晓得她已经好了。小艾听说那"小老爷"怎样怎样灵，心里却也一动，暗想她这病要是能够治得除了根，或者可以有小孩子。从前有一次，楼上二房东家里有人生病、把一个看香头的女人请了来，小艾在旁边看着她作法。至少这种人不像医生那样的给她自卑感。这些人都是骗取穷人的血汗钱骗取惯了的，再小的数目他们也并不轻视，倒不像一般医生，给穷人看病总像是施舍，一副施主的面孔。

六十六

那天晚上金槐回来，她就没有告诉他阿秀劝她到那地方去看病的话，因为她知道他一定是不赞成的。后来冯老太却当作一件新闻似的告诉了他，说有个什么"小老爷"，是一个夭折的小孩，死后成了"仙"，给人治病非常灵验，阿秀介绍小艾也去看。金槐听了很生气，说那些都是迷信骗钱的把戏。他倒是主张小艾另外去找个医生看看，因为上次那医生说她不开刀非常危险，现在倒好了些了，似乎那医生的诊断也不是一定正确。但是小艾非常不愿意找医生，而且病既然好些了，当然也不必去看了，家里也没有富裕的钱，所以说说也就作罢了。

小艾用钱虽然省俭，也常常喜欢省下钱来买一点不必要的东西。有时候到小菜场去，看见卖栀子花的，认为便宜，就带两枝回来插在玻璃杯里，有时候又去买两朵白兰花来掖在鬓发里面。又有一次她听见邻居在那里纷纷谈论筱丹桂自杀的事，说是被一个流氓逼死的，丢下多少箱衣服首饰，多少根金条。她很想看看筱丹桂生前是什么样子，走过报摊，便翻翻看报上可有筱丹桂的照片，买一张来看看。那报贩随便拿了一张报纸给她，指指上面一个漂亮女人的照片说是筱丹桂，她便买了回来，后来才知道并不是的。她对于绍兴戏不大熟悉，比较更爱看申曲，因为申曲比较接近金槐他们的乡音，句句都可以听得懂。她自从到他们家里来，口音也跟他们同化了。

她到阿秀家里去回看她，碰见从前一块儿背米的一个女人，大家叫她陈家浜阿姐。她大着个肚子，说："真是讨厌，家里已经有了四个，再养下来真养不活了，这一个我预备把他送掉了。"小艾道："那总舍不得吧？"陈家浜阿姐道："真的，我真在那儿打听，有谁家要，养下来就给抱了去了，比跟着我饿死的好。"

她有事先走了，小艾便向阿秀仔细打听她家里的情形，从前一同背米只晓得她人很好，却连她的姓名都不清楚。听阿秀说，她家里也是很好的人家，不过苦一点。小艾沉吟了一会，便道："她那孩子要是真想给人，不如给就给我吧。我可也没有钱，不过我自己也没有小孩子，总不会待错他的。"阿秀笑道："要是给你，大家都是知道的，她更可以放心了。"又道："要不你还是等她养下来再说。我劝你要领还是领个女的，明天你自己再养个儿子。"小艾只是苦笑，也没有说什么。

六十七

阿秀答应就去跟那陈家浜的阿姐说，她大概就在这个月里也就要生产了。小艾回到家里，和家里的人说了，金槐没说有什么意见，他心里想领一个小孩也好，免得她老惦记着，成了一桩心事。冯老太却很不以为然，当面没好说什么，背后就跟金槐叨叨：“其实你哥哥这么些小孩子，你们就领他一个不好吗，又要到外头去领一个干什么？”说了不止一次了，金槐自然也没去告诉小艾，却被他们同住的一个女人听见了，便把这话传到小艾耳朵里去。其实小艾也并不是没想到这一层，本来金福夫妇正嫌儿女太多，要是过继一个给他们兄弟，正是求之不得的，可以减轻一点负担。但是小艾总想着，既然要一个小孩，就不要让他知道他不是她生的，不然现放着他亲生父母在那里，等会辛辛苦苦把他带大了，孩子还是心向着别人。所以她哥嫂的小孩她决计不要，即使他们因此有点不乐意，她自己觉得没什么对不起他们的，这一家子从她婆婆起，这些年来全是她在那里赤胆忠心的照应他们，就算她在这桩事情上是任性一点，仿佛也无愧于心。

没有几天的工夫，阿秀跑了来告诉小艾，陈家浜阿姐已经生了，是个女孩子。小艾便和她一同去，把孩子抱了来。冯老太起初虽然反对，等到看见了孩子，倒也十分疼爱，兴兴头头的帮着调代乳糕，缝小衣服，给孩子取了个名字叫引弟。有一天晚上金福来了，听见说领了个孩子，当着他夫妇的面，也没好说什么，后来金槐出去买香烟了，只有冯老太一个人在那里，金福便皱着眉和冯老太说：“自己养的叫没有办法——现在东西这样涨，自己饭都要没的吃了，还去领这样一个小孩子来，一天到晚忙着小孩子，把一个人也绊住了，不然这时候毛病好了些，也可以出去做事了。”小艾在阁楼上，冯老太晓得她听得见的，向金福递了个眼色，金福也没留神。小艾在上面听见了，未免有些刺心，因为他说的这话也都是实情，在现在这种时候领个孩子来，也许是有一点疯狂。

六十八

物价已经涨成天文数字，到了天尽头了，还是涨，还是涨。家里一点现钱也不能留，一拿到工钱就要抢着买柴买米买大头，一个措手不及，就等于白做了。小艾想法子去领了一点绒线生活来做，贴补家用。有时候她到马路上去看看橱窗里陈列着绒线衫式样，满街都是买卖银元的小贩，穿卡其短外套的，穿长袍的，斯文一脉地踱来踱去，五步一个，十步一个，都是把两块银洋握在手心里微微摇着，发出那极细微的清脆的唧唧之声。在那春天的黄昏里，倒是像街头一片虫声唧唧。

那是蒋匪帮在上海的最后一个春天，五月里就解放了。楼底下孙家上了国民党的当，以为他们在上海可以守三个月，买了许多咸鱼来囤着。在解放后，孙家连吃了几个月的咸鱼，吃得怨极了。

六十九

解放后，金槐非常热心的学习，又像从前小艾刚认识他那时候一样，总拿着本书，到印刷所去也带来带去，在电车上看。在家里也常常把新民主主义、社会发展史讲给她们听。小艾虽然很喜欢听他发议论：她仿佛有一种观念，认为理论是男子的一种装饰品，所以他说话的时候，她总是带着得意的微笑静静听着,却不求甚解。她最切身地感到的还是现在物价平稳，生活安定，但是人是健忘的动物，几天好日子一过，把从前那种噩梦似的经历也就淡忘了。

那年下半年，金桃结婚了，新立起一份家来，自然需要不少费用，金槐和小艾商量着，帮了他一笔钱，所以刚有一点积蓄，又贴掉了，过年的时候吃年夜饭，照例有一尾鱼，取“富贵有余”的意思，小艾背着冯老太悄悄和金槐笑着说：“去年不该吃白鱼，赚了点钱都‘白余’了。今年我们买条青鱼。”

年三十晚上，金福也到他们这里来吃团圆饭。金福到上海来这些年，一直很不得意，在吴先生行里做出店，吴先生欺负他老实，过去生活程度那样涨，老是不给他加工钱，他现在老婆儿女都在乡下，晚上一个人在写字间里打地铺，很是凄凉。这一天在金槐这里吃年夜饭，酒酣耳热的，却是十分高兴，笑道：“现在我们算翻身了，昨天去送一封信，电梯一直坐到八层楼上，他妈的，从前哪里坐得到——多走两步路倒也不在乎此，我就恨他们狗眼看人低，那口气实在咽不下，哪怕开一两个人上去，电梯里空空的，叫他带一带你上去，开电梯的说：给大班看见他要吃排头的！”

第二年秋天，金福辞掉了生意，很兴奋地还乡生产去了。十月里他们乡下要土改了。

金桃结了婚以后，冯老太便轮流的这边住住，那边住住，这一向她住在金桃那里。这一天小艾要想出去一趟，去看看刘妈，托托她可有什么绒线生活介绍她做。她把引弟也带了去，因为冯老太不在这里，把孩子一个人丢在家里不放心。引弟现在大了些，从前刚抱来的时候还看不出，现在却越长越不好看了，冬瓜脸，剪着童化头发、分披在两旁，她却是两只招风耳，把头发戳开了，竖在外面。人家说她难看，小艾还不服气，总是说一个小孩要那么好看干什么，有许多孩子小时候长得好看，大了都变丑了。

这一天她带着孩子到刘妈那里去，刘妈还是第一次看见引弟，便笑道：“哟，这孩子两耳招风！”又笑道：“不是我说，自己养的长得丑是没办法，你领为什么不领个好看点的。”小艾和刘妈究竟比较客气，只得微笑道：“再大一点不知道可会好一点。人家说‘女大十八变’嘛！”

刘妈和她好几年没见面了，叙谈起来，便告诉她说：“你可晓得，陶妈现在享福了，做老太太喽！”小艾猜着她是说有根发财的事情，便装作不知道。刘妈便从头告诉她，有根那时候跑单帮发了财，后来生意做得很大。现在是没有那样好了，囤货的生意也不能做了，但是刘妈说：“像他那样，‘穷虽穷，还有三担铜。’”小艾听了这话，不免又把自己的境况和他比较着，心里想像金槐这样一直从事于正当劳动，倒反而还不如他。那天回到家里来，心里不免有许多感慨的，这两天金槐的印刷所里工作特别忙，晚上要做“加工”，夜深才回来，他们的二房东十点钟就关电门，他摸黑爬到阁楼上来，把桌子椅子碰得一片声响，把小艾也惊醒了。他因为太疲倦了，一觉睡到第二天早上，一个身也没翻，汗出得多了，生了一身痱子，小艾见他累得这样，又觉得心疼。

七十

她在那里替人家打一件浅粉色兔子毛绒线衫，那绒线衫非常容易脏，常常要去洗手，肥皂倒费掉许多。这一天她打完了一团绒线，再去拿，却没有了。她非常诧异，在床上床下，抽屉里，桌子底下，箱子背后，到处都找遍了，也找不到。又疑心或者是从阁楼的窗户里掉下去了，到客堂里去找，也影踪毫无。孙师母见了，问她找什么，小艾道："我打衣裳的绒线，不知可从上头掉下来了。"孙师母的小女儿在旁边说："昨天好像看见引弟拿着团绒线在那儿扔着玩。"小艾去问引弟，也问不出什么来。猜着一定是给她乱拖，拖到楼底下去，不知给什么人拿去了。这么点大的小孩子，又不懂事，不见得打她一顿。小艾气得半死，跑出去配绒线，一口气跑了好几家，好容易有一个店里有同样的，但是价钱非常贵，一算钱不够了，只得回到家里来，预备赶着在这两天内把另外一件打好了，拿到了工钱再去买这绒线。

金槐一回来了，她便把这桩事情告诉了他一遍，临睡的时候，她坐在床沿上织绒线，不觉又长长地叹了口气，道："巴巴结结做着，想多挣两个钱，倒反而赔钱。"这时，电灯忽然黑了。照例一到十点钟，二房东就把电门关了。小艾哟了一声，笑道："话讲得都忘了时候了，我还要把油灯点起来呢。"她擦了根洋火，把从前防空的时候用的一盏小油灯点了起来。金槐道："怎么，你还要打绒线呀？"小艾道："我再打一会儿。"

她本来想把一个后身做好就睡了，但是因为心里实在着急，后身做好了又去动手做一块前襟。金槐早已睡熟了。那油灯渐渐暗了下去，她把那淡绿麻棱玻璃罩子拿掉，拿起一把剪刀来把灯芯挑了挑。在更深夜静的时候，没有小孩在旁边搅扰，做事倒是痛快。她一口气做到天亮，忽然觉得腰酸，酸溜溜的就像蛀蚀进去，腰都要断了。她也知道是累着了，所以旧病复发，心里也有些害怕，忙把那绒线衫连针卷成一卷，包起来收在箱子里，便吹灯脱衣上床。睡在床上，只觉得心中嘈杂得厉害，翻来覆去的，渐渐的便又身上热烘烘的，发起烧来，肚子也隐隐作痛。

这一天早晨她就没有起来做早饭，金槐自到外面去买了些点心吃。她生病本来也是常事，他匆匆地出去，只说“今天晚上我去把妈接回来吧，家里没人照应。”不料她这次的病不比寻常，竟像血崩似的，血流得不止。引弟到时候没有早饭吃，饿得直哭，小艾从枕头底下摸出两张零碎钞票，听见楼梯上有人走过，料是楼上那家的人出去买菜，便在枕上撑起半身，想喊住她，托她带两个烧饼给孩子吃。才欠起身来忽然眼前一黑，那身体好像有千斤重，昏昏沉沉的早又倒了下去。孩子还在那里哭，那哭声却异常遥远，有时候听得见，有时候又听不见。

七十一

金槐下午回来，她已经晕过去好几回了。他非常着急，要马上送她到医院里去，现在他们工会里有福利会的组织，工人家属可以免费治病，他们那印刷所因为规模太小，自己没有诊所，包在一个医院里。

金槐送她去，两人坐着一部三轮车，小艾身上裹着一条棉被，把头也蒙着。是秋天了，洋梧桐上的黄叶成阵的沙沙落下来，像下大雨似的，那淡黄色的斜阳迎面照过来，三轮车在萧萧落叶中疾驰着，金槐帮她牵着被窝的一角，使它不往下溜。

小艾突然说道：“引弟你明天让她学点本事，好让她大了自己靠自己。虽然现在男女都是一样的，到底一个女孩子太难看了也吃亏。”她向来不肯承认那孩子长得丑的，忽然这样说着，金槐却是一阵心酸。一时也答不出话来，默然了一会，方道：“你怎么这时候想起来说这些话？”小艾没有作声，眼泪却流了下来。金槐给她靠在他身上。他看看她那棉被，是一条旧棉被，已经用了许多年了，但是他从来没有注意到上面的花纹，大红花布的被面，上面一朵朵细碎的绿心小白花，看着眼晕，看得人心里乱乱的。迎面一辆电车当当的开过来。街上行人很多，在那斜阳里匆匆走着，也不知都忙些什么。小艾咬着牙轻声道：“我真恨死了席家他们，我这病都是他们害我的，这些年了，我这条命还送在他们手里。”金槐道：“不会的，他们已经完了，现在是我们的世界了，不会让你死的。不会的。”他说话的声音很低，可是好像从心里叫喊出来。

七十二

到了医院里，时间已经很晚了，驻院的医生特地把妇科主任找了来，妇科主任是一个程医生，一面给她施急救，一面询问得病的经过，问得非常仔细。说病情相当严重，但是可以用不着开刀，先给她把血止住了，然后施手术，要是经过良好，施手术后歇一两天就可以出院。

小艾起初只是觉得那程医生人真好，三等病房那两个看护也特别好，后来才发现那原来是个普遍的现象。她出院以后，天天去打营养针，不由得感到医院里的空气真是和从前不同了，现在是真的为人民服务了。

她的病完全好了以后，也想出去做事，便由金槐介绍她到他们印刷所去折纸。他们那印刷所很小，作场上面搭着个阁楼，在那上面，折纸的女工围着一张长桌坐着，在灯光下工作。小艾自己也觉得可笑，踏出家里的一个阁楼，倒又走上一个阁楼。但是她知道她不会一辈子住在阁楼上的，也不会老在这局促的地方工作。新的设备完美的工厂就会建造起来。宽敞舒适的工人宿舍也会造起来，那美丽的远景其实也不很远了。她现在通过学习，把眼界也放大了，而且明白了许多事情。

从阁楼上望下去，可以看见金槐，他在窗口搁着张桌子，埋着头在那里拿着个钳子拣错字。一只低垂的灯泡正对着他的脸，那强烈的电灯光静静地照在他脸上，窗外却是黑沉沉的。旁边几架机器轰隆轰隆一刻不停，如同海涛似的响着。

小艾现在折纸也是个熟手了，不过这一向特别觉得吃力些，折起来不大顺手，因为她坐得离桌子比较远。因为——引弟引来的弟弟已经在途中，就快要到了，不知道是弟弟还是妹妹。小艾有时候想着，现在什么事情都变得这样快，将来他长大的时候，不知道是怎样一个幸福的世界，要是听见他母亲从前悲惨的遭遇，简直不大能想象了吧？

（一九五〇年）

（《明报月刊》1987 年第 1 期）

附录

《小艾》在我心

萧锦绵　文

对《小艾》出土的一点看法

事隔三十五年，《小艾》重现眼前，非常孟浪，不过，因为是张爱玲，所有的孟浪又变得理所当然。

《小艾》在我心

张爱玲让人吃惊的程度，无视于时间、空间的隔阻，面对出土的《小艾》，再有经验的读者、编者，都难免有点手足无措，不知如何是好——“不由分说”大约就是这个意思。

同时，因为《小艾》的出土，“文学视听界”共享了一次声息互通有无的经验——这样的张爱玲震撼，只有更说明了一个事实：文学远远超越政治，古今皆然。

仔细读过上海华东师范大学陈子善先生的《小艾》出土背景介绍，当然非常感激陈子善先生的“发现”，但是仍觉不足。出土的作品诚然是主干，但那些相关的枝叶，同样引人好奇，比如署名“叔红”的《介绍梁京的小说》全文如何？署名“传奇”的《梁京何人？》是怎么写的？《〈十八春〉事件》《与梁京谈〈十八春〉》《也说〈十八春〉》等文章到底探讨了什么？

一九五一年二月十九日高唐的《访梁京》内容又是怎样的呢？

但愿陈子善先生细细挖掘下去，将这些枝叶一一掇拾，为文学的打捞增添新页。

文学作品到了打捞的地步，当然说明了作品本身的无比魅力，同时更说明了时代的无穷变异。

在这个变动的时代里，抱持“张爱玲梦魇”的人都有一种普遍、共同的感觉：因为通过张爱玲的小说，一切都显得比较真实些，因此“张爱玲梦魇”宁愿陷得再深一点。已故的唐文标先生正是一个例子，他非但深陷“张爱玲梦魇”，并且走火入魔，他打捞张爱玲的有关文字，少作、旧作，真正到了“上穷碧落下黄泉”的地步。宇宙中如果真有灵魂列车，那么唐文标先生无疑将为回顾出土的《小艾》，改变他灵魂列车的行程。

是张爱玲自己说的——一种疯狂。

张爱玲为什么变成梁京

多年来，为了熟悉张爱玲，曾用了最笨的方法，分年逐月的、记录了一点一滴的、收集到的张爱玲，并且很慎重的取名叫“张爱玲岁时记”——可恨，这一本“岁时记”，仍有多处空白。一九四九到一九五一年的这一段空白，本来以为是最没有希望补救的，没想到《小艾》的出土，竟弥补了四十年前的一大段空虚，武侠港剧里有支主题曲，歌词说“此恨有尽期，遗憾亦可填”，看来并不是假的。

发表《小艾》的时候，同稍早的《十八春》一样，张爱玲均署名“梁京”。

从前读唐文标的收集，并不知道张爱玲为何又来了一个笔名“梁京”？仔细读了《小艾》，才觉得“怪不得”——文字、名号都是一种利器，凡是做文字工作的人。无不明白这样简单的道理。作家换笔名，尤其是成名作家，很少是没有缘由的，陈子善说：

“在四十年代的上海文坛上，张爱玲已经大名鼎鼎，但她发表《十八春》时却署了一个新笔名：梁京。”

穿凿附会当然是最糟糕的一种理解。然而，上海“解放”了以后，张爱玲发表的小说，署名都变成“梁京”——这难道只是一种偶然？而且，为什么就是“梁京”？梁京是否意味着这个敏感的作家，对时局变异的一种心“凉”和心“惊”呢？——像《小艾》中描述的那种变动生活，读着读着叫人不寒而栗：

“物价已经涨成天文数字，到了天尽头了，还是涨，还是涨。家里一点现钱也不能留，一拿到工钱，就要抢着买柴买米买大头，一个措手不及，就等于白做了……满街都是买卖银圆的小贩，穿卡其短外套的，穿长袍的，斯文一脉地踱来踱去，五步一个，十步一个，都是把两块银洋握在手心里微微摇着，发出那极细微的清脆的唧唧之声。在那春天的黄昏里，倒像是街头一片虫声唧唧。”

张爱玲曾说过自己“永远在时势潮流之外”。然而，再冷然淡漠的人，处在那样的变局里，都不免吃惊、不确定起来。张爱玲不再是张爱玲，而是梁京——这样的改变，不是轻易没有原因的。

《小艾》里的叹息

张爱玲喜欢从细痕微迹处侧写人生，所谓“时代的总量”在她看来，最具体的还是一些普通人的寻常生活。

文评家马克·贝格贝德在论《纪德及其作品》中说过：“在近代，作家这种职业往往有三重目的：一、逃避某一组环境；二、以一种间接而升华的方式来达成此目的；三、从自己独特的处境出发，去拥抱普遍。”张爱玲的独特处境半由于她的家庭，半由于她本身的教养。在《传奇》（即后来辑为《张爱玲短篇小说》）一书的扉页上，张爱玲曾郑重地写道：“在普通人里寻找传奇，在传奇里寻找普通人”——熟读张爱玲的人都知道，这正是最珍贵的张爱玲小说传统。

《小艾》整个的说明了这样一个传统——一个普通人的传奇，传奇里的普通人，其中充满了人生的回音，更能代表那个变异的年代。

《小艾》故事分两段直线进行，仿佛是时代列车其中的两节车厢。第一节，以席家生活败落为主干；第二节，以小艾婚后挣扎为经纬。其中小艾是贯穿其间、穿针引线的主要人物，她从第一节车厢走到第二节车厢，走到底了，故事也结束了。

九岁了，在人可以买卖的时候，小艾就被父母卖掉，席五太太买了来当丫头——始初，都嫌太小，但又说**“小一点好，可以多使几年”**。

从小艾来到席家开始，故事整个的撺掇出败落中的席家、席老五席景藩没常性的从一个姨太太流浪到另一个姨太太，没人性的奸污了小艾，并从清末的遗臣一变而为南京中央的官吏，最后当了汉奸，被暗杀的下场以及席五太太委曲求不全的一生。

在席家的败落中，小艾是一个倍受凌辱的女佣，一个彻底被牺牲的人。然而，她沉默地忍着。

第二节写小艾同金槐结婚后的挣扎，尽管时代变异隔离了两个人，但丝毫没有影响两人的感情。小艾坚强的活下来，金槐终于回来，两人并孕育着自己的儿女。正如同从前在席家，她受尽屈辱、抵死的沉默一样，结婚后的小艾，我们读到她帮佣、跑单帮、背米晕倒在门前，其不畏艰困的生活毅力，叫人为之心酸、不忍。

我们并不知晓张爱玲对婚姻的看法，但在《小艾》这个故事的两节时代列车中，张爱玲不着痕迹的宣布旧式婚姻的卑陋、有名无实和死亡。

在第一节车厢中的席景藩夫妇，完全是旧式“太太老爷型”的婚姻，一个道貌岸然、一个委曲求全。两个不相干的人，有名无实的、因为某种社会形式而存在着，张爱玲写到两人在老太太面前见面，五太太那百般不是的尴尬，出神入化，更道尽了旧式婚姻的卑陋——

普通一般的夫妻见面，也都是不打招呼的，完全视若无睹，只当房间

里没有这个人，他们当然也是这样，不过景藩是从从容容的、态度很自然，五太太却是十分局促不安，一双手也没处搁，好像怎么站着也不合适……她急忙把脚缩了回来，越发觉得自己胖大得简直无处容身。又疑心自己头发毛了，可是又不能拿手去掠一掠，因为那种行动仿佛有点近于搔首弄姿……要想早一点走出去，又觉得他一来了她马上就走了，也不大好，倒像是赌气似的，老太太本来就说景藩不跟她好是因为她脾气不好，这更有的说了。因此左也不是右也不是，站在那里迸了半天，方才搭讪着走了出来。一走出来，立刻抬起手来拢了拢头发，其实头发如果真是蓬乱的话，这时候也是亡羊补牢，已经晚了。她的手指无意中触到面颊上，觉得脸上滚烫，手指却是冰冷的。

五太太的婚姻生活就是这样，脸热手冷地过下去，在这个家庭里面，五太太"像弃妇又像寡妇的一种很不确定的身份已经确定了"。她后来比自己的丈夫晚了三年，郁郁而终，死时也并不确定知道丈夫早先已被暗杀死了。作为一个人、一个女人，我们仿佛觉得五太太比起她身边的任何一个女性，包括刘妈、陶妈和小艾等佣人在内，都更为不如，她是道地一个委曲求不全的女人，正如席景藩是个典型民国遗少、败家子。

这样的婚姻、这样的夫妻关系、这样的人物，在那个时代却是一个普遍存在的事实。好的小说家有时候就是一个社会学家，张爱玲的记录和观察不是轻易没有着落的。

再回到《小艾》故事中的小艾婚姻。

小艾同金槐算是自由恋爱结的婚。在小艾的身上，张爱玲仿佛要验证"一条草一点露"，多处读着读着，猜想小艾要死了，结果总又坚韧的活了过来，并且像波涛一样，一次一次活回来，一次一次的生存力量更增加一点——小艾的求生意志，缘于对金槐的平凡的爱。我们读到最后，小艾同金槐一样在印刷厂工作，他检错字，她折纸——

从阁楼上望下去，可以看见金槐，他在窗口搁着张桌子，埋着头在那里拿着个钳子拣错字。一双低垂的灯泡正对着他的脸，那强烈的电灯光静静照在他脸上，窗外却是黑沉沉的。旁边几架机器轰隆轰隆一刻不停，如同海涛似的响着。

小艾眼中的金槐、心里的一点真实的爱，够让她在变异的时代中继续坚强地生活下去——雨果在《悲惨世界》中说过一句话："爱真是普天同庆。"我们读《小艾》，读到她从阁楼中望见金槐，虽然没有像雨果那么激越的感到"普天同庆"，却深深为小艾挣得自己的一小片天空而祝福着。

一新一旧的两段婚姻中，两个女人都是"善女人"。五太太的善，使她无往而不"恨"，她因为太好了，连女佣陶妈都恨道："太太你就是太随便了，所以人家总欺负你。"她被折磨、糟蹋着过了一辈子，含恨以终。受了席景藩的奸污，被三姨太太打掉孩子的小艾，她同样无往而不"恨"，张爱玲说"她的冤仇有海样的深，简直不知道怎么才算报了仇"，然而，小艾有了一种普遍的觉醒，她不断地告诉自己"总有一天我要给他们看看。我不见得在他们家待一辈子。我不见得穷一辈子"。

我们眼看着五太太被婚姻毁了，而小艾的恨自从结婚后却转化成一点一点的力量，她用刻苦、用贤惠报了从前的大恨深仇。

因为父母失和，张爱玲本人对婚姻的期望并不乐观，在她所有的作品中，婚姻的美好、男女感情的相濡以沫，少之又少。然而，在《小艾》的故事里，我们隐约读得出张爱玲衷心的同情着乱世中的平凡夫妻，《小艾》笔下有一种动人的简约和朴实。

躲不掉的影响

因为熟读张爱玲，因为觉得"梁京"别有所指，因此细读《小艾》时，很自然将后面一大段"政治保护色"撂开，看出张爱玲的愿意着笔，总觉得它代表张爱玲对那个变异时代的一个轻声叹息——像它的篇名一样，小

张爱玲笔下的四十年代香港女性

艾正是小哎。

有人说张爱玲是遗老遗少型的作家，有人认为她的作品是标准的"太太小说"，白先勇说张爱玲小说是"七宝楼台，拆开来不足观"——然而，尽管举世滔滔，张爱玲是"永远的张爱玲"，毁誉再多都无增损于她那深邃的魅力——好的小说家对于写作的人，不会没有影响，张爱玲的是，一旦受了她的影响，并不容易"摆脱"。至今，我们看到港台多少作家，文字中有躲不掉的张爱玲的影子。

上海孤岛时期的政治社会状况，对此时此地的人们，都是一个谜。从前读历史演义，民国演义部分也是略去这一段，许多记载到了这一段都自动跳过，陌生和不了解反而变得理所当然起来。看到出土的《小艾》，弥补了这一段空白，重新燃起一种探讨的好奇"七年之病，求三年之艾"，一面想着，《小艾》虽说因端午节前后来到而命名，她的一生和象征意义却对这个时代起了一种针砭的作用。

《小艾》完成之后，心情又"凉"又"惊"的张爱玲随即走避中国香港，并且紧接着在中国香港发表了半个世纪以来中国最重要的小说之一《秧歌》。一九五五年，她又离港赴美，并且说要"离得愈远愈好"——这些事情原有的一支脉络，都因《小艾》的出土而跟着明朗起来。

（《明报月刊》1987年第4期）

张爱玲新著散文集《张看》自序

张爱玲　文

珍珠港事变两年前，我同炎樱刚进港大，有一天她说她父亲有个老朋友请她看电影，叫我一块去。我先说不去，她再三说："没什么，不过是我父亲从前的一个老朋友，生意上也有来往的。打电话来说听见摩希甸的女儿来了，一定要见见。"单独请看电影，似乎无论中外都觉得不合适。也许旧式印度人根本不和女性来往，所以没有这些讲究。也许还把她当小孩看待。是否因此要我陪着去，我也没问。

是中环一家电影院，中国香港这一个类型的古旧建筑物有点像影片中的早期澳洲式，有一种阴暗污秽大而无当的感觉，相形之下街道相当狭窄拥挤。大广告牌上画的仿佛是流血的大场面，乌七八糟，反正不是想看的片子，也目不暇接。门口已经有人迎了上来，高大的五十多岁的人，但是瘦得只剩下个框子。穿着一套泛黄的白西装，一二十年前流行，那时候已经绝迹了的。整个像毛姆小说里流落远东或南太平洋的西方人，肤色与白头发全都是泛黄的脏白色，只有一双缠满了血丝的麻黄大眼睛像印度人。

炎樱替我介绍，说："希望你不介意她陪我来。"不料他忽然露出非常窘的神气，从口袋里掏出两张戏票向她手里一塞，只咕噜了一声"你们进去"，匆匆地就往外走。

"不不，我们去补张票，你不要走，"炎樱连忙说，"潘那矶先生！不要走！"

我还不懂是怎么回事。他只摆了摆手，临走又想起了什么，把手里一包纸包又往她手里一塞。

她都有点不好意思，微笑低声解释："他带的钱只够买两张票。"打开纸包，见是两块浸透加糖鸡蛋的煎面包，用花花绿绿半透明的面包包装纸包着，外面的黄纸袋还沁出油渍来。

我们只好进去。是楼上的票，最便宜的最后几排。老式电影院，楼上既大又坡斜得厉害，真还没看见过这样险陡的角度。在昏黄的灯光中，跟着领票员爬山越岭上去，狭窄的梯级走道，钉着麻袋式棕草地毯。往下一看，密密麻麻的楼座扇形展开，"地陷东南"似的倾塌下去。下缘一线栏杆拦住，悬空吊在更低的远景上，使人头晕。坐了下来都怕跌下去，要抓住座位扶手。开映后，银幕奇小，看不清楚，听都听不大见。在黑暗中她递了块煎面包给我，拿在手里怕衣裳上沾上油，就吃起来，味道不错，但是吃着很不是味。吃完了，又忍耐着看了会电影，都说："走吧，不看了。"

她告诉我那是个帕西人（Parsee）——祖籍波斯的印度拜火教徒——从前生意做得很大。她小时候住在中国香港，有个麦唐纳太太，本来是广东人家养女，先跟了个印度人，第三次与人同居是个苏格兰人麦唐纳，所以自称麦唐纳太太，有许多孩子。跟这帕西人也认识，常跟他闹着要给他做媒，又硬要把大女儿嫁给他。他也是喜欢宓妮，那时候宓妮十五岁，在学校读书，不肯答应。她母亲骑在她身上打，硬逼着嫁了过去，二十二岁就离婚，有一个儿子，不给他，也不让见面。他就喜欢这儿子，从此做生意倒霉，越来越蚀本。宓妮在洋行做事，儿子有十几岁了，跟她像姊妹兄弟一样。

有一天宓妮请炎樱吃饭，她又叫我一块去。在一个广东茶楼午餐，第一次吃到菊花茶，搁糖。宓妮看上去二三十岁，穿着洋服，中等身材，体态轻盈，有点深目高鼻，削腮，薄嘴唇，非常像我母亲。一顿饭吃完了，还是觉得像。炎樱见过我母亲，我后来问她是不是像，她也说"是同一个典型"，大概没有我觉得像。

我母亲也是被迫结婚的，也是一有了可能就离了婚。我从小一直听见人说她像外国人，头发也不大黑，肤色不白，像拉丁民族。她们家是明朝从广东搬到湖南的，但是一直守旧，看来连娶妾也不会娶混血儿。我弟弟像她，除了白。

中国人那样的也有，似乎华南之外还有华东沿海一直北上，还有西北西南。这本集子里《谈看书》，大看人种学，尤其是史前白种人在远东的踪迹，也就是纳罕多年的结果。

港战后我同炎樱都回到上海，在她家里见到麦唐纳太太，也早已搬到上海来了，仿佛听说囤货做点生意。她生得高头大马，长方脸薄施脂粉，穿着件小花布连衫裙，腰身粗了也仍旧坚实，倒像有一种爽利的英国女人，唯一的东方风味是漆黑的头发光溜溜梳个小扁髻，真看不出是六十多岁的人。有时候有点什么事托炎樱的父亲，嗓音微哑，有说有笑的，眼睛一眯，还带点调情的意味。

炎樱说宓妮再婚，嫁了她儿子的一个朋友汤尼，年纪比她小，三个人在一起非常快乐。我看见他们三个人在一个公众游泳池的小照片，两个青年都比较像中国人。我没问，但是汤尼总也是他们这第三世界的人——在中国的欧美人与中国人之外的一切杂七咕冬的人，白俄又在外。

麦唐纳太太母女与那帕西人的故事在我脑子里也潜伏浸润了好几年，怎么写得那么糟，写了半天还没写到最初给我印象很深的电影院的一小场戏，已经写不下去，只好自动腰斩。同一时期又有一篇《创世纪》写我的祖姨母，只记得比《连环套》更坏。她的孙女与耀球恋爱，大概没有发展下去，预备怎样，当时都还不知道，一点影子都没有，在我这专门爱写详细大纲的人，也是破天荒。

自己也知道不行，也腰斩了。战后出《传奇·增订本》，没收这两篇。从内地出来，也没带出来，再也没想到三十年后阴魂不散，会又使我不得不在这里作交代。

去年唐文标教授在加州一个大学图书馆里发现四十年代上海的一些旧杂志，上面刊有我这两篇未完的小说与一篇短文，影印了下来，来信征求我的同意重新发表。内中那篇短文《姑姑语录》是我忘了收入散文集《流言》。

那两篇小说三十年不见，也都不记得了，只知道坏。非常头痛，踌躇了几星期后，与唐教授通了几次信，听口气绝对不可能先寄这些影印的材料给我过目一下。明知道这等于古墓里掘出的东西，一经出土，迟早会面世，我最关心的是那两个半截小说被当作完整的近著发表，不如表示同意，还可以有机会解释一下。因此我同意唐教授将这些材料寄出去，刊物由他决定。一方面我写了一段简短的前言，说明这两篇小说未完的原因，《幼狮文艺》登在《连环套》前面。《文季》刊出《创世纪》后也没有寄一本给我，最近才看到，前面也有删节了的这篇前言。

《幼狮文艺》寄《连环套》清样来让我自己校一次，三十年不见，尽管自以为坏，也没想到这样恶劣，通篇胡扯，不禁骇笑。一路看下去，不由得一直龇牙咧嘴做鬼脸，皱着眉咬着牙笑，从齿缝里迸出一声拖长的“Eeeeee！”（用“噫”会被误认为叹息，“咦”又像惊讶，都不对）连牙齿都寒飕飕起来，这才尝到“齿冷”的滋味。看到霓喜去支店探望店伙情人一节，以为行文至此，总有个什么目的，看完了诧异的对自己说：“就这样算了？”要想探测写这一段的时候的脑筋，竟格格不入进不去，一片空白，感到一丝恐怖。当时也是因为编辑拉稿，前一个时期又多产。各人情形不同，不敢说是多产的教训，不过对于我是个教训。这些年来没写出更多的《连环套》，始终自视为消极的成绩。

这两篇东西重新出现后，本来绝对不想收入集子，听见说盗印在即，不得已还是自己出书，至少可以写篇序说明这两篇小说未完，是怎么回事。抢救下两件破烂，也实在啼笑皆非。

（《明报月刊》1976年第2期）

忆胡适先生

张爱玲　文

一九五四年秋，我在中国香港寄了本《秧歌》给胡适先生，另写了封短信，没留底稿，大致是说希望这本书有点像他评《海上花列传》的"平淡而近自然"。收到的回信一直郑重收藏，但是这些年来搬家次数太多，终于遗失。幸而朋友代抄过一份，她还保存着，如下：

爱玲女士：

谢谢你十月廿五日的信和你的小说《秧歌》！

请你恕我这许久没给你写信。

你这本《秧歌》，我仔细看了两遍，我很高兴能看见这本很有文学价值的作品。你自己说的"有一点接近平淡而近自然的境界"，我认为你在这个方面已做到了很成功的地步！这本小说，从头到尾，写的是"饥饿"，——也许你曾想到用《饿》做书名，写得真好，真有"平淡而近自然"的细致工夫。

你写月香回家后的第一顿"稠粥"，已很动人了。后来加上一位从城市来忍不得饿的顾先生，你写他背人偷吃镇上带回来的东西的情形，真使我很佩服。我最佩服你写他出门去丢蛋壳和枣核的一段，和"从来没注意到（小麻饼）吃起来哼嗤哼嗤，响得那么厉害"一段。这几段也许还有人容易欣赏。下面写阿招挨打的一段，我怕读者也许不见得一读就能了解了。

你写人情，也很细致，也能做到"平淡而近自然"的境界。如131 ~ 132页写的那条棉被，如175、189页写的那件棉袄，都是很成功的。

189页写棉袄的一段真写得好，使我很感动。

“平淡而近自然的境界”是很难得一般读者的赏识的。《海上花列传》就是一个久被埋没的好例子。你这本小说出版后，得到什么评论？我很想知道一二。

你的英文本，将来我一定特别留意。

中文本可否请你多寄两三本来，我要介绍给一些朋友看看。

书中160页“他爹今年八十了，我都八十一了”，与205页的“六十八喽”相差太远，似是小误。76页“在被窝里点着蜡烛”，似乎也可删。

以上说的话，是一个不曾做文艺创作的人的胡说，请你不要见笑。我读了你的十月的信上说的“很久以前我读到你写的《醒世姻缘》与《海上花列传》的考证，印象非常深，后来找了这两部小说来看，这些年来，前后不知看了多少遍，自己以为得到了不少益处。”——我读了这几句话，又读了你的小说，我真很感觉高兴！如果我提倡这两部小说的效果单止产生了你这一本《秧歌》，我也应该十分满意了。

你在这本小说之前，还写了些什么书？如方便时，我很想看看。

匆匆敬祝

平安

胡适敬上

一九五五、一、廿五

（旧历元旦后一日）

适之先生的加圈似是两用的，有时候是好句子加圈，有时候是语气加重，像西方文字下面加杠子。讲到加杠子，二十三十年代的标点，起初都是人地名左侧加一行直线，很醒目，不知道后来为什么废除了，我一直惋惜。又不像别国文字可以大写。这封信上仍旧是月香。书名是左侧加一行曲线，后来通用引语号。适之先生用了引语号，后来又忘了，仍用一行曲线。在我看来都是“五四”那时代的痕迹，“不胜低回”。

我第二封信的底稿也交那位朋友收着，所以侥幸还在：

适之先生：

收到您的信，真高兴到极点，实在是非常大的荣幸。最使我感谢的是您把《秧歌》看得那样仔细，您指出76页叙沙明往事那一段可删，确是应当删。那整个的一章是勉强添补出来的。至于为什么要添，那原因说起来很复杂。最初我也就是因为《秧歌》这故事太平淡，不合我国读者的口味——尤其是东南亚的读者——所以发奋要用英文写它。这对于我是加倍的困难，因为以前从来没有用英文写过东西，所以着实下了一番苦功。写完之后，只有现在的三分之二。寄去给代理人，嫌太短，认为这么短的长篇小说没有人肯出版。所以我又添出第一二两章（原文是从第三章月香回乡开始的），叙王同志过去历史的一章，杀猪的一章。最后一章后来也补写过，译成中文的时候没来得及加进去。

160页谭大娘自称八十一岁，205页又说她六十八岁，那是因为她向兵士哀告的时候信口胡说，也就像叫花子总是说"家里有八十岁老娘"一样。我应当在书中解释一下的。

您问起这里的批评界对《秧歌》的反应。有过两篇批评，都是由批判执政党方面着眼，对于故事本身并不怎样注意。我寄了五本《秧歌》来。

《秧歌》英文版封面

《秧歌》中文版封面

别的作品我本来不想寄来的，因为实在是坏——绝对不是客气话，实在是坏。但是您既然问起，我还是寄了来，您随便翻翻，看不下去就丢下。一本小说集，是十年前写的，去年在中国香港再版。散文集《流言》也是以前写的，我这次离开上海的时候很匆促，一本也没带，这是中国香港的盗印本，印得非常恶劣。还有一本《赤地之恋》，是在《秧歌》以后写的，因为要顾到东南亚一般读者的兴味，自己很不满意。而销路虽然不像《秧歌》那样惨，也并不见得好。我发现迁就的事情往往是这样。

《醒世姻缘》和《海上花》一个写得浓，一个写得淡，但是同样是最好的写实的作品。我常常替它们不平，总觉得它们应当是世界名著。《海上花》虽然不是没有缺陷的，像《红楼梦》没有写完也未始不是一个缺陷。缺陷的性质虽然不同，但无论如何，都不是完整的作品。我一直有一个志愿，希望将来能把《海上花》和《醒世姻缘》译成英文。里面对白的语气非常难译，但是也并不是绝对不能译的。我本来不想在这里提起的，因为您或者会担忧，觉得我把事情看得太容易了，会糟蹋了原著。但是我不过是有这样一个愿望，眼前我还是想多写一点东西。如果有一天我真打算实行的话，一定会先译半回寄了来，让您看行不行。

祝近好

张爱玲二月廿日

同年十一月，我到纽约不久，就去见适之先生，跟一个锡兰朋友炎樱一同去。那条街上一排白色水泥方块房子，门洞里现出楼梯，完全是港式公寓房子，那天下午晒着太阳，我都有点恍惚起来，仿佛还在中国香港。上了楼，室内陈设也看着眼熟得很。适之先生穿着长袍子。他太太带点安徽口音，我听着更觉得熟悉。她端丽的圆脸上看得出当年的模样，两手交握着站在当地，态度有点生涩，我想她也许有些地方永远是适之先生的学生。使我立刻想起读到的关于他们是旧式婚姻罕有的幸福的例子。他们俩都很喜欢炎樱，问她是哪里人。

她用普通话回答，不过她离开上海久了，不大会说了。

喝着玻璃杯里泡着的绿茶，我还没进门就有的时空交叠的感觉更浓了。我看的《胡适文存》是在我父亲窗下的书桌上，与较不像样的书并列。他的《歇浦潮》《人心大变》《海外缤纷录》我一本本拖出去看，《胡适文存》则是坐在书桌前看的。《海上花》似乎是我父亲看了胡适的考证去买来的。

《醒世姻缘》是我破例要了四块钱去买的。买回来看我弟弟拿着舍不得放手，我又忽然一慷慨，给他先看第一第二本，自己从第三本看起，因为读了考证，大致已经有点知道了。好几年后，在港战中当防空员，驻扎在冯平山图书馆，发现有一部《醒世姻缘》，马上得其所哉，一连几天看得抬不起头来。

房顶上装着高射炮，成为轰炸目标，一颗颗炸弹轰然落下来，越落越近。我只想着：至少等我看完了吧。

我姑姑有个时期跟我父亲借书看，后来兄妹闹翻了不来往，我父亲有一次忸怩地笑着咕噜了一声："你姑姑有两本书还没还我。"我姑姑也有一次有点不好意思地说："这本《胡适文存》还是他的。"还有一本萧伯纳的《圣女贞德》，德国出版的，她很喜欢那米色的袖珍本，说："他这套书倒是好。"

她和我母亲跟胡适先生同桌打过牌。战后报上登着胡适回国的照片，不记得是下飞机还是下船，笑容满面，笑得像个猫脸的小孩，打着个大圆点的蝴蝶式领结，她看着笑了起来说，"胡适之这样年轻！"

《胡适文存》民国版

那天我跟炎樱去过以后，炎樱去打听了来，对我说："喂，你那位胡博士不大有人知道，没有林语堂出名。”我屡次发现外国人不了解现代中国的时候，往往是因为不知道五四运动的影响。因为五四运动是对内的，对外只限于输入。我觉得不但我们这一代与上一代，就连内地上的下一代，尽管反胡适的时候许多青年已经不知道在反些什么，我想只要有心理学家荣格（Jung）所谓民族回忆这样东西，像“五四”这样的经验是忘不了的，无论湮没多久也还是在思想背景里。荣格与弗洛伊德齐名。不免联想到弗洛伊德研究出来的，摩西是被以色列人杀死的。事后他们自己讳言，年代久了又倒过来仍旧信奉他。

我后来又去看过胡适先生一次，在书房里坐，整个一道墙上一溜书架，虽然也很简单，似乎是定制的，几乎高齐屋顶，但是没搁书，全是一沓沓的文件夹子，多数乱糟糟露出一截子纸。整理起来需要的时间心力，使我一看见就心悸。

跟适之先生谈，我确是如对神明。较具体地说，是像写东西的时候停下来望着窗外一片空白的天，只想较近真实。适之先生讲起内地，说“纯粹是军事征服”。我顿了顿没有回答，因为自从一九三几年起看书，就感到左派的压力，虽然本能的起反感，而且像一切潮流一样，我永远是在外面的，但是我知道它的影响不止于像西方的左派只限十九世纪三十年代。我一默然，适之先生立刻把脸一沉，换个话题。我只记得自己太不会说话，因而耿耿于心的这两段。他还说：“你要看书可以到哥伦比亚图书馆去，那儿书很多。”我不由得笑了。那时候我虽然经常的到市立图书馆借书，还没有到大图书馆查书的习惯，更不必说观光。适之先生一看，马上就又说到别处去了。

他讲他父亲认识我的祖父，似乎是我祖父帮过他父亲一个小忙。我连这段小故事都不记得，仿佛太荒唐。原因是我们家里从来不提祖父。有时候听我父亲跟客人谈“我们老太爷”，总是牵涉许多人名，不知道当时的政局就跟不上，听不了两句就听不下去了。我看了《孽海花》才感兴趣起来，一问我父亲，完全否认。后来又听见他跟个亲戚高谈阔论，辩明不可能在签押房撞见东翁的女儿，那首诗也不是她做的。我觉得那不过是细节。过天再问他关于祖父别的事，他悻悻然说："都在爷爷的集子里，自己去看好了！"我到书房去请老师给我找了出来，搬到饭厅去一个人看。典故既多，人名无数，书信又都是些家常话。几套线装书看得头昏脑涨，也看不出幕后事情。又不好意思去问老师，仿佛喜欢讲家世似的。

祖父死的时候我姑姑还小，什么都不知道，而且微窘地笑着问："怎么想起来问这些？"因为不应当跟小孩子们讲这些话，不民主。我几下子一碰壁，大概养成了个心理错综，一看到关于祖父的野史就马上记得，一归入正史就毫无印象。

适之先生也提到不久以前在书摊上看到我祖父的全集，没有买。又说正在给《外交》（*Foreign Affairs*）杂志写篇文章，有点不好意思地笑了笑，说："他们这里都要改的。"

我后来想看看《外交》诸期的目录，看有没有登出来，工作忙，也没看。

感恩节那天，我跟炎樱到一个美国女人家里吃饭，人很多，一顿烤鸭子吃到天黑，走出来满街灯火橱窗，新寒暴冷，深灰色的街道特别干净，霓虹灯也特别晶莹可爱，完全像上海。我非常快乐，但是吹了风回去就呕吐。刚巧胡适先生打电话来，约我跟他们吃中国馆子。我告诉他刚吃了回来吐了，他也就算了，本来是因为感恩节，怕我一个人寂寞。其实我哪过什么感恩节。

炎樱有认识的人住过一个职业女宿舍，我也就搬了去住。

是救世军办的，救世军是出名救济贫民的，谁听见了都会骇笑，就连住在那里的女孩子们提起来也都讪讪地嗤笑着。虽有年龄限制，也有几位胖太太，大概与教会有关系的，似乎打算在此终老的了。管事的老姑娘都称中尉、少校。餐厅里代斟咖啡的是醉倒在鲍艾里（The Bowery）的流浪汉，她们暂时收容的，都是酒鬼，有个小老头子，蓝眼睛白蒙蒙的，有气无力靠在咖啡炉上站着。

有一天胡适先生来看我，请他到客厅去坐，里面黑洞洞的，足有个学校礼堂那么大，还有个讲台，台上有钢琴，台下空空落落放着些旧沙发。

没什么人，干事们鼓励大家每天去喝下午茶，谁也不肯去。我也是第一次进去，看着只好无可奈何的笑。但是适之先生直赞这地方很好。我心里想，还是我们中国人有涵养。坐了一会出来，他一路四面看着，仍旧满口说好，不像是敷衍话。也许是觉得我没有虚荣心。我当时也没有琢磨出来，只马上想起他写的他在美国的学生时代，有一天晚上去参加复兴会教派篝火晚会的情形。

我送到大门外，在台阶上站着说话。天冷，风大，隔着条街从赫贞江上吹来。适之先生望着街口露出的一角空蒙的灰色河面，河上有雾，不知道怎么笑眯眯的老是望着，看怔住了。他围巾裹得严严的，脖子缩在半旧的黑大衣里，厚实的肩背，头脸相当大，整个凝成一座古铜半身像。我忽然一阵凛然，想着：原来是真像人家说的那样。而我向来相信凡是偶像都有“黏土脚”，否则就站不住，不可信。我出来没穿大衣，里面暖气太热，只穿着件大挖领的夏衣，倒也一点都不冷，站久了只觉得风飕飕的。我也跟着向河上望过去微笑着，可是仿佛有一阵悲风，隔着十万八千里从时代的深处吹出来，吹得眼睛都睁不开。那是我最后一次看见适之先生。

我二月里搬到纽英伦去，几年不通消息。一九五八年，我申请到南加州亨亭屯·哈特福基金会去住半年，那是AP超级市场后裔办的一个艺文作场，是海边山谷里一个魅丽的地方，前年关了门，报上说蚀掉五十万。我写信请适之先生作保，他答应了，顺便把我三四年前送他的那本《秧歌》寄还给我，经他通篇圈点过，又在扉页上题字。我看了实在震动，感激得说不出话来，写都无法写。

写了封短信去道谢后，不记得什么时候读到胡适返台消息。又隔了好些时，看到噩耗，只惘惘的。是因为本来已经是历史上的人物？我当时不过想着，在宴会上演讲后突然逝世，也就是从前所谓无疾而终，是真有福气。以他的为人，也是应当的。

直到去年我想译《海上花》，早几年不但可以请适之先生帮忙介绍，而且我想他会感到高兴的，这才真正觉得适之先生不在了。往往一想起来眼睛背后一阵热，眼泪也流不出来。

要不是现在有机会译这本书，根本也不会写这篇东西，因为那种仓皇与恐怖太大了，想都不愿意朝上面想。

译《海上花》最明显的理由似是跳掉吴语的障碍，其实吴语对白也许并不是它不为读者接受最大的原因。亚东版附有几页字典，我最初看这部书的时候完全不懂上海话，并不费力。但是一九三五年的亚东版也像一八九四年的原版一样绝版了。大概还是兴趣关系，太欠传奇化，不要sentimental（英语，意为感伤的）。

英美读者也有他们的偏好，不过他们批评家的影响较大，看书的人多，比较容易遇见识者。十九世纪英国作家乔治·包柔（George Borrow）的小说不大有人知道——我也看不进去——但是迄今美国常常有人讲起来都是乔治·包柔迷，彼此都欣然。

要是告诉他们中国过去在小说上的成就不下于绘画瓷器，谁也会露出不相信的神气。要说中国诗，还有点莫测高深。有人说过诗是不能译的。小说只有本《红楼梦》是代表作，没有较天真的民间文学成分。《红楼梦》他们大都只看个故事轮廓，大部分是高鹗的，大家庭三角恋爱，也很平常。要给它应得的国际地位，只有把它当作一件残缺的艺术品，去掉后四十回，可能加上原著结局的考证。我十二三岁的时候第一次看，是石印本，看到八十一回“四美钓游鱼”，忽然天日无光，百样无味起来，此后完全是另一个世界。最奇怪的是宝黛见面一场之僵，连他们自己都觉得满不是味。许多年后才知道是别人代续的，可以同情作者之如芒刺在背，找到些借口，解释他们态度为什么变了，又匆匆结束了那场谈话。等到宝玉疯了就又好办了。那时候我怎么着也想不到是另一个人写的，只晓得宁可翻到前面，看我跳掉的作诗行令部分。

在美国有些人一听见《海上花》是一八九四年出版的，都一怔，说：“这么晚……差不多是新文艺了嘛！”也像买古董一样讲究年份。《海上花》其实是旧小说发展到极端，最典型的一部。作者最自负的结构，倒是与西方小说共同的。特点是极度经济，读着像剧本，只有对白与少量动作。暗写、白描，又都轻描淡写不落痕迹，织成一般人的生活的质地，粗疏、灰扑扑的，许多事“当时浑不觉”。所以题材虽然是八十年前的上海妓家，并无艳异之感，在我所有看过的书里最有日常生活的况味。

胡适先生的考证指出这本书的毛病在中段名士、美人大会一笠园。我想作者不光是为了插入他自己得意的诗文酒令，也是表示他也会写大观园似的气象。凡是好的社会小说家——社会小说后来沦为黑幕小说，也许应当照 noval of manners 评为“生活方式小说”——能体会到各阶层的口吻行事微妙的差别，对这些地方特别敏感，所以有时候阶级观念特深，也就是有点势利。作者对财势滔天的齐韵叟与齐府的清官另眼看待，写得他们处处高人一等，而失了真。

管事的小赞这人物，除了为了插入一首菊花诗，也是像“诗婢”，间接写他家的富贵风流。此外只有第五十三回齐韵叟撞见小赞在园中与人私会，没看清楚是谁。回目上点明是一对情侣，而从此没有下文，只在跋上提起将来“小赞小青挟资远遁”，才知道是齐韵叟所眷妓女苏冠香的婢女小青。丫头跟来跟去，不过是个名字而已，未免写得太不够。作者用藏闪法，屡次借回目点醒，含蓄都有分寸，扣得极准，这是唯一的失败的例子。我的译本删去几回，这一节也在内，都仍旧照原来的纹路补缀起来。

像赵二宝那样的女孩子太多了，为了贪玩、好胜而堕落。

而她仍旧成为一个高级悲剧人物。窝囊的王莲生受尽沈小红的气，终于为了她姘戏子而断了，又不争气，有一个时期还是回到她那里。而最后飘逸的一笔，还是把这回事提高到恋梦破灭的境界。作者尽管世俗，这种地方他的观点在时代与民族之外，完全是现代性的，世界性的，这在旧小说里实在难得。

但是就连自古以来崇尚简略的中国，也还没有像他这样简无可简，跟西方小说的传统刚巧背道而驰。他们向来是解释不厌其详的，《海上花》许多人整天荡来荡去，面目模糊，名字译成英文后，连性别都看不出，才摸熟了倒又换了一批人。我们“三字经”式的名字他们连看几个立刻头晕眼花起来，不比我们自己看着，文字本身在视觉上有色彩。他们又没看惯夹缝文章，有时候简直需要个金圣叹逐句夹评夹注。

中国读者已经摒弃过两次的东西，他们能接受？这件工作我一面做着，不免面对着这些问题，也老是感觉着，适之先生不在了。

（《明报月刊》1968 年第 2 期）

文本

迟圆的梦
——张爱玲英译《海上花》的出版

浦丽琳　文

张爱玲一生凄凉，但她在文学的路上，生前身后，一直有贵人相助。这本英译《海上花》，从开始翻译到出版成书，都得到夏志清先生的协助与促成。王德威出书之功，更不在话下。

张爱玲文学梦成真

张爱玲生前没能完成的一个文学梦，在她逝世十周年后，现在终于由夏志清和王德威代为完成了。当年（二〇〇五年）八月十八日，我收到哥伦比亚大学（下称哥大）出版社用快邮寄来刚刚出版的张爱玲英译《海上花》（*The Sing-song Girls of Shanghai*）和编辑主任 Jennifer Crewe 的一封亲笔致谢函。捧着书，心中有说不出的喜悦。这本书的出版，是一件值得庆祝、值得记载的事。

张爱玲一生凄凉，但她在文学的路上，生前身后，一直有贵人相助。夏志清在一九六一年出版的经典名著《中国现代小说史》中，最早奠定了张爱玲的文学地位，使其名声因之大起。这本英译《海上花》，从开始翻译到出版成书，都得到夏志清的协助与促成。王德威出书之功，更不在话下。

四十年前，张爱玲于一九六五年十月三十一日致夏志清的信中提到晚清小说《海上花》："这本书我一直最喜欢，老有个志愿把它译成英文，可是这一类的工作往哪儿去找？"夏就为她出主意去找：推荐她申请赖氏女子学院研究所（Radcliffe Institute for Independent Study）奖助金，以从事英译《海上花》的工作。一九六六年三月十日，张爱玲在信中对夏说："（你）对我找工作的事实在费心，我确实感激得说不出话来，也就只好不说了。Radcliffe Independent Study 如果申请得到，当然最理想了。"一九六七年三月，张爱玲如愿以偿，后又托夏代买《海上花》一书。是年九月起，张爱玲开始在赖氏女子学院研究所，专心地全时间翻译韩邦庆的小说《海上花列传》。

那些年来，张爱玲多次写信给夏志清，报告与讨论英译《海上花列传》。一九六八年三月三十日，张爱玲在信中写道："《海上花列传》如果能由 Columbia Press（哥大出版社）出，你写篇序，那是再好没有。"同年七月一日的信又说："《海上花列传》序还是希望你写。"一九六九年六月十五日，张爱玲信中有"《海上花列传》还有十四回没译完"的话，到了十一月十二日，她在信中说："《海上花列传》恐怕要明春译完。"那时，她差不多已把《海上花列传》译好，打算听夏的建议，让哥大出版社出版。

因避"虫患"而丢失译稿

但在一九八二年，张爱玲改变初衷。想交给大型出版公司来出版。因为以前在美国新闻处工作的麦卡锡（Richard M. McCarthy）为张爱玲介绍了一个出版代理人，张爱玲就委托此代理人来为她找寻大型出版公司。后来她为了逃避“虫患”而不断搬家，把那时手上修改又修改了的《海上花列传》英译稿遗失了。直到一九九七年南加州大学（下称南加大）发现早期的初稿。

一九九九年二月接到夏志清来信，再次提到出版英译《海上花列传》之事，嘱我与王德威联系，王德威时任哥大东亚语文系系主任。

不久，即得王德威电话，说希望南加大能将图书馆中张爱玲的《海上花列传》英文稿，交由哥大出版社出版。我答应去向南加大当局探问意见并将努力促成此项合作，因为我认为能将张爱玲遗稿由哥大出版社出版，是再好没有的事。我也向王直言，张爱玲在南加大的稿子，看来是早期的译作，恐还未到即可付印出版的阶段。王答不要紧，哥大出版社编辑部和他将会请专家来依张爱玲的风格加以润饰的；出版社方面，一切由他接洽进行，所有经费均将由他设法解决。

那时南加大对张爱玲遗稿并没任何出版计划，若无夏志清、王德威的远见与热心，张爱玲的英译《海上花列传》恐会久躺盒中，迟迟不得公诸于世。虽然早期曾有人说，该稿可用来召开研究张爱玲的学术会议，但多年来一无动静、二无下文。我初步探问相关人士，听到的反应是，虽没强烈的反对，但对出版此书的计划似乎并不热烈支持。我和东亚图书馆馆长商讨，他说最终决定权在总图书馆馆长兼院长之手。后来我与同事张玉君研究，她觉得我该先向总图书馆馆长兼院长探问。

等待经年终面世

四月二十一日，院长首肯南加大图书馆与哥大出版社合作，支持出版英译《海上花》。我将佳音报告东岸的夏、王两位，王德威马上与哥大出版社接洽，嘱立合同，并于六月去中国台湾募款。夏志清马上写信给中国香港宋淇夫人，请她出具出版权转让许可书。之后，我也写信给宋淇夫人，请她把出版权转让给南加大。夏说王太忙，无暇亲自挑选张爱玲不同译改章回的稿件，嘱我自己挑选拼凑六十四章回送哥大出版社。我向南加大图书馆申请了一项研究基金，马上开展工作。这缘于南加大有六十四章一整套打字的初稿，又有四十章张爱玲亲笔修改过的打字稿子，另外还有不齐全的约四十章经张爱玲修改更多、更不同的复印稿等。那六十四章一整套的稿子，并不是译稿中最好的英译稿。我把不同的译稿对照比较，重新选择认为较好的译章，合拼出六十四章回。

张爱玲英译《海上花列传》封面

哥大出版社的出版合同，于一九九九年十一月寄达，二〇〇〇年五月南加大才签妥。早先合同呈给院长，被压多时不见签下来。相催之下，院长找我去说，他有两项建议，定要加入合同中才行。过后，合同被送到校方律师室审阅，等之再三，又无下文；我亲自去向律师解释合同之事并相催，请尽量简化核准。五月，该合同方由一位副校长签了字并寄回哥大出版社。自双方合同签妥后，王德威又得为寻觅高明人士润修稿件及募款而奔波。最终，王请到当时香港中文大学翻译研究中心主任孔慧怡担任这重要的工作，当初即言需费时三年。结果，畏畏地又等了五年多，此书终于出版。

张爱玲是第一个着手，一字字、一页页，费尽心血，将吴语《海上花列传》译成普通话和英文的人。而夏志清和王德威则费时多年，默默地代张爱玲圆了一个迟圆的梦——把历经沧桑的稿件，在张爱玲逝世十周年时，出版成书，怎不令人感动与感慨——张爱玲在天有灵，一定在微笑着。

（《明报月刊》2006 年第 3 期）

《郁金香》
——张爱玲小说新发现

陈思和　文

编者按：今年是张爱玲逝世十周年，九月，张爱玲散佚的短篇小说《郁金香》在埋藏了五十八年之后被发现了。小说叙述在一个旧式大家庭中，女仆金香与大少爷宝初的一段朦胧的爱情故事，并贯穿了家族中正房、侧室的斗争。《郁金香》写于张爱玲创作的高峰期，被评论界认为是张氏作品中的上品，这篇小说全文于《上海文学》首发，本文为《上海文学》主编陈思和对《郁金香》内容与写作技巧的探讨分析，见解精辟独到。

五十八年始重见天日

中秋前夕，新一期的《上海文学》清样刚刚送厂准备付印，忽然接到吴福辉兄的电话。我站在马路边上听着手机，喧嚷的车声压不住老吴兴奋的声音。老吴在电话里激动地报告了新发现张爱玲埋藏了五十八年的小说《郁金香》的故事本末，这事情在今年海内外各地相继纪念张爱玲逝世十周年的时候发生，简直像神话样使人惊奇。但是更使我惊喜的是，老吴已经获得了中国台湾皇冠文化公司的正式授权书，同意把《郁金香》在内地的首发给予《上海文学》。这对我来说真是喜从天降，我想这也是广大“张迷”所高兴的事。

其实我对张爱玲的小说并不推崇，我本人也不是“张迷”，而且我觉得张爱玲出国以后小说愈写愈差，其主要病症就是心力涣散，使得她原先松弛的叙事笔法收不拢来，艺术上就显得凌乱不堪。但是她早期的小说实在是好，好就好在那看似松弛的叙事笔法背后却包容了紧张的心理张力，历史的、文化的，审美的不同信息，都集中在文字背后的心理角斗场上奔腾冲突，平淡风格下面是非常壮观的精神悲剧。这篇《郁金香》是她创作力旺盛期的作品，典型地显现出这一饱满的艺术风格。这篇小说字数不过一万出头，小说里出场的、有姓有名的人物有十来个，人物口中提到的人物也有五六个，而且大多数都在故事里担任了一种角色，天罗地网似的布满了小说世界的人际关系。初读时感觉小说情节远远地绕来绕去，细读却没有一句是闲置的，这全靠小说叙事背后的一个核心在起作用，把各色人物，各种线索都紧紧地调配为一个有机的艺术整体。

鬱金香

張愛玲著

《郁金香》当年于《小日报》连载的影印本

其核心是什么？是破落户子弟宝初和前房丫鬟金香的一段情。两人的身份颇值得玩味：宝初在这个家里是庶出中的弱者（小说之妙就在于宝初、宝余和他们的姊姊都是庶出，这才有可能构成了这样一个“被遗弃”的特殊群体）；金香是前房太太留下的丫鬟，在家里被揶揄为“遗少”，同是天涯沦落人，核心就是他们之间弥漫着的，难以排遣的悲哀。但是，关于这一个核心，小说的前半部分被重重叠叠的家庭琐碎事所遮蔽，在后半部分也是若隐若现，人物心理信息都隐藏在人物的细琐行为之中，这些琐碎事写起来笔笔藏有隐情，一句话一个动作，都关涉人物内心的感情世界，可以说句句是伏笔，经得起用文本细读的方法来细细咀嚼。

被遗弃的特殊群体

小说写的是一个“被遗弃的群体”，自从那位携眷去保加利亚使馆做一等秘书的老爷一死以后，妾（老姨太）的一家连儿女带佣仆都被遗弃，靠女儿做上海一家银行老板的“填房”而养活，但这位银行老板似乎从头到尾都不曾正面露脸，这就是这个家庭里每个人都紧张不安的原因所在。小说里写到宝余追逐金香，被姊姊（太太）知道后第一个反应是，这会“给人说一句现成话：他本来是丫头养的，‘贱种！’”这就把老姨太一家的悲哀全都概括了。尽管老姨太还是有些出洋的经历可以自夸，但听她炫耀的不过是一些女仆、下人而已，甚至连在有“大家风范”的女仆荣妈面前，老姨太心理上还是自矮了一截。张爱玲写这种大家庭里的紧张心理真是行家里手，但这篇小说真正要写的却还不在这里，而是在这个“被遗弃的群体”里的被遗弃者宝初的感情故事。

张爱玲于1946年的照片（《对照记》）

因为宝初不是老姨太亲生的，而是前房所留下的，所以在这一个“被遗弃的群体”里处于更差的地位。小说里精彩地写了一段家人的对话，当他们商量要安排到徐州去工作的人选时——

老姨太却又担忧起来，同宝初道：“哎，真的，那事是你去就，是罢？”

阮太太道：“还是让他去好。二弟他那个孩子脾气，离开家哪行？”

老姨太听了，方才放心。又道：“那这个阎家小姐……”

宝初忙介面道：“那阎小姐要给二弟倒挺合式的，不知二弟的意思怎么样？”

阮太太笑道：“那你呢？你也得自己留神点了，现在人都讲究自由恋爱了，单靠人介绍是不行的！”

宝初笑道：“我想，对于这婚姻的事，现在真还谈不到了，我总想等我对于事业上有点成就才能讲这一点。”

虽然是温情脉脉的家人聚在一起聊天，聊的是孩子的工作和婚姻，但宝初在这个家庭里的劣势地位在笑谈中不露声色地表现出来，出远门找工作需要他来承担，而好人家的婚姻却先照顾了弟弟，而且这一切还是在欢天喜地的对话中委婉地解决了。正因为如此，宝初对金香的感情才会那样绝望。

张爱玲认真执着的一点悲凉

宝初与金香的感情，在张爱玲的笔下虽然被写得云遮雾障，但那感情是真实的，是刻骨铭心的，所以当他到中年成家立业后，想起自己和弟弟宝余的太太，“至于当初为什么要娶她们为妻，或是不要娶她们为妻，现在来看都也无法追究了。”这种日常生活中近于无事的悲哀立刻就浮现上来，相反要告诉我们的是，像金香这样的前朝丫鬟，连由丫鬟升作姨太太的资格也失去了，她们只能注定在偷情中将爱情托付给自己所爱的人，而这才有了刻骨铭心的爱。要在现实生活中丢弃这刻骨铭心的爱，只能像宝初那样，用那种十分曲折但又很可笑无聊的方式，但事实上他还是丢不开去。所以在最后，他对于别人误解“金香爱上宝余”的流言，才会心里喊出：“这世界上的事原来都是这样不分是非黑白的吗？”这似乎有些言重，却能传出张爱玲心底深处认真执着的一点悲凉。

最后我想简单谈一下这篇小说的题目。我不知道李白的“兰陵美酒郁金香”诗句中的郁金香是否就是在西方盛开的郁金香，但这篇小说里没有一字提到这种花，只是丫鬟的名字叫金香而已。那么“郁”呢？是否指一种浓厚聚结起来的繁复状态？用来指草木，就是郁郁葱葱；用来指心事，就是郁郁寡欢，如今“郁”之金香，则是小说中的真正的悲哀。小说中最好看的一节是金香钉棉被为宝初送行，张爱玲用了一个词：“天上人间”在这里倒可看出张爱玲真正关注的对象，应该是这位被遗弃群体里的被遗弃者的遗弃者了。

（《明报月刊》2005 年第 11 期）

张爱玲未发表的家书

陈子善　文

张爱玲最亲近的亲人不是父亲，不是母亲，不是胞弟，也不是早年的丈夫胡兰成和后来的丈夫赖雅，而是她的姑姑张茂渊。但她一九五二年离开内地前夕，却无奈地与姑姑约定从此断绝往来。待到姑姑通过其好友宋淇与张爱玲重新取得联系，已是整整二十七年后的一九七九年了。她在给姑姑的第一封信中感慨地说，我真笨，也想找你们，却找不到，想不到你们还在这个房子住，原来张爱玲告别故国前与姑姑同住上海黄河路长江公寓，长篇《十八春》和中篇《小艾》就是在这里完成的。姑姑一直居住长江公寓，直到一九九一年六月去世。而今这幢普普通通的公寓已成了海内外“张迷”的朝圣之地了。

张爱玲的话剧《倾城之恋》一九四四年上演时，姑姑曾写过一篇精彩的剧评，可惜至今未找到。八十年代以降，张爱玲虽与姑姑恢复联系，能够互通音问，互诉心曲了。但通讯时断时续，并不频繁。张的姑姑生前曾亲口告诉笔者，有时半年收不到张爱玲一封信，张爱玲的住址对姑姑也是保密的，信只能写到租用的信箱，信箱又经常变换。张爱玲始终尊重自己的性格和自己的选择，生活在一个几乎与世隔绝的孤独的文学和情感世界中，只是偶尔回到现实中来，向唯一的亲人姑姑（姑姑去世后则是向姑夫李开第，也就是张爱玲当年留学香港大学的监护人）倾吐情愫。请看下面这两封一丝不苟、规规矩矩的信：

姑姑：

我过街被人撞倒，右肩骨裂，算 Broken arm。

医生说让它自己长好。一个多月没去开信箱，姑姑的挂号信无人去邮局领取，三月廿日退还。我忘了说这爿店不代收挂号信。只好请再补一封普通寄邮的，月内可收到。Bevery Hill 信箱续租到八月初，可代收挂号信，隔日转到。

姑姑可好些了？ KD 好？

煐　五月四日

姑姑：

今年二月我吃了五十年的埃及草药忽然失效，去看医生，医生向来视为一种毒瘾，不戒就不受理的。（结果还是自己想法子改变煮药法才好了）检查身体，发现有一种 infection–“a proteus organism”，我问不出什么来。吃了药马上就好了。可能是住了两年旅馆染上的，与皮肤病不相干。当时以为是跳蚤变小得几乎看不见，又再多住了两年旅馆。此外只查出吃的东西胆固醇还太高了些，虽然早已戒了肉、蛋。费了好些事去改。三月间过街被一个中南美青年撞倒，跌破肩骨，humerus fracture。这些偷渡客许多是乡下人，莽撞有蛮力。照医生说的整天做体操、水疗，累极了。好得奇慢，最近才告诉我可以不用开刀了，右臂还不大有用，要多做体操练习，皮肤病忽然蔓延到“断臂”上，坏得吓死人，等手臂好了再去看医生。眼睛也有毛病，好几个月了，要去看。有一两个月没去开信箱，姑姑的一封挂号信没人领取，被邮局退还。这些时没消息，不知道姑姑可好些了，又值多事之秋，希望日常生活没太受影响，非常挂念。前些时就听说现在汇钱没用，汇来也无法买东西，一直想写信来问可有别的办法。上次来信伤臂写字不便，只写了个便条。姑姑千万请 KD 来信告诉我，让我能做点事，也稍微安心点。我等着回音，两星期去开一次信箱。KD 好？念念。

煐　八月廿日

（编按：KD 为后来成为张爱玲姑夫的李开第先生。）

第一封信写于一九八九年五月四日，第二封信写于同年八月二十日。从信中可以清楚地看到张爱玲当时已经病魔缠身，又曾被人撞伤，情绪低落。而姑姑当时也已身患绝症，所以，她在信中殷殷询问“姑姑可好些了”，恳切地表示“让我能做点事，也稍微安心点”，至于信中所说的“多事之秋”，也是大有深意，可圈可点。如果说张爱玲晚年的书信是她创作之外触碰世界的一种方式，那么这两封首次披露的家书就是证明。它们虽然凄楚，却充满温馨的人情味。

（《明报月刊》1995 年第 10 期）

印象

一段苦多乐少的中美姻缘
——记《张爱玲与赖雅》

夏志清　文

编者按：张爱玲与第二位夫婿——美国作家赖雅的异国姻缘扑朔迷离，让“张迷”如雾里看花。哈佛文学博士司马新曾与张爱玲有过文学交往。他最近发表这对文学伴侣的传记，揭开各种谜团。文学名家夏志清教授特为之序，点出其悲欢离合的来龙去脉。

到一九九六年三月为止，我所看到有关张爱玲的传记和回忆录当以下列三种最为重要：早于一九七六年问世的《民国女子》这一章，见胡兰成自传《今生今世》；张子静供应资料由季季整理写出的新书《我的姊姊张爱玲》（时报文化出版公司）；林式同长文《有缘得识张爱玲》，见《皇冠》本年度二月号。大家都知道胡兰成是张的第一任丈夫，张子静是比她只小一岁的亲弟弟，他们所记录的事实应该是最可靠的，对张爱玲的认识也是最真切的。林式同受庄信正之托，乃张爱玲索居洛杉矶最后十二年间最关心她生活起居、健康安全的一位房东和朋友。他是建筑师而非文人，同张爱玲前后只见了两次面。但他不断凭电话、书信同她联络，给我们写了一篇最真切动人的张爱玲晚年实录。

丹凤眼，柳叶眉，还有那不食人间烟火的冷傲

与此一书、二文重要性相等的即是我要推介的《张爱玲与赖雅》（大地出版社）。张子静从未出过国，《我的姊姊张爱玲》主要写其复杂的家庭背景和于一九五二年离港前的生活实况和文化生涯。他同季季对张爱玲的海外生活是并无资料可以提供的。胡兰成、林式同只知道张爱玲生活的某一段岁月，他们并无意为她作传，而胡早在一九八一年即已过世了。《张爱玲与赖雅》则是部兼顾张爱玲早期、后期生活和创作的全传。

披露张爱玲四十年美国生活

全书共十章：首二章叙述其人在内地的早期生涯，第三章利用传记资料和心理分析为张的两篇小说写下了细致的评析，第五章为美国作家甫德南·赖雅（Ferdinand Reyher，一八九一年至一九六七年）写下了他同张缔婚前的小传，第十章则为张爱玲在中国文学史上的贡献和成就作了一个总结。张爱玲一九五二年离沪后在中国香港、美国四十多年所过的生活和所写的作品则为余下的第四章、第六至九章叙述、研讨的对象。写此五章，本书作者下了最大的功夫，也为充实张爱玲的传记作了最大的贡献。下文先把他好好介绍一番。

司马新（Stephen Cheng）是本书作者的笔名。他出生于上海，在中国香港受的中学教育。来美国念大学是在柏克莱加州大学，研究院念的是哈佛东亚语文系的中国文学博士。很可能受了张爱玲的影响(《忆胡适之先生》此文早已于一九七六年收入《张看》)，司马新两年之后要研究的论文题目即《海上花列传》这部晚清小说。他的指导教授韩南（Patrick Hanan）不谙吴语，当年尚未开始精读晚清小说，建议请我为其论文顾问。这样司马新同我开始了主要以英文为媒介的长期通信。

晚年少数信得过的朋友

本书附录《人去·鸿鸣断·音缈》此文里，他提到有一次来访，我鼓励他写信向张爱玲请教，因为没有人比她对《海上花列传》了解得更透彻了。当年张自己寄呈《秧歌》给胡适，附信特别提到《海上花列传》让他老人家高兴。我想同她自己喜爱这部书也有些关系的。司马新从未见过张爱玲的面，但她给他的信倒有十多封，这是很不容易的。到了后来，他同庄信正和我一样，也是张自己认为最信得过的一位朋友了。

中国香港《译丛》（*Renditions*）一九八二年出了一期中国小说特大号，由柳存仁教授主编，郑重译介那些负盛名而读者并不多的小说。因之张爱玲之英译《海上花列传》终于刊出了首二章；《〈海上花列传〉及其叙事方式》长达二十五页，则采录自司马新于一九八〇年完成的博士论文。这期专号后来扩充篇幅，当一本专著出版，主要标题为 *Chinese Middlebrow Fiction*。司马新的英文名终于同张爱玲的并列，应感十分欣慰。事实上，中国读者虽已三弃《海上花》，美国多的是中国小说专家，他们把一本本冷门小说当学问研究，张爱玲当年自己看到那期《译丛》也应该很高兴的。

司马新在此文首条注脚里向他两位指导教授韩南、海陶玮（J. R. Highlower）致谢，他也敬重这两位教授。但从他的谈话里，我知道他最佩服的哈佛教授乃勒文（Harry Levin），他上过他的课，且同他长期保持了师生之谊。五十年代初期我在耶鲁读了勒文那本《乔伊斯》（*James Joyce*，一九四〇年），在书店里见到他另有论评英国十六世纪剧作家马璐（Christopher Marlowe）、法国十九世纪小说家司汤达的专书，惊奇不已。

美国大学多的是专家，像勒文那样兼治各国各类型文学的通人实在少之又少。一九九四年五月勒文去世后，我同司马新特别通了一次信，表示悼念。

張愛玲一二三事
——訪張愛玲姑夫記
司馬新
與張愛玲相親相依的姑姑
《半生緣》的部分寫作背景

司马新在《明报月刊》1988 年 3 月号发表的关于张爱玲的文章

当代中国第一位心理小说家

勒文为比较文学系研究生开的那门现代小说的课——专讲乔伊斯、普鲁斯特、托马斯·曼三大家——我想司马新没有上过。他虽对普、曼二氏必然感兴趣，真读他们的法、德原文一定很吃力的。英美大小说家间，他则喜爱亨利·詹姆斯远胜于乔伊斯。整篇《海上花》论文，有关叙事方式、写作技巧部分都按照詹姆斯观点去写的。因之把此观点发扬光大的第一本书——勒勃克（Percy Lubbock）的名著《小说技巧》（*The Craft of Fiction*，一九二一年）——在论文里也引用了好多处。我们可以说韩邦庆写小说最能把情节戏剧化，最能保持客观的距离，才能先后博得鲁迅、胡适、张爱玲、司马新的好评。比起韩邦庆来，张爱玲更可说是最善运用文字技巧的小说大师，无怪司马新写完《海上花》论文后，就一心一意去探讨张的生平和小说艺术。本书出版后，他对张爱玲的研究还是要持续下去的。

既是詹姆斯的爱好者，司马新对艾德尔（Leon Edel）教授也极为推崇。我不敢断言他是否看过艾氏的五巨册权威著作《亨利·詹姆斯传》（*The Life Of Henty*，一九五三至一九七二年）。我藏有此书的简缩版竟也长达七百四十页！但艾氏另两种名著《现代心理小说》（*The Modern Psychological Novel*，一九六四年。一九五五年初版题名为 *The*

Psychological Novel）、《文学家的传记》（*Literary Biography*，一九五七年），我想他一定看过而深受其影响的。

在本书结尾他认为“把张爱玲称为当代中国第一位心理小说家当不为过”，而他自己也同艾德尔一样，善于利用传记资料为张爱玲的小说作深入一层的诠释。在第三章里，作者把两篇他认为“带有浓厚自传体成分的作品”——《多少恨》（一九四七年）、《十八春》（一九五〇后改写成《半生缘》）——“深入探究，归入到写张爱玲自己的传记中去”，很见功夫。张曾对宋淇、邝文美夫妇说过，《十八春》“故事的结构”采自马昆德（J.P.Marquand）的小说 *H.M. Pulman, Esq*。但一部小说的形成，其因素很多，《半生缘》的读者，看曼桢遭受姊夫强暴这段情节，可能都会想到爱玲自己遭父亲毒打，监禁在家这段事实。但只有司马新会把《私语》此文同《半生缘》细加比较，找出充分证据点明张爱玲如何把自己最痛苦的经验脱胎换骨形成小说女主角同样教人难忘的遭遇。

研究爱玲者无人见过赖雅

本书题名为《张爱玲与赖雅》，不仅因为这是第一本详叙二人婚姻生活的传记，司马新也认为这位美国夫婿乃张爱玲情之所钟，且为支配了她的下半生最具关键性的人物。张于一九五五年秋天从中国香港乘船抵达纽约。翌年二月搬往 New Hampshire 州的麦道伟文艺营（Edward McDowell Colony）才同赖雅交识的。二人同年八月结婚，张才三十六岁而赖雅已是个六十五岁、因多次轻微中风而健康受损的老人了。他的创作时代早已过去。赖雅病故时，张爱玲才四十七岁，但人变得更为孤独，身体也愈来愈坏，不想为丰富自己的生命去作任何努力了。

目今所有的张爱玲研究者皆未见过赖雅。司马新比我年轻得多，当然更无此可能。但为写本书，他真的不顾困难去找寻有关赖雅的任何资料。他同赖雅与其前妻所生之女儿会谈了多次，也访问了几位张、赖结婚期间所交识的朋友。因此他看到了赖雅的日记和爱玲写给他的几封信，且选录四封加以中译，当附录刊出。司马新一直有意用英文写本张爱玲专书的。多少年来，他每写就一篇必寄我赏阅，我早觉得他可以出本书了。但张爱玲去世消息于去年九月九日传遍天下后，他才决定请徐斯先生把原稿生平部分译出，先出中文版的。他已发表有关张的英文论文，只有研讨其中短篇小说之主题和写作技巧这一篇，载 *Tamkang Review*（《淡江评论》，一九七七年十月号。）但愿有朝一日，张爱玲的英语读者愈来愈多，本书英文原稿（包括文学评论），我想也会出版的。

司马新无意出版一本英文专书，因为他早已改行进入金融界了。他同张爱玲一样，住在大都市才称心。因之他虽在哈佛教过一两门课，拿到博士学位后，要他在处于乡村、小城的大学教书，他是不干的。不教书，不必去看那些西方新左派的文学理论和研究，自是一种福气。而且在公余之暇，一个股票分析师，比起一位教授来反而有更多时间去欣赏自己爱读的书、爱看的画、爱听的音乐。因为地理之便，一位不在教育界服务的文学博士照样可以从事专题研究，司马新因出差去上海，探访张爱玲的故居和她仅存的亲戚要比任何海外学人都早。无怪他那篇《张爱玲二三事》，一九八八年在中国香港《明报月刊》三月号、《皇冠》五月号先后刊出后，大受内行的重视。

赖雅因爱玲而受中国人研究

赖雅在美国未真正出过名，到了今天早已是个被遗忘的作家了。一九七八年有位哈佛教授写本书讲他，主要因为他曾是德国共产党剧作家布莱希特（Bertolt Brecht）的密友和美国宣传员。现在有本中文专书讲他，完全因为他是张爱玲的美国丈夫。国内最早一篇文章讲他的想是郑树森的《张爱玲、赖雅、布莱希特》，载《联合文学》一九八七年三月号。

早在一九八四年十一月我购得《雷电华公司的故事》（*The RKO Story*，纽约，一九八二年）此书，无意中发现该公司一九三六年发行的影片中，倒有三部是由赖雅协同他人编剧的。再查看其他七大公司同类书的索引，至少还有六部赖雅曾参与其编剧工作。司马新说得很对，这些剧本大半编写于一九三一年至一九四二年间，但《世界、肉体、魔鬼》（*The World, the Flesh, and the Devil*）这部由赖雅一个人编剧的黑白片，一九五九年才由米高梅发行。此片演员阵容不弱，贝拉方德（Harry Belaforte，黑人影星兼歌星）、梅尔菲勒（Mel Ferrer）同 Inger Stevens，演曼哈顿炸毁之后仅存的三个人。想来看过这部近似科幻片的影迷还不至于把它全部忘怀。

赖雅至少曾有六部作品（想都是小说）被搬上银幕，其中一部《等一会儿太阳就要出来了，耐莉》（*Wait Till the Sun Shines, Nellie*）非他自己编剧，一九五二年二十世纪福克斯发行，我倒有兴趣一看。主角 David Wayne，Jean Peters（未上银幕前乃俄亥俄州小姐，后下嫁霍华·休斯）都是小明星，但制片巨头柴奴克（Daryl F. Zanuck）委托他的首席导演亨利金（Henry King）督导此片，表示对它极为重视。Wayne 演一个小城的理发师，从青年演到老年。他的太太 Peters 不惯住在小城，偕情人奔，因火车出事而皆丧命。理发师一人把两个孩子领大，其中一个后来去芝加哥当了小流氓，街头械战而亡。但理发师进入晚年后，极受市民爱戴，身边有个孙女儿耐莉，也不寂寞。这类悲欢离合的故事，拍成电影容易讨好。看赖雅自己的小说，这也该是个试金石，真能写得“平淡而近自然”，应该是十分动人的。可惜赖雅所有著作，哥大图书馆只藏有一部小说 *I Heard Thern Sing*（一九四六年），早已搬进了校外仓库，也就不想去借出一看其究竟了。

司马新写赖雅同张爱玲在麦道伟文艺营相爱的这段姻缘，强调二人感情上之需要，但也并不忽视二人在经济上都无安全感，且对其前途充满了焦虑。张爱玲抵达纽约不久，即迁居救世军所办之女子宿舍，其服务员不少即是附近街道上的酒鬼、流浪汉，张处身其间，简直难以想象。想来因为《秧歌》已出了英文版，她才决定来美国的，除了写稿以外，她并无任何打算，也没有什么积蓄。假如写好的稿子，没有英美书商要出版，或出版后并不卖钱，她的生活就没有办法，只好多从事中文译作来换取金钱。因之对她来说，同一个有资格进麦道伟文艺营的美国文人结婚未始不是一条好的出路。不论他年纪多大，在经济上总该比她有办法。她哪会知道六十五岁的赖雅早已钱、才双尽，在他的想望中，同刚有新书在美国出版的年轻中国才女结婚，正好也解决了他的一切问题。

赖雅要张爱玲堕胎

赖雅同张邂逅期间，的确如本书作者所言，“是个热情而又关心人的男人，对她的工作既有兴趣，对她的幸福也很关怀”。但有一点没有明白交代，他有无把已曾中风多次，两年前还住了医院之事在婚前告知爱玲。假如他把此事瞒了，我认为是非常不道德的。再者，张于婚前即已怀了孕，赖雅坚决要她堕胎，我认为他不仅不够温柔体贴，且有些残忍霸道，同她的父亲一样损害了她的健康。

张爱玲手绘图——《茉莉香片》中的聂传庆与言丹朱

张爱玲瘦瘦的体型我们在照片上看得多了，不会把她同生男育女联想在一起。但怀了孩子，身体里的荷尔蒙起了变化，胃口好，体重也跟着增加，身体从此转强也说不定。张爱玲在《谈女人》(此文见《流言》)特别提到“我所知道的感人最深的一出戏”——奥尼尔的《大神勃朗》，因为戏里有个真正算得上是“女神”的“地母”娘娘，形象同张自己完全相反，“一个强壮、安静、肉感、黄头发的女人，二十岁左右，皮肤鲜洁健康，乳房丰满，胯骨宽大。她的动作迟慢、踏实，懒洋洋地像一头兽”。爱玲童年时是胖嘟嘟的，十八岁父亲把她关起来，虽不能说在她患痢疾后，心硬得见死不救，但爱玲从此身体虚弱，甚至晚年那些病症都可溯源到那次灾离。她的第一任丈夫伤了她的心。第二任丈夫在婚前剥夺了她做母亲的权利和乐趣，而且因堕胎而“在纽约病得很重”，引起麦道伟营友的关心。张爱玲生命里最重要的三个男人都是对不住她的。

独力挑起生活重担

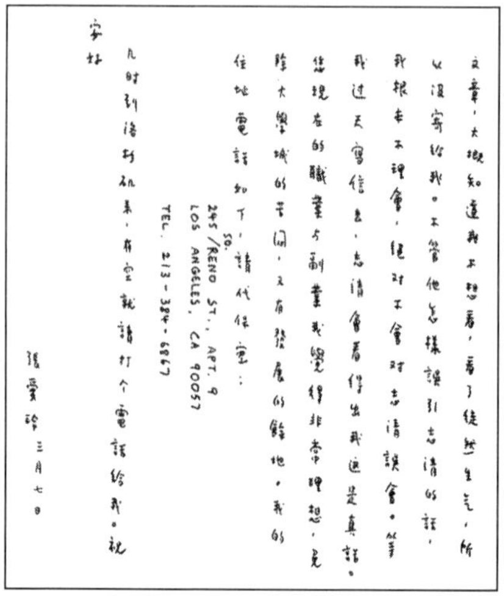

文章，大概知道我不想看，看了徒然生气，所
以没寄给我。不管他怎样误引志清的話，
我根本不理會，絕对不會对志清誤會。等
我过天寫信去，志清會看得出我这是真話。
您現在的職業与副業我覺得非常理想，免
除大學城的苦悶，又有發展的餘地。我的
住址電話如下，請代保密：
245 SO. RENO ST., APT. 9
LOS ANGELES, CA 90057
TEL. 213-384-6867
几时到洛杉矶来，有空就請打个電話给我。祝
安好
張愛玲 三月七日

《张爱玲手札》

司马新说得很对，假如真的有了孩子，“她需得在目前风雨飘摇的生活状态下，有能力照应和保护孩子，这点确实很难做到”。但三十六岁的才女，想在美国找年龄相当，身体健康的对象不能算是个奢望。但在爱情这方面，张自己从来不采取主动，人家找上门来，她就被感动了。她可说是个旧式中国女子，跟定了一个男人，也就不想变更主意。假如丈夫病了，她就一人咬紧牙关奋斗下去。她同赖雅结婚后，二人看电影上馆子，也过些比较甜蜜的日子。但主要因为赖雅身体一天天坏下去，爱玲才决定于一九六一年秋亲自飞往中国台湾、中国香港去赚钱。钱赚得并不多，倒把自己身体也累坏了。

去中国台湾主要目的之一是访问到张学良，以便用英文写本以《少帅》为题的小说。在创作方面，张爱玲向有自知之明。常年试写《连环套》这部长篇小说，借用些旧小说的笔法来写中国香港早期华洋杂处生活，我觉得一点也没有错。傅雷对法国十九世纪小说非常内行，但英国另有一个专写女冒险家在社会上鬼混的小说传统——以狄福的 *Moll Flanders* 为始作俑者——他并不熟悉，再加上他看不起中国的传统小说，把尚在连载中的《连环套》骂得一钱不值，实在是不应该的。（多年后，张自己心虚，把它骂得更凶，当然也无此必要。）但因赖雅结婚五年仍打不开一条出路，她竟有意以《少帅》为题写本畅销书，我认为是大大的失策（赖雅原是马列主义的信奉者，很可能觉得张学良劫蒋之举非常英雄，给她出的主意。）比爱玲早几年，林语堂写武则天，张歆海、黎锦扬各写赛金花——三人皆英文高手，书都并未畅销。张爱玲英文虽好，写“西安事变”这样重大的历史事件，可能力不从心。张学良的风流事迹其实也没有什么好写的。

台港之行卖文救夫

本书第九章谓：一九七一年接受水晶访问前，“她已写完《少帅》”。好像她从未为此书接洽过出版事宜，书稿应仍在宋淇夫妇保管的遗物中。

张爱玲那次台港之行，本书第八章报道颇详。她旅游宝岛，刚到台东，得悉赖雅又一次中风即赶回中国台北，竟因买不起返美机票而反提早飞港去写电影剧本，以便挣些钱为夫婿治疗。读到此处，我真的是感慨万千，经济重担爱玲一人挑实在是很累的。她向有眼疾，来港后写剧本太辛苦，一九六二年正月十八日给赖雅的信上谓“工作时间太长，眼睛又在流血”（eyes bleeding again from long hours），医生要连续打十二次针，才有希望把病治好。初读此信，爱玲遗体的骨灰撒入海洋已三四个月了，但我还是为当年流眼血的她感到心里难过。假如爱玲能同一个身体健康而有固定收入的人结了婚，生活上可能有一种幸福感而让她重新投入大千世界（美国当然包括在内），兴致勃勃地再去创作也说不定。当然，生活的负担虽因她多病的丈夫而变得非常沉重，从她那四封信上看到她对赖雅的爱情，还是很真实的。

为何不愿放入赖雅照片？

《对照记——看老照相簿》上半本人多很热闹，下半本都是张爱玲的独照，看来好孤单。其实她同李香兰非亲非友，二人的合照实无必要放在书内的。张爱玲离开内地后，宋淇夫妇才是为她出力最多的至交，也是她遗嘱的执行人，《对照记》上若刊印了他俩的照片，正好给她机会向二友好好表示感谢，而她并未这样做，我觉得好奇怪。书里不刊胡兰成的相片，情有可原，但赖雅的相片一张也不登，假如真如司马新所肯定，他是“她一生中唯一如此爱她、关心她的人”，也更是奇怪。很可能在他去世二十多年之后，她对他的感情变得淡薄了，觉得即在当年，他的才华就不高，年龄也太大，配不上她。或者因为下嫁洋人，本身就是件难为情的事，不要读者们知道。试看三毛、聂华苓这两个相反的例子，为了她们心爱的异国夫婿，写下了多少悼念赞美的文字？

第一部张、赖合传

上文早已说过，本书是兼顾张爱玲早期、后期生活和创作的全传，也是世上第一部张、赖合传。关于张爱玲来美之后的下半生，司马新发掘资料之多，实在没有第二人可同他相比的。凭了这些资料，他肯定了张、赖二人的相互关爱，这个大前提我想是应该成立的。当然我们也知道，在张爱玲的世界中，一对男女的情爱关系，通常说来比较错综复杂，不易简化成一个公式——我们要探究张爱玲自己的爱情故事，更谈何容易！我在本序里对这则故事提了些自己的看法，并无意对司马新的大前提有所质疑，只是想提高读者的兴趣去细细研讨、品赏这段苦多乐少的中美姻缘。

（一九九六年三月）

（《明报月刊》1996 年第 4 期）

炎樱细说张爱玲逸事

司马新　文

编者按：一九九六年五月，《张爱玲与赖雅》一书出版，夏志清教授称赞该书“是兼顾张爱玲早期、后期生活和创作的全传，也是世上第一部张、赖合传。关于张爱玲的下半生，司马新发掘资料之多，实在没有第二人可同他相比。”该书出版后，司马新先生仍持续不断挖掘、撰写有关张的资料，本刊将分三期刊出司马先生的新作，以飨“张迷”。

《张爱玲与赖雅》封面

“然而现在还是清如水，明如镜的秋天，我应当是快乐的。书再版的时候换了炎樱画的封面，像在绸缎上盘了深色云头，又像黑压压涌起了一个潮头，轻轻落下许多嘈切嚓嚓的浪花，细看却是小的玉连环。有的三三两两勾搭住了，解不开；有的单独像月亮，自归自圆了；有的两个在一起，只淡淡地挨着一点，却已经事过境迁——用来代表书中人物相互间的关系，也没有什么不可以。”

上面所引的，是张爱玲一九四四年所写《〈传奇〉再版的话》，一篇叫人击节赞赏的好文章。我看一流小说，总喜爱看自序，因为第一流作家最善于"隐身"，自己可以投入各种不同角色，将真我隐藏。自序则有作者真我的显露，虽则是局部的、选择性的。

张爱玲写这篇自序时，年方二十四岁，岂能料到她一生中最后三十年，是"单独像月亮，自归自圆了"，简直是她为自己后半生作预测；今天看来，令人感慨系之。

访寻张爱玲好友炎樱

文章中提到画封面的炎樱，是她的多年好友。《流言》中，张爱玲有数篇散文谈到炎樱，包括她们香港大学的生活，四十年代初在上海的社交与聚会。《双声》完全是她俩的对话记录。炎樱最后出现的一次，是张爱玲六十年代后期发表的《忆胡适》，追忆她本人一九五五年初到美国的情景，两人同去拜访胡适。在此之后，张爱玲谈自己的散文渐少，炎樱则完全失踪了。炎樱本人又去了何方？

写拙书《张爱玲与赖雅》英文版时，着重在文评、生平两章而已。八十年代中期已找到了关于赖雅的大批新资料，能找到炎樱的当然更佳，但并不太重要。何况手上有关她的资料有限：一、她英文名 Fatima；二、母亲是中国人；三、父亲是锡兰人（依张爱玲）或印度人（依胡兰成）。

凭这三项材料，在美国两亿多人中去找个人，势如海底捞针——如果她仍在世，还住在美国的话。即使由联邦调查局去办理，也得花一两个星期，我是知难而退，不打算为此作努力了。

可是，一九九二年在上海访问张爱玲姑夫李开第老先生时，他无意中提供了两条线索。第一条是她人在纽约，第二条是有错，但我猜出错在何处。因此回加州后，有一天向纽约打了五六个电话后，就找到了她家中电话号码。当天就打通，炎樱女士居然自己来接电话。我就说明打扰她的缘由，希望日后能往纽约拜访她。她回说不想见生客，但一月后她来旧金山参加婚礼，送机的人临时变卦，给了我一个机会送她去旧金山机场。

张爱玲替她取名炎樱，因她年轻时丰腴而肤黑，"张迷"读者看过《对照记》中她的照片，也会有此印象。但她不喜炎樱之名字，于是改成“莫黛”，又改貘黛（详见《双声》），我指她为Mrs. Milstein，Milstein是她亡夫姓，她也不喜，叫我称她Fatima。我见她时，她已失去丰腴之感，予人伶俐精干的感觉。肤色则仍近黑，所以她中国人的一半血统，乍看起来，不易看出。

张爱玲偷看“儿童不宜”禁书

一九三九年，她与张爱玲结伴自上海负笈香港大学。船停在上海港口时，客厅中对座有一妇人，说她很易晕船。年轻的炎樱，听后即以肩膀摇晃起来，她身旁的张爱玲问她何事，她悄声说：“别管，跟我摇。”于是两女孩就联袂左右摇摆起来。摇了不久，对面妇人就站起来，说她晕船，须回房休息了。其实那船停在港口，还没启程呢！她回忆起五十年前的恶作剧，仍是乐不可支，坐在车里，也高兴得手舞足蹈的，叫我忍俊不禁；还好途中只有这个笑话，否则在高速公路上，有人仰“车”翻的危险。

数年后一个晚上，看到一部片*Shall We Dance*，由三十年代最走红的歌舞明星，弗雷亚斯坦（Fred Astaire）与琴吉·罗杰斯（Ginger Rogers）主演，片中男主角在船上，故意东倒西歪，引得其经理人晕船。电影摄于一九三七年，约一九三八年在上海公映，炎樱女士有没有看到此片，是否在船上照样炮制，就不得而知了。

因为见了一次面，她对我有些信任，以后便再打电话去，谈谈她与张爱玲的往事，她也似乎挺高兴的。有一次她提起，张爱玲童年时父亲房中有不少“儿童不宜”的禁书，后来母亲发现全部拿走，但为时已晚，爱玲与弟弟已看完了。大概这正是张爱玲写小说时对男女情欲这般熟悉之原因。张本人在大学时期并没有男朋友，也很少结交朋友。她喜欢坐在众人旁边，或者作观察，或者画速写，很少参与谈话。大学时代她已立志当作家，为此作各式文学练习。周末她们两人有时在校园散步，或去城中逛街。

炎樱女士与我通常用英文交谈，偶尔她也会加上一两个中文词，形容张总用中文说其人“斯文”，是个“小姐”，属于仕女型，是她母亲以淑女教导的成果。但她一笑即大笑，这一点她忘了母亲的训导。虽然她们俩人性格相异，相处却融和，从无争吵。除了有一次，炎樱在港大时一清早，泼冷水在张爱玲头上，故意将她吵醒。这次张爱玲发脾气了，高叫道："Damn you！ Damn you！"

张爱玲生命里的两个男人

张爱玲

我问她对胡兰成的印象。她说胡人也文静，穿着长袍，似旧式中国文人。关于她为张胡婚姻作证人一事，她已无印象。对于这段婚姻不甚了解，但记得有一次张爱玲对她说，胡曾坦白外面爱上另一人，不过未发生关系。张爱玲苦笑道："难道他要我送他一枚奖章不成？"我对炎樱女士说，胡兰成在四十年代是一汉奸，她听了吃了一惊——张爱玲不曾向她说及此事。

"赖雅对张爱玲呢？"我问。她说她从未见到一个人如此痴爱另一人。（"I have never seen anyone so crazy about someone else as he was."）连讨厌张爱玲的霏诗女士（赖雅与前妻所生的女儿），有一次也对我说，他对她是痴爱。（"He was crazy about her."）——可能也是她与张不和原因之一——两个不相识的人，在不同场合与时间，都用"痴爱"（crazy about）来形容赖雅，虽然英文中形容爱有十余种表达方式；赖雅当年之情深，我们就可以想象了。

一九九五年秋天张爱玲去世后，我打电话给她，说不幸有个坏消息要报告，她马上猜到了，当下在电话那端饮泣起来。

但她并非是长期沮丧的人，张爱玲的文字中，或我亲见的炎樱女士，是积极图强的人。所以几个月后，与她通电话，她说新近又结婚了，并称自己"好厉害"——这三字是用中文说的。一个人到了七十六七岁，还有机会做新娘子，自是“好厉害”无疑。向她道喜之后，问她新郎是谁，她说是中国人，姓李，是陕西人，还会写旧体诗，我也替她高兴。

赖雅的证件照

炎樱证实张爱玲曾经怀孕

可惜好景不长，一九九七年初去电话，由李先生接，说炎樱进了医院，要两周后方回来。二周后通了一次较长的电话。问候之外，谈到了张爱玲怀孕一节。张在世时，我们都替她护其私隐权，也以为对方不会知其事。现在她已去世，炎樱女士就问我知否此事，并告诉我此事之前前后后。

她说一九五六年有一天，张爱玲去找她，说明她之困难，并说：“你知道我讨厌小孩。”（“You know I hate children.”）炎樱女士说她本人也初到美国，当年人工流产是非法的，她也无能为力，后来去找她美国的女上司。女上司道：“你们两个大妞儿，连这些事也照顾不了？”事后她还是交给炎樱女士一医生的电话，但说明不能道出她的姓名。炎樱将资料交给张爱玲之后，就不再提问此事。

拙书（按：指《张爱玲与赖雅》）第六章中因缺乏可靠资料，对此事“有三种解释”。其一：“张始终编造了怀孕故事，以迫使赖雅下决心结婚。”并说此解释“并不有力”，因为与张爱玲一贯做人作风格格不入。有鉴于炎樱女士的新资料，这个解释已不可能。第二种解释，“她不幸流产”，现在看来机会也甚微。

张爱玲招魂似的招走炎樱

我印象中，炎樱女士一向是生气勃勃的。但当我下次打电话去，则是李先生来接的，说她重病又进了医院。下次再打，他告知太太已于十月份

炎樱与张爱玲合影

（一九九七年）谢世了。

张爱玲去世之后，一九九六年年底她的好友宋淇先生在香港过世，一九九七年年初她姑夫李开第老先生在上海去世，享年九十六岁。现在炎樱女士也走了，仿佛张爱玲招魂似的，将她最亲近的亲友一一招去。我叹喟人生无常之外，仍衷心感谢他们，让我得存他们一部分珍贵的回忆。

由于这一串的凋零，令人不得不想到人生之大限。到目前为止，我尚未见到天堂存在的可信证据，所以对此还是有些存疑的。不过我像很多人，希望天堂是有的，并非我冀望天堂里的永生或美妙，而是因为如果在天堂里，有我们所爱的和爱我们的逝者存在，将来在彼方会与他们重聚，那么，死亡就并不如此可怕了。

（《明报月刊》1999年第3期）

张爱玲的美国半生缘
——她的第二任丈夫赖雅

郑树森　文

赖雅是德国戏剧大师布莱希特的知交，也是一个左翼好莱坞作家，却与性情、政治倾向都相反的张爱玲结婚，这只能说是缘分。

张爱玲是在一九五五年秋天乘“克利夫总统号”离港赴美的。抵美后曾在纽约小住，并拜访过胡适。

一九五六年，张爱玲得到 Edward MacDowell Colony 的写作奖金，在二月间搬去 Colony 所在的 New Hampshire 州 Peterborough。这个写作基金会主要是为作家提供一个安静舒适的环境，让作家在生活无忧的情况下完成作品。张爱玲当时得到的是为期两年的奖金。呈报的写作计划是一部长篇小说。

当时也住在这里的有一位美国作家赖雅（Ferdinand Reyher）。张爱玲和他认识后约半年，就在同年八月于纽约结婚。张爱玲是一九二〇年九月三十日出生于上海，与赖雅结合时三十六岁。赖雅于一八九一年出生于Philadelphia，再结婚时已经六十多岁。

早在一九一四年，父母均为德国移民的赖雅，就有一部戏剧入选 MacDowell Colony 的戏剧节，同年夏天获哈佛大学文艺硕士学位，随后曾在麻省理工学院任教。赖雅在一九一七年曾以一夜功夫完成一则短篇，并获当时颇有声望的《星期六晚邮》杂志刊登，同年七月与当时美国著名女权运动家 Rebecca Hourwich 结婚。在二十世纪二十年代，赖雅除不断为各大知名杂志撰稿外，更经常往返大西洋两岸，结交不少今日已成大师的文友，例如庞德、乔艾斯、福特、康拉德等。一九二七年客寓柏林时，赖雅初会布莱希特（Bertolt Brecht），自此成为莫逆之交。

一九三一年八月，赖雅的朋友、电影导演约翰·休斯顿（John Huston）拉他去好莱坞写剧本。结果赖雅在南加州一住十二年，到一九四三年才离开。赖雅启程时，一九三〇年获诺贝尔文学奖的老友辛克莱·刘易士（Sinclair Lewis），预言他会一夜成名。然而，这个预言不幸落空。尽管与赖雅合作的制片人和导演不断赞扬其才气，但好莱坞的高薪（每周起码五百美元薪水）和逸乐，中断了赖雅的文学生涯. 更埋没了他的创作才华。

吊诡的是，三十年代的好莱坞也是左翼思潮的大本营。大概在三十年代中叶，赖雅成为马克思主义的信徒；但从现有纪录来看，他并没有加入美国共产党，而只是亲密的同路人。

甫德南·赖雅　Ferdinand Reyher
性别：男
星座：狮子座
生卒日期：1891-07-26 至 1967-10-08
出生地：美国，宾夕法尼亚州，费城
职业：编剧
更多中文名：费迪南·赖雅
家庭成员：张爱玲（妻）

南辕北辙的政治倾向

三十年代的赖雅，在美国的知名度比布莱希特大得多，也因此才能大力在美推荐布莱希特的创作。一九四一年布莱希特举家避难美国时，赖雅曾资助旅费。布莱希特旅居美国时（一九四一至一九四七年），赖雅是少数几位经常往来的美国朋友，与布莱希特一家人都很熟悉。赖雅更与布莱希特合写两个电影故事，协助布莱希特好几部戏剧的修改和演出，又是《伽利略传》的主要英译者（虽然此事今日鲜为人知）。在布莱希特离开美国后，赖雅是他所有作品的正式代理人。布莱布特后来成立著名的“柏林剧团”时，赖雅是唯一被正式邀请赴德成为永久团员的美国人，足见两人关系之密切。一九三〇年年初德国剧团一宗“疑案”很有概括性。一九二九年十二月三十一日，通过布莱布特的安排，赖雅的一部戏在柏林极有地位的剧场首演。当时的剧评人及报界竟都认定赖雅其实是布莱希特的笔名。

贝尔托·布莱希特 Bertolt Brecht
性别：男
星座：水瓶座
生卒日期：1898-02-10 至 1956-08-14
出生地：德国，巴伐利亚，奥格斯堡
职业：编剧 / 导演
更多外文名: Eugen Berthold Friedrich Brecht(本名)
更多中文名：贝托尔德·布莱希特

一九五六年布莱希特在德国去世。同年赖雅与张爱玲结合。赖雅性情外向，活动力强，朋友极多，喜好热闹；从生平行事来看，是“疏财仗义”一类的人物。张爱玲虽然很信任少数几位老朋友，但从有限的资料来看，却颇为内向，不爱见客，朋友不多，喜欢独处。张爱玲一九六九年到柏克莱加州大学中国研究中心任职时，陈世骧教授尚主持中心。张爱玲日间极少出现，工作都在公寓；上班的话，也是夜晚才到办公室。

此外，大致上，赖雅和张爱玲也是“南辕北辙”。赖雅是三四十年代的知名左翼文人，连斯大林清洗苏共元老的莫斯科大审及西方传闻甚久的血腥统治，他都曾经一度设法去为之辩解和表示容忍。后来虽然对苏联极为幻灭，但其左翼“理想主义”心态则一直保持；西方大众传播媒介对苏联和中国内地的种种报道，他一方面仍抱着存疑心态，另一方面则是不忍面对，只好采取拒读拒闻的法子。一九七一年二月莱恩教授口头访问张爱玲时，她就提及一九六六年内地爆发“文革”时，《新闻周刊》上有专文报道，她让赖雅看，赖雅认为一定是“反面”的，便拒绝了。莱恩教授认为赖雅这种心态，和布莱希特每听到苏联的“阴暗面”都很痛苦的情况，相当接近。张爱玲到底是《秧歌》和《赤地之恋》的作者。因此，这两位性格迥异、立场不同、年龄也颇有差距的作家，竟能在不到半年的交往而结合，恐怕不得不归结于缘分。

张爱玲婚后的剧作

赖雅和张爱玲结婚后，曾大力向她介绍布莱希特，从他的戏剧和思想，一直到日常衣着，无所不包，婚后他们曾先后在三藩市和华盛顿观看《三便士歌剧》的演出；由于布莱希特的名剧《四川贤妇》是中国背景，另一部《高加索灰阑记》则取材自《灰阑记》，赖雅更是大力推荐。张爱玲在给莱恩教授的一封信，特别欣赏看过两次的《三便士歌剧》。但从后来张爱玲为中国香港电懋影业公司所编的电影剧本来看（例如《情场如战场》），布莱希特可说完全没有影响；她的编剧路线还是一九四七年《不了情》《太太万岁》的延伸。从《太太万岁》到《情场如战场》，张爱玲的喜剧，始终都以诙谐的对话和滑稽的情境，剖析男女关系的社会基础，透视门第名利的世俗观念。

《不了情》剧照

《太太万岁》剧照

赖雅和张爱玲结婚时，健康已大不如前，但仍写作不辍；直至六十年代初期才放弃。在一九六一年，张爱玲为了搜集写作材料，自美飞台转港。

这是张爱玲唯一的中国台湾行，后来写入英文散文，题目是《重回前方》（*A Return to the Frontier*），在一九六二年三月二十八日的《记者》杂志（*The Reporter*）刊出（同期的重头文章是基辛格对核武与美苏关系的深入分析）。十一月到港后，替电懋影业公司赶写了两个剧本。其中之一是一九六一年极为卖座的《南北和》续集《南北一家亲》（一九六二年十月上映，王天林导演，雷震和白露明主演）。这部片子较有当时香港社会南北共处的时代色彩，但重点仍是爱情喜剧。其后一九六三年十月二日首映的《小儿女》（王天林导演，张扬和叶枫主演），同年九月首映的《南北喜相逢》（王天林导演，雷震和白露明主演），编剧都是张爱玲挂名，但最后一部剧本则是在美完成，这几个剧本中，以《小儿女》成绩较佳；《一曲难忘》则有点老套。这些剧本的写作，和当时赖雅体弱多病，手头拮据有关。及至六十年代中叶，赖雅已经半身瘫痪，对张爱玲的生活和精神都是相当沉重的负担。赖雅在一九六七年以七十六高龄去世。

（《明报月刊》1995 年第 10 期）

张爱玲二三事
——访张爱玲姑夫记

司马新　文

与张爱玲相亲相依的姑姑

张爱玲之姑姑在张之散文集《流言》中出现过多次，后来《姑姑语录》又收集在《张看》中。两人在二十世纪四十年代至五十年代初相亲相依，似是张爱玲当时仅有的家人。在海外晚辈读者心目中，四十年代的上海，陈旧而迷糊，几乎时空隔绝。所以数年前，张爱玲给我的信中提及她姑姑尚在上海，听了使人又惊又喜，仿佛见到她小说里的人物翩然从纸上走下来一样。这次笔者回上海探亲，就准备顺道访问张之姑姑。但寻求姑姑并非易事，中间经三位先生协助，方寻到地址。

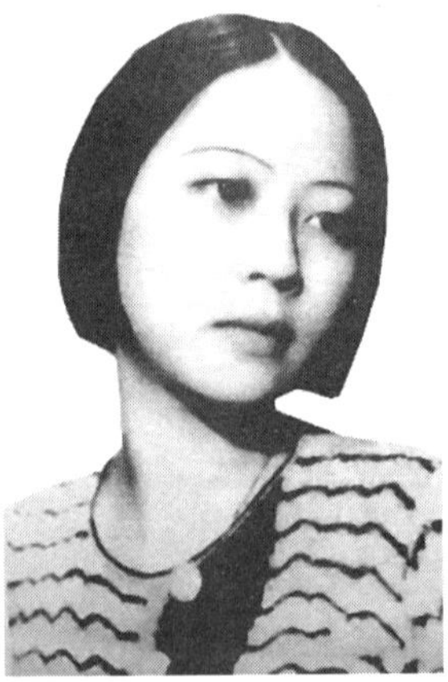

张爱玲姑姑张茂渊

张茂渊（右）和张爱玲

一九八七年七月去信后，许久并无回复，至九月中临离美国前两天，方接姑夫李先生回信，措辞很客气，但未应诺访问，得看届时她身体情况而定。抵上海在锦江饭店安顿后，即与李先生通电话，李先生说姑姑（李夫人）身体不适，不宜见客，但可以与他本人会晤。因约定时间改去他居处接他至“锦江”访问。见面那天天气甚热，原来准备自锦江饭店叫出租车去李府相接的，后来在外滩的午饭拖久了，就去国际饭店雇车，不料国际饭店并无专用出租车，由管理人在南京路上拦车，七八分钟才有一部，却有大批人在等候，看来无法在约定时间赶至李府。幸而李府离国际饭店不远，因打电话请李先生至国际饭店相晤，再同去锦江饭店。李先生按时抵达，虽高龄八十多，却声音洪亮，又健步如飞，外表看来至多七十岁模样。于是两人在街上边谈边等车。等车等了良久，不得不请管理人帮忙。

说明有八旬之老先生候车，须特别协助。此人却是一俏皮的上海人，回道：“勿要讲是八十岁，车子勿来，两百岁也无啥办法。”带着笑容，全无恶意，后来总算来了一部上海所谓面包车，将三组乘客一起带走，皆大欢喜。

李先生在途中略谈其身世，我因前一夜曾与其朋友谈天，更知详情。李先生与其亡故前夫人，和张爱玲姑姑十九世纪二十年代同在英国留学，均是好友。张之母亲亦是他们圈中人，想来是当年上海洋场中的名士淑女。后来三十年代，李先生至中国香港经商，张爱玲一九三九年至香港大学求学，需一监护人，就是李先生担任。当年张爱玲与炎樱（Fatima Mohideen）初抵中国香港，就由李先生在码头迎接。据李先生回忆，张之大学生活，还是相当愉快的，尤其在大二那年，得了两份奖学金，手边还算宽裕。太平洋战争爆发后，李先生去了重庆，胜利后方回上海。一九四九年后长期留于上海，但以他之背景，“文革”时自然是受尽苦难。张之姑姑对李氏夫妇始终在患难中支援协助。一九七五年李先生前妻下世，两年后在朋友撮合下，李先生与张女士结婚。张女士身体欠佳，当时已七十多岁，需人照应。李先生感其多年友情，因此与其结合。倒是“文革”悲惨世界中的一个小故事，却是一个温馨的故事。

张茂渊和李开第合影

张爱玲写信中

《半生缘》的部分写作背景

李先生到锦江饭店后即开始我们的访问，他一路畅谈，透露出不少前未公开的资料，想世上“张迷”均会乐闻。在尊重张先生 privacy（隐私）之原则下，可公开资料如下：

一、张爱玲之父亲名张廷重，因与张之姑姑早不来往，谢世的年份不清楚，大约在二十世纪四十年代。张爱玲之母亲名为黄逸梵，英文名取 Yvonne，抗战期间去了新加坡与印度，胜利后回上海，但不久又去新加坡，辗转到了英国。一说她在英国开了一小厂谋生，另一说乃是依典卖身边所携的古董度日。她于一九五七年去世。

二、张爱玲一九四二年自香港回上海后，始终与其姑姑同住。最初是 Kernier Street 的 Kernier Apartment 公寓，后来搬赫德路（今名常德路）之 Edingburgh House，此乃张爱玲最走红时期。后搬出赫德路，曾在锦江旅馆（即今日锦江饭店之北楼）住了一个月，才迁入梅龙镇旁之弄堂。最后搬进国际饭店附近的长江公寓，即张爱玲离上海时之住所。

张爱玲在赫德路（现名常德路）的故居

当年李先生去张府造访，张爱玲常去楼下添菜留客便饭，《半生缘》中某些上海背景，亦取材于此地区。

三、张爱玲于一九五二年七月离开上海，当时申请去香港，以进香港大学继续学业为理由。一九四一年十二月香港大学因"太平洋战争"而停课，张未曾毕业，十年后再去求学位，港大也准许其复学，政府也允其出境。她七月抵香港后，九月开始上课，十一月自动离开港大。中间原因不详。

四、张爱玲一九五二年离开上海时，姑姑希其停止两人之间的通讯。张也依姑姑之言不再去信给她。姑姑此举，可说相当有远见。十四年后发生"文化大革命"，姑姑未因张爱玲的小说受连累，即是明证。"文革"之后，她们倒恢复了通讯。据说张之信中仅谈及日常生活起居，偶也提到写作情形，至于近二十年来她之东山再起，海外文坛上之盛誉，则只字不提。因而李先生听到今日张爱玲在文学界之地位，未免惊喜交集。张本人落落之态，也易然可见。与当年"出名要趁早"的张爱玲，迥然两人。

访张爱玲旧居祝她安享晚年

那天访问完后，送李先生回寓所，并顺将《张看》一册转送李夫人。次日去访张爱玲在赫德路之旧居（今名常德路），那幢公寓想来是二十世纪二十年代所建，颇有 ART DECO（法文 ART DECO RATIF 之简写，二十世纪二三十年代流行的风格）之况味，与纽约东区一些高楼大厦相似。那公寓对我来说是记忆犹新，因我在五十年代所进之小学，即在公寓附近。新房客很客气，容许我们进内参观，并准许在阳台上拍照。

二十世纪三四十年代的文学作品，至今还值得一读的，实在不多。即使当年轰动一时的名著，如《家》或《子夜》，在我们后辈读者看来，作者热情固然有余，但在人情世故的洞察上，未免浅薄了一些。张爱玲《传奇》中五六个短篇，加上后期的《色·戒》均是传世之作。长篇中《秧歌》与《半生缘》也是经典著作。因为这些小说，对人性、人生、人间世，做出了努力不停的探索。

张爱玲致力而为的，即是人际关系之微妙，人性之深不可测及命运之坎坷不平。这些题材，非但写不尽，而且永远拥有读者，好像蹦蹦戏里的花旦，能够夷然地活下去，因为那些题材是永恒的。张爱玲在小说上的成就，当然不仅是题材的缘故，更是因其高超的艺术。因此经过四十多年的辛苦路，张爱玲今日拥有大批的“张迷”，与随之而来的盛誉，也极是应该的。衷心祝愿她在与尘世几乎隔绝的小世界中，求得自己的平安。

（《明报月刊》1988 年第 3 期）

追　忆

如果我不写出来
——回忆我的姐姐张爱玲

张子静　文

张爱玲散文集《流言》的第一篇文章是《童言无忌》，发表于一九四四年五月的《天地月刊》。那篇文章共有五个子题：钱、穿、吃、上大人、弟弟。

——“我的弟弟生得很美而我一点也不。从小我们家里谁都惋惜着，因为那样的小嘴、大眼睛与长睫毛，生在男孩子的脸上，简直是白糟蹋了。……有一次，大家说起某人的太太真漂亮，他问道：‘有我好看么？’大家常常取笑他虚荣心。”

——“他妒忌我画的图，趁没人的时候拿来撕了或是涂上两道黑杠子。我能够想象他心理上感受的压迫。我比他大一些，比他会说话，比他身体好，我能吃的他不能吃，我能做的他不能做。”

——“有了继母之后，我住读的时候多，难得回家，也不知道弟弟过的是何等样的生活。有一次放假，看见他，吃了一惊。他变得高而瘦，穿一件不甚干净的蓝布罩衫，租了许多连环画来看……大家纷纷告诉我他的劣迹，逃学、忤逆、没志气……”

张爱玲笔下那个“很美”而“没志气”的弟弟，就是我。

我今年七十四岁，住在上海市区的一间小屋里；是个退休十年的中学英文教员。

我姊姊发表《童言无忌》那篇文章时，二十四岁，是上海最红的专业作家；我二十三岁，因身体不好自圣约翰大学经济系辍学，尚未正式工作。

张爱玲胞弟的居所

那时看到我姊姊在《弟弟》里对我的赞美和取笑，并没有高兴，也没有生气。甚至看到文章的结尾：“他已经忘了那回事了。这一类的事，他是惯了的。我没有再哭，只感到一阵寒冷的悲哀。”——那时，我也没有悲哀。

我从小就什么都不如姊姊，当然更没有她的聪慧和灵敏。到了二十多岁，许多事也还是鲁钝的；没有大的快乐，也没有深的悲哀，仿佛只是日复一日麻木地生活着。在那上海“孤岛时期”的末期，我中断学业，没有工作，没有爱人；有的只是永远烟雾迷蒙的家；一堆仆人侍候着我吸大烟的父亲，以及我那也吸大烟的后母。我那时心情的茫然和苦闷，是难以言说的。所以，对于姊姊在文章里的取笑，除了麻木以对，我又能如何？在我们那个没落了的、颓靡的家里，是看不见一点儿希望的。而我姊姊，一九三八年逃出我父亲的家后就昂首阔步，有了她的自我世界，也终于有了她的名望——只有她，看起来是有希望的。

一九九五年中秋次日，从太平洋的彼岸传来我姊姊离开人世的消息。那几天我的脑中一片空白，时常呆坐半天，怎么想不出来。后来我找出《流言》，一翻就是那篇《童言无忌》。重读《弟弟》，我的眼泪终于忍不住，汩汩而下！“很美”的我，已经年老；“没志气”的我，庸碌大半生，仍是一个凡夫。父母生我们姊弟二人，如今只余我残存人世了！

这么多年以来，我和姊姊不一样，也是一个人孤单地过着，父亲早在一九五三年过世，和姊姊比较亲的母亲一九五七年逝于英国；姑姑也于一九九一年走了。就是和我们不亲的后母，也于一九八六年离世。但我心里并不孤独，因为知道姊姊在地球的另一端，和我同存于世。尤其读到她的文章，我就更觉得亲。

姊姊待我，亦如常人，总疏于音问。我了解她的个性和晚年生活的难处，对她只有想念，没有抱怨。不管世事如何幻变，我和她是同血缘，亲手足，这种根底是永世不能改变的。

张子静居家照

一九八八年中，一位熟知我们家世的老人拿着一页报纸来找我。他神色慌张地说：

“你姊姊可能出事了！”

他摊开那张报纸，只见他用红色圆珠笔圈起来的地方有一行字：

已故女作家张爱玲……

我一时吓坏了。一九八五年，我和音讯中断三十一年的姊姊第一次通信。后来她常搬家，去信都被退回，再度音讯断绝。看了报纸那行字，我不免将信将疑起来。我祖父张佩纶享寿五十六岁，父亲张廷众得年五十七岁，母亲黄逸梵六十一岁谢世；一九八八年我姊姊也有六十八岁了。但我想：她是著名的作家，如果故去，新闻应该会报道啊！

我于是打电话或走访在上海的亲戚朋友，都说并不知道“有这回事”。我还是不放心，又写信给住在美国的亲戚，打听的结果也都是没听说“这消息”。我只好到上海市政府华侨事务办公室，说明我的疑虑，并把一封我写给姊姊的信请上海市侨办代为处理。

那封信后来通过国务院侨办寄到洛杉矶领事馆，终于辗转间到我姊姊的新地址，一九八九年一月又跟她通上信。悬在我心中半年多的不安疑虑，这才得以化解。

从这件事，我获得三个结论。其一是，那位报纸编辑可能国文水平太差，错以为“已故”就是“以前”，才会开出这个笑话。其二是，那位编辑也可能道听途说，未经查证，贸然地让我姊姊“已故”。其三是，我姊姊是长期幽居，亲友很难获知她的近况，万一她身患急病需要救治，无人能适时伸出援手。我一人独居，情况不也相近？从那年开始，我日间都把小屋的木门开着，邻居进进出出，路过都会探头一下。

另外我也想到，我们姊弟都已到了日落西山的年纪。相差仅一岁，她先我而去或我先她而逝，恐怕上帝也不能回答这个问题。但是去日无多，这个答案是肯定的。

一九八九年终于和姊姊再联络上后，我就决定要为姊姊写点东西。姊姊在她的散文中，也写了一些早年生活的片断，但未及于生活的全部真相。还有一些事则是她没写、也不愿写的。在这方面，姊姊有她的自卑，也有她的自卫。加上她后来与世隔绝，关于她的种种传说，就和前述那则“已故”一样，以讹传讹，更为扑朔迷离，神秘莫测。

姊姊和我都无子女。她安详辞世后，我更觉应该及早把我知道的事写出来。在姊姊的生命中，这些事可能只是幽暗的一角，而曾经在这个幽暗角落出现的人，都已先我们而去。如今姊姊走了，我也风烛残年，来日苦短。如果我再不奋力写出来，这个角落就可能为岁月所深埋，成了永远难解之谜。

但人的记忆并非唯一的真实：而主观的真实。过去数十年的生活波荡，我没有日记，也失散了很多珍贵的照片和资料，撰写这本书，除了依恋记忆与亲友的佐证，也参考了一些相关的资料。如果内容有所偏差，尚祈爱护姊姊和我的各方人士，能够惠予指正，以求善美。姊弟一场，责无旁贷，诚恳写来，但求无愧耳。

张爱玲（右）和父亲张志沂、弟弟张子静（左）在一起

撰写本书的过程中，在资料查证方面，得前辈龚之方先生及我的表哥黄德贻、表妹黄家瑞（中国台湾著名的电视明星张小燕的妈妈）等亲友的协助，谨此一并致谢。

并祈姊姊在天之灵笑纳。

一九九五、十、十七、上海

（《明报月刊》1996 年第 1 期）

来也匆匆
——忆张爱玲

于梨华　文

演讲是下午三点到四点，然后是半个小时学生发问。她订了一点半的飞机，由波士顿来，一小时内可到。我从中午起就开始紧张，从我家到机场只需十分钟车行，我巴巴的一点即出发。夜里虽落了场雪，但有大太阳，融了不少，一刻钟也就到了。早到。恰又碰上班机晚到廿分钟，我在候机室不知兜了几十个圈子，外加两杯黑咖啡，更显亢奋，见她下机时那份安闲才宁静下来。

记得很清楚，她穿一件暗灰薄呢窄裙洋装，长颈上系了条紫红丝巾。可不是胡乱搭在那里，而是巧妙地调谐衣服的色泽及颈子的细长。头发则微波式，及肩，由漆黑发夹随意绾住，托出长圆脸盘。眼珠有点突，没戴眼镜（通信中知道她戴眼镜的），想必有隐形镜片，所以看人时半抬下巴，半垂眼睑。我不认为她好看，但她的模样确是独一无二（one of its kind）。

张爱玲

时间已很紧迫，但她步伐悠缓，我当然不好催促，只说我去把车开来，在二号门等你。她进车第一句话是，我在飞机上时，就猜想你开的是红色跑车。我倒一愣，没答。我开的是辆小型 Volvo，不是跑车，却确是红色的。到学校时，已迟了十几分钟。但她却说要去洗手间整理一下。我虽十分焦灼，但还是领着她去。她在镜前掠一下头发（其实是一丝不乱），审视一下脸上十分清淡的化妆，满了意，才由我带入教室，已迟到了廿分钟。我先对列席的教授及学生说明飞机误了点，向他们道了歉，才介绍讲演者。

那天她的讲题是“*The Exotic West: From Rider Haggard On*”。在通信讨论演讲时，她说好了以演讲方式，但那天演讲时，她则念了稿，想必是因时间比预定的局促，念比讲快。内容我不记得了，只记得她的英文字正音润，十分道地。讲完有人发问，她也十分清晰但又十分简扼的回答，发问之间有冷场时，我坐在台下忐忑不安，她倒神态怡然，毫不窘迫。时间一到，她略点头，即走下台来。比较文学系为她准备的茶点，她推说要赶飞机，即辞谢了，只同系主任握了手道别。

她回波士顿的班机是六点半，时间绰绰有余，我不肯放她走，坚持要留她吃了晚饭才送她上机。她说：晚饭吃不下，不如一起去喝点饮料。我随即带她到学校近处的小咖啡室，问她要茶还是咖啡，她说：我要一杯香草冰淇淋苏打，说完对我企盼地望着。高杯冰淇淋苏打来时，她露齿一笑，那神情完全像孩童骤获最切想的玩具一般。她对我看的眼神及吸第一口冰淇淋苏打的神情我再也忘不了！

她那么有滋有味地吃着，即使我有无数问题，都不忍提出来，唯怕打断了她的乐趣。等她吃完，我要为她点咖啡，她摇摇头，非常满足地靠在椅背上，闭目养神。纵使我满脑子里的七巧、季泽、薇龙、乔琪、流苏、柳原等人想蹦出来，要我问她他们的来龙去脉，我也觉无从问起，即使问了，她也不会作答。何况她的确有点疲累的样子，我不忍心扰她。

我一共见过她四次。第一次是一九六六年夏志清带我去看她。那时她住在纽约市百老汇六十几街上一个高楼的小公寓里，十分局促。大概公寓小，更显得她人高大。实际上她不大，但的确比一般东方女性高，高而细。她脸盘大，不能归入瓜子脸、鹅蛋脸这一型的。眼珠略突，嘴巴不小，更不属于丹凤眼、樱桃小口类的。她是独具一格，且是令人注意的那种。她口音稍带上海腔，很细柔。她话不多，却不是因怕羞而不说的那种。

第二次是我们三人一起去百老汇九十一街“全家福”吃早点。别的不记得了，只记得她吃扬州汤包时十分缓慢。一顿早餐，只吃了两三个汤包，喝小半碗豆浆，一点不像一般中国人偶吃中餐时那么“急猴猴”。后来看到她喝冰淇淋苏打的模样，才恍悟她原是偏爱西食的。第三次是一九六九年在波士顿开亚洲学会时同她、夏志清、庄信正四人吃过一次中饭。最后一次即是请她来我校讲演，盘桓半日，虽没谈什么，却从她举止行动看到她实在是有稚童般的无邪及稚童般的能完全沉浸于自己的小世界里的人。而另一方面，却又能创造《倾城之恋》《金锁记》《沉香屑——第一炉香》这般叫人百看不厌而每看一次都要击案叫绝的错综世界！

那次吃早餐时她讲过她不在意百老汇的纷沓嘈杂，她在高楼上，望下来是车水马龙、熙攘的人间，各种声音，各种气味，一点不妨碍她的写作。对，她有超人的、特异的五觉：视、闻、味、听、感，于是她的作品才有精致的色彩、声音、服饰、景色、气味、行动等无人能及的描述及展示，但她却不愿同世间人打交道。在她给我的信中，有一封她曾说：“我到中国台湾去的可能性不大，中国台湾有许多好处都是我不需要的，如风景、服务、人情美之类。我需要的如 privacy，独门独户，买东西方便，没有佣人，在这里生活极简单的人都可以有，港台都很难……从出了学校到现在，除逃难的时期外，一直住惯了这种生活，再紧缩点也还行。寂寞是心境关系，在中国台湾如找我的人多些，也只有多得罪人……”这还是一九六八年写的，她的生活则一直顺着这规格走，一年比一年更把自己隔离起来，更不愿同世间人打交道，直到她死，伴着她的是她自己，以及她塑造的、别人忘不了、她自己不能忘的诸多人物。

我同她通信一直到一九七一年年底。我在州大开的课是英译中国现代小说，材料中必有她的《秧歌》《北地胭脂》（《金锁记》改写而有英文版的）。七十年代英译本很难找，十几本《秧歌》，是她的私藏，全部捐给了我。《北地胭脂》则是通过她到英国去购买的。

通信自然不全是谈公事，但她的信都很简短，极少提到她在写什么——除了她注译《海上花》的事之外。常提到的是她的感冒、积食不消化、眼镜找不到、搬家、书籍丢失、胃受了寒气等，许多令人为她担忧但又觉没法帮她的生活中的小枝节。逐渐地，她的信少了，短了，我也怕打扰她，也逐渐不写了，自一九七一年中后就没信札来回了。但有关她的消息时有听到，多半是一些关心她的朋友相互传递的，只知她愈来愈深居简出，愈发孤僻，愈发远离世间人。关心她的人议论纷纷，我倒觉得这乃是她一向的选择，应该得到尊重的。她死讯传来时，在我眼前闪现的，却是廿多年之前，在小咖啡室里，她用麦管吸冰淇淋苏打时的全心一意的神态。

她不在了，但她永远在。谁能忘记振保兄弟、娇蕊、桂花蒸里的阿小、睇睇、七巧、曼桢、流苏、乔琪、柳原、季泽、长安与长白这些人？不可能忘记。当然就不可能忘记张爱玲这个人。

本来就是。

1995.9.15 夜

奥本尼·纽约州

（《明报月刊》1995 年第 10 期）

掌 故

一九四五至一九四九年间的张爱玲
——文坛盛名招致"女汉奸"恶名

陈子善 文

一九四五年，已经出版了《传奇》和《流言》而名满上海文坛的张爱玲，在干些什么呢？张爱玲文学生涯中的这个特殊时段，好像还没有引起"张学"专家们的足够重视。是年四月出版的上海《杂志》第十五卷第一期的"文化报道"栏内有如下一则短讯：

张爱玲近顷甚少文章发表，现正埋头写作一中型长篇或长型中篇，约十万字之小说：《描金凤》，将收在其将于不日出版之小说集中。……

它透露了两个重要信息：一是张爱玲正在撰写新的长篇《描金凤》(《杂志》误作《苗金凤》)；二是张爱玲计划出版新的小说集。

《传奇》初版本于一九四四年八月十五日问世，这个日子已经深深镌刻在中国现代文学史上。初版本书脊上印有如下字样：

传奇　张爱玲小说集之一　杂志社出版

九月二十五日《传奇》再版本问世时，书脊上仍保留着这行字。《传奇》既是“小说集之一”，按照常理，还会有“小说集之二”，说明当时张爱玲早有出版新小说的打算。写作《描金凤》也就可能不是心血来潮，而是酝酿已久的。虽然那时的上海已是“山雨欲来风满楼”，众多“张迷”还是翘首以待，期望早日读到《描金凤》，毕竟，这是张爱玲创作长篇的最新尝试，先前她写过《连环套》，却因遭到批评而半途而废了。直到次年年底，超级“张迷”唐大郎因《传奇·增订本》出版喜赋打油诗一首，还特意提到“传奇本是重增订，金凤君当着意描”，后半句的注释为“张有《描金凤》小说，至今尚未杀青”。

情感和创作均走到十字路口

不妨作这样的推测，如果《描金凤》顺产，张爱玲可能出版她继《传奇》之后的第二部小说集，内容应该包括《描金凤》和后来补入《传奇·增订本》的《留情》《鸿鸾禧》《红玫瑰与白玫瑰》《等》和《桂花蒸　阿小悲秋》。后面这五篇短篇另出一本集子是太单薄了，加上“中型长篇或长型中篇”的《描金凤》，才能成为“张爱玲的小说集之二”，也许这个张爱玲的“小说集之二”书名就叫《描金凤》！

然而《描金凤》注定要胎死腹中。就像张爱玲晚年撰写又反复修改的《小团圆》，最终还是决意销毁一样。所不同的是，我们对《小团圆》至少知道它写到了张胡恋情，而且已经写出了初稿；对《描金凤》，写了些什么，到底写了多少，是否完成了初稿，我们一无所知。我们只知道，抗战胜利，意味着张爱玲的传奇人生必然要发生重大转折，无论是她的情感史还是创作史，都走到了一个十字路口。《描金凤》是不可能再写下去了，因为张

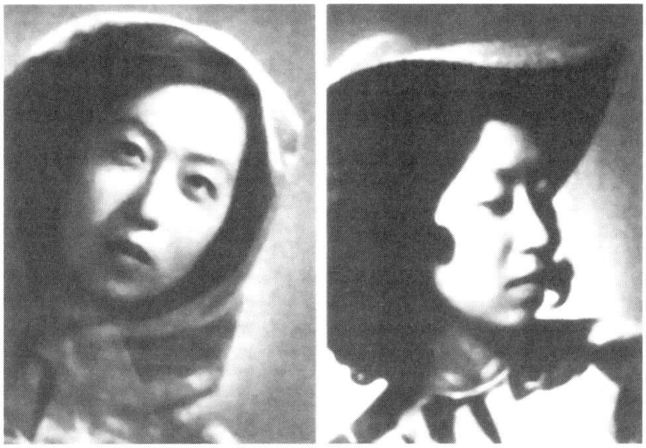

左图是正值黛绿年华的张爱玲，右图是她向妹妹借了帽子拍成的

爱玲必须搁笔。

中国台湾皇冠出版社出版的《张爱玲典藏全集》（二〇〇一年四月出版）皇皇十四卷，却有一个重要的遗漏，张爱玲一九四六年十月为《传奇·增订本》写的代序《有几句话同读者说》，《典藏全集》失收了。这倒不能全怪全集编者的疏忽，是张爱玲自己先删去这篇不得不写的自辩的。

一九五二年夏，张爱玲告别她的发祥地上海，到香港大学继续学业，不料因奖学金事与校方发生争执，于是由宋淇之介绍，为中国香港美领使馆新闻处翻译美国文学名著以谋生。两年之后的一九五四年七月，中国香港天风出版社推出《张爱玲短篇小说集》，此书其实是《传奇·增订本》的翻版，却保留了《传奇》再版本序作为“自序之二”，张爱玲又新写了“自序之一”，唯独删去了《有几句话同读者说》。大概张爱玲以为时过境迁，远在中国香港的读者已不清楚她抗战胜利后在上海的尴尬处境，这篇自辩大可不必再保留了。

《张爱玲短篇小说集》一九六八年七月由皇冠出版社“引进”中国台湾，从此以后，中国台湾皇冠各种版本的张爱玲短篇小说集，都以港版《张爱玲短篇小说集》为准，《有几句话同读者说》也就永远不见了踪影。可是，这一段不堪回首的历史不是这么轻易就可以翻过去的。迫使张爱玲在这篇自辩中大动肝火，不得不为自己洗刷的，是因为“近一年来常被人议论到，似乎被列为文化汉奸之一”，“还有许多无稽的谩骂，甚至涉及我的私生活”。有关名誉，有关生计，当然非同小可。不过张爱玲到底是大手笔，行文之间还是说得轻巧了些，何止是“似乎被列为文化汉奸”，张爱玲当时就是被社会舆论判定为“女汉奸”之流，这是有书为证的。

饱受“揭发批判”

先后见到两本小册子，一本是《女汉奸丑史》，另一本是《女汉奸脸谱》，不约而同地把张爱玲与陈璧君（汪精卫之妻）、杨淑慧（周佛海之妻）、莫国康（陈公博外室）、佘爱珍（吴四宝之妻，后与胡兰成结合）、川岛芳子等大小“女汉奸”相提并论，事情确实变得很严峻，很糟糕。

奇怪的是，这两本小册子都未署名，也没有版权页，《女汉奸丑史》封面署“上海大时代社刊行”，《女汉奸脸谱》连哪里印的也不作交代。但是有一点确定无误，它们都是一九四五年八月以后印行的。日本无条件投降，抗战终于坚持到了胜利，敌伪时期为虎作伥的，不管男女，理当受到声讨和谴责，但是否应把张爱玲、苏青乃至关露这些女作家也归入“女汉奸”之列，骂得狗血淋头，当时即使在左翼文艺阵营中，也是有不同意见的。

可以想见，给张爱玲按上“女汉奸”的罪名，泰半是因了胡兰成的缘故。《女汉奸丑史》和《女汉奸脸谱》中关于张爱玲的章节，连标题都如出一辙，前者为《无耻之尤张爱玲愿为汉奸妾》，后者为《“传奇”人物张爱玲愿为“胡逆”第三妾》。两文均言辞尖刻轻佻，属于人身攻击，无稽谩骂。只是后者还稍微与文学沾一点点边，虽然观点也严厉得出奇，摘引数段，以见一斑：

她的小说《倾城之恋》，曾经搬上舞台，这是剧坛上的污点。她与苏青不同之点，即好高骛远，俨然是个了不得的绝世佳人。因为“绝世”，所以不大出外交际，更因为自命“佳人”，所以异装得近乎妖怪。但她们间也有个共同点，即都是惯会投机，懂得生意眼，且又不择手段，毫无灵魂的女人。

张爱玲的文字以“啰嗦”为特色，看得人“飘飘然”为她的目的。她之被捧为“和平阵营”中的红作家，便因她的文字绝无骨肉，仅仅是个无灵魂者的呻吟而已。

此文还把张爱玲与同学炎樱的友情歪曲为“她对异种腻友尤有好感”，就完全是凭空捏造了。前者则详细描述张胡关系“秘闻”，津津乐道于道听途说，倒是结尾还算客气：

如今，胡兰成大概已经被捕了，以后文化界中没有他的立足地，至于张爱玲，她的文章，是否还有出路，那要看她的今后做人方式了。

那时上海的大刊小报上类似的“揭发批判”一定还有许许多多。一九四六年三月三十日上海《海派》周刊发表了一篇署名“爱读”的短文《张爱玲做吉普女郎》，标题够刺激的，开头两段还算客观：

自从胜利以后张爱玲埋姓隐名的，没有到公开的场合出现过，文章也不写了。在马路上走，奇装怪服也不穿了。一直蛰居在赫德路公寓的高楼之上，不大到外面招摇。

有人谈说她在赶写长篇小说《描金凤》，这倒颇有可能。只是写了之后，又拿到什么地方去发表呢？正统派文坛恐怕有偏见，不见得会要她的作品，而海派刊物，她也许不屑。

请注意，“爱读”特别提到了《描金凤》，预言张爱玲即便完成了《描金凤》，也已经无处发表，真是不幸而言中。但紧接着笔锋一转，所披露的“独家”新闻，不但无法证实，更匪夷所思：

前些时日，有人看见张爱玲浓妆艳抹，坐在吉普车上。也有人看见她挽住一个美国军官，在大光明看电影。不知真相的人，一定以为她也做吉普女郎了。其实，像她那么英文流利的人有一两个美国军官做朋友有什么稀奇呢？

“爱读”貌似为张爱玲开脱，其实是道听途说，无中生有，造张爱玲的谣言。这是当年上海小报记者惯用的手法，未免拙劣。

打扮妖艳的“女鬼”

比较而言，一九四五年十一月上海曙光出版社出版的《文化汉奸罪恶史》就更值得注意。如果说《女汉奸丑史》如《女汉奸脸谱》都是匿名之作，显得不够光明正大，那么《文化汉奸罪恶史》却是署了名的。此书前言《几句闲话》署名“司马文侦”，显然是个笔名。《民国时期总书目》“文学理论·世界文学·中国文学卷”（一九九二年十一月书目文献出版社）著录此书时，把“司马文侦”误作“司马文森”。司马文森确有其人，三十年代的左翼作家，“文革”中死于非命。他当时远在南方（包括桂林和广州）从事抗日文学活动，后来又到了中国香港，与上海沦陷区文坛其实是风马牛不相及的。

“司马文侦”这篇写于“鲁迅逝世九周年纪念日”的《几句闲话》提出两点，一是指责“文化界的汉奸，正是文坛妖怪，这些妖怪把文坛闹得乌烟瘴气，有着三头六臂的魔王，有着打扮妖艳的女鬼”，后者不正是指张爱玲吗？二是赞同“中华全国文艺界协会”对于文化汉奸有所处置，同时也进行调查“文奸”的工作，这本书，但愿于他们有所帮助。换言之，“司马文侦”是主张对他所谓的“文奸”（包括张爱玲在内）采取“有所处置”的实际行动的。

《文化汉奸罪恶史》先有《三年来上海文化界怪现状》《“和平文化”的“大本营”》《沐猴而冠的大东亚文学者大会》等综述，接着就是对于“文化汉奸们”的“个别的叙述”，张爱玲很荣幸地两次被“叙述”，一是在揭发《伪政论家胡兰成》时被捎带；二是单列一章《“红帮裁缝”张爱玲：“贵族血液”也加检验》，这章除了重复当时揭发“文奸”时常用的可以想见的语词外，也简略回顾了张爱玲的文学创作历程。恰恰是这一回顾，无意中披露了一个重大“内幕”：

（张爱玲自香港返沪后）想进圣约翰求学，前去报考插班，但国文卷子落到了屈伯刚（屈弹山）手里，认为她的文章不合格，只能读大学一年级，张爱玲颇为生气，索性不读了！

此后，她由黄园主人黄岳渊（与她有亲戚关系）介绍，将小说送给周瘦鹃编的《紫罗兰》发表竟受人注意，《万象》与《杂志》都向她拉稿了！

《杂志》上登了她的文章，引起了袁殊的注意，就下令小喽啰们大捧张爱玲，从此张爱玲就不清白了，汉奸刊物给她最高的稿费，商办的刊物都无法得到她的作品。

袁殊虽捧张爱玲，可是当时张爱玲还是十足的小姐派，不大出来，袁殊一心要见见她，可是没有机会，他手下的狗头军师们替他想了一个办法，举行“春游大会”邀了一群汉奸文人到苏州去玩，张爱玲也在被邀之列，结果别的人都到了，而张爱玲却推故不去。

但是，经不住种种的诱惑，张爱玲出来交际了，不时跟着苏青跑跑权宦之门，从此，她也像苏青一样，变成娼妓式的女文人了，小说也写不好了，架子也大了……

姑且不论张爱玲是否拒绝为“商办刊物”写稿，也姑且不论她是否跟着苏青“跑跑权宦之门”，关键在于袁殊这个神秘人物的出现。如果“司马文侦”的说法基本属实（最多只能是“基本属实”，添油加醋之处恐怕在所难免），那么张爱玲在《杂志》上发表小说和散文，在杂志社出版《传奇》初版本，就都与袁殊有关了。而且，不是一般的有关，都应该是袁殊拍板决定的。

左翼作家袁殊大力支持

袁殊何许样人？三十年代在上海主编《文艺新闻》的左翼作家，中共秘密党员。四十年代成为潜伏在汪伪政权内部的中共地下组织的主要成员之一，直接隶属潘汉年领导。他是一个传奇式的人物，是所谓的“多面间谍”，与国民党中统、军统和日本情报机关都有过密切关系。新中国成立以后，受潘汉年案牵连，直到“改革开放”才获平反。一九九二年八月，南京出版社出版的《袁殊文集》在介绍其风云诡谲的生平时，特别指出：

袁殊在党的授意下，“公开投敌”，串演反派角色，但还主持一张报纸——《新中国报》，和一个刊物——《杂志》。而且，这两个报刊虽同属汉奸性质，却为我地下党人掌握，在宣传上起到了真正汉奸报刊所起不到的作用。

事实上，当时的《杂志》是在中共地下党的掌控之中，主编吴江枫也是中共地下党员。如此看来，张爱玲在沦陷时期为《杂志》撰稿，（她也曾为《新中国报》副刊撰稿）并非什么大逆不道的事。当然，张爱玲本人对这一切毫不知情，她直到去世也不知道袁殊的真实身份。历史就是这般复杂，这般吊诡！

张爱玲在敌伪时期大红大紫，“盛名之累”自然难免。但她肯定不会预料问题会变得那么复杂，那么严重，她会背上“女汉奸”“女文奸”的恶名。张爱玲承受了很大的压力，被迫搁笔一年多。这对卖文为生的张爱玲来说，实在是件痛苦的事。坐吃山空啊，后来她在一九四七年九月与姑姑一起迁出居住多年的“爱丁顿公寓”，不能说与此没有关系。《描金凤》的流产绝不是一件愉快的事。再加上与胡兰成的婚恋，即便这位风流才子不化名逃亡，也已经亮起了红灯。二十五六岁的张爱玲是如何度过这段低迷期的，没有留下一丁半点的文字记载，外人实在难以想象。

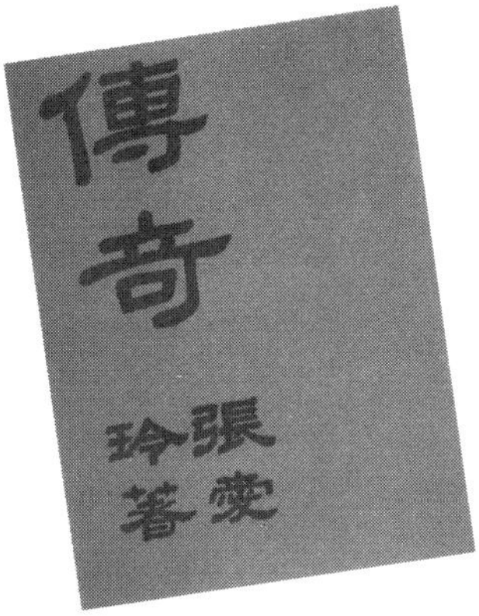

1944年8月上海杂志社《传奇》初版本封面

1944年9月上海杂志社《传奇》再版本封面

1946年由上海山河图书公司印行的《传奇·增订本》封面

幸好还有欣赏她的文坛友人，以宽容和同情的态度伸出援手。当张爱玲反复权衡，最后决定打破一年多的沉默，重印《传奇》并加以增订，以纠正“社会上一个错误的印象”，正是另一位超级“张迷”龚之方慷然相助，以“山河图书公司”的名义为之刊行。龚之方还特意与“山河”的另一发起人、电影导演桑弧一起拜访上海金石书法名家邓粪翁（散木），请其为这本新集子书写了厚实夺目的楷书书名：《张爱玲：传奇·增订本》。柯灵也在他主编的一九四六年十月一日上海《文汇报·文化街》上发表《张爱玲与〈传奇〉》予以推荐。

《传奇·增订本》不仅成为《传奇》的定本，它的问世也给了张爱玲一个合适的机会为自己申辩。《有几句话同读者说》强调“我所写的文章从来没有涉及政治，也没有拿过任何津贴”，这无疑是张爱玲为人处世的一条底线。她同时委婉而又强硬的声明她与胡兰成的恋情纯属私生活，“也还涉及不到我是否有汉奸嫌疑的问题，何况私人的事本来用不着向大众剖白，除了对自己家的家长之外仿佛我没有解释的义务”。张爱玲曾公开表示，不愿搭理别人的批评，但这一次事关重大，她不能不做出正面回应，如骨鲠在喉，不吐不快。

刚刚成立的文华影业公司为张爱玲创造了另一个大好机会。据不久前才公开的“文华”厂长陆洁的《日记摘记》记载，一九四六年十二月下旬，他与李培林（桑弧）商定，请张爱玲为女明星陈燕燕量身度衣，赶写一部悲剧电影剧本。龚之方也曾回忆，当时是他和桑弧拿了柯灵的介绍信专程拜访张爱玲，把这事谈妥的。尽管张爱玲已没心思把《描金凤》再写下去，但很愿意在电影剧本创作方面进行新尝试。不到半个月，一九四七年一月十二日，剧本初稿就杀青了，这就是张爱玲的电影处女作《不了情》。以后的事情我们都已熟悉了，《不了情》之后又有《太太万岁》，张爱玲与桑弧两度成功的合作，诞生了四十年代后期上海影坛的两部名片。

与此同时，张爱玲为重返文坛继续做出努力。一九四七年四月一日，又是龚之方，他所创办的《大家》杂志创刊号推出张爱玲的小说《华丽缘》，编者唐云旌（唐大郎）在《编后》中写下了这样一段话：

> 张爱玲小姐除掉出版了《传奇·增订本》和最近为文华影片公司编写了《不了情》剧本，这二三年中不曾在任何杂志上发表过作品，《华丽缘》是胜利以后张小姐的“试笔”，值得珍视。

观众并不鄙弃张爱玲

不妨作这样的推断，电影《不了情》一九四七年四月上旬在上海的公映标志着张爱玲正式登上中国影坛，那么《华丽缘》在同月发表，也可视为张爱玲开始重返中国文坛。紧接着五月一日出版的《大家》第二期发表根据《不了情》改编的小说《多少恨》（在张爱玲创作史上把电影改编成小说，而不是依照惯例把小说改编成电影，这是唯一的一次），发表时标题还特别注明“《多少恨》（即《不了情》）”。六月二十日，《大家》第三期续刊《多少恨》时，唐云旌在《编后》中再次指出：

丁聪1947年特别为张爱玲《不了情》作的插图

本期将张爱玲小姐所作《多少恨》小说刊完，占十九面篇幅之多，这是应多数读者的要求，我们特地烦恳张小姐赶写的。

可见当时上海广大读者并没有因为张爱玲曾被指责为“女汉奸”“女文奸”而鄙弃她，拒绝她，相反仍然爱看她的电影，爱读她的小说。

可惜的是，《大家》出版了第三期以后，无以为继，使得张爱玲的另一部迟至去年才“出土”的中篇小说《郁金香》不得不改交给当时上海一份并不起眼的小报《小日报》，在一九四七年五月十六日至二十一日连载。一年半之后，《郁金香》又由上海《海光》文艺周刊复刊第一至第二期重刊，但因《海光》夭折而未能重刊完。

或者可以这样说，从一九四七年上半年张爱玲的电影和小说创作成绩观之，张爱玲又进入了创作的亢奋状态，差不多已可与三年前撰写《倾城之恋》和《金锁记》时期相比拟了。要不是电影《太太万岁》后来遭到严厉批评，张、胡又恰在此时正式分手，以致张爱玲再度意兴阑珊，张爱玲很可能会写出更精彩的作品来。

从现有资料看，此后的一九四八年至一九四九年间，张爱玲是真正进入了沉寂期，创作史上一片空白。但有论者从《郁金香》的发现得出乐观的推测，张爱玲从一九四七年五月发表《郁金香》到一九五〇年三月发表长篇小说《十八春》，中间近三年的写作空白期，“会不会像《郁金香》，那些没被发现的作品也隐藏在小报里？甚至以我们不知道的笔名发表？”（《张爱玲的故事没有完》，郑树森、苏伟贞作，载二〇〇六年八月号《香港文学》）然而我要说的是，即使这一时段张爱玲真的没有留下别的作品，张爱玲的故事仍然没有完！

（《明报月刊》2006 年第 12 期）

张爱玲的绣荷包与韩南教授结缘

张凤　文

二〇〇五年十月二十八日至二十九日，任教哈佛的王德威教授，到哥伦比亚大学召开“夏济安夏志清夏氏昆仲与中国文学研讨会”。我因出席此研讨会并参加演讲，故写了《夏济安夏志清夏氏昆仲与张爱玲》及《张爱玲的几位青衫至交》两篇文章。书写期间，中国古典小说研究专家、曾任哈佛东亚系系主任的韩南（Prof. Patrick D. Hanan）教授委托我一个崭新的使命：为张爱玲送给他夫妇俩的绣荷包和书，找个合宜的收藏地方。韩南夫妇更回顾了他们与张爱玲这段过从。

韩南教授想起他与张爱玲在哈佛不期而遇：“真是开心惊喜的遇合。那是我来哈佛的第一年，一九六八年深秋，是几月嘛？记不得了……”

蔼然可亲又总带点羞怯表情的韩南说他与张爱玲相遇，也可能是在一九六九年的初春，就在哈佛燕京图书馆底楼。他说他们在古典小说的书架旁邂逅，并且谈了好半天：“她想看看我的研究，很喜欢我的《金瓶梅探源》……”

他们也谈到张爱玲正在翻译的《海上花列传》，当时张爱玲就说：“真是好！像《红楼梦》一样好！”

其后韩南邀约张爱玲为《哈佛亚洲研究学报》（*Harvard Journal of Asiatic Studies*）写文章，结果她竟写成一本文学评论集子——《红楼梦魇》。

“她后来几次找我写介绍信，大概是应征柏克莱加大……”韩南依稀忆起，他与夏志清教授等推荐并联系经年，终于帮了她一把。一九六九年春，素来幽居的张爱玲，出乎意料地邀请韩南夫妇，到她位于剑桥布拉图街 83 号 43 座（据《张爱玲与哈佛》的挖掘），她的公寓吃饭。“究竟吃了什么或根本没有吃，想不起来了。”韩南说。但他太太对我说是确实吃了饭的。

那次会面，张爱玲把签了名和订正过的，于一九六七年由英伦卡赛尔公司（Cassell）出版的英文版《怨女》，即《北地胭脂》（*THE ROUGE OF THE NORTH*）送给韩南，又赠给韩南太太一个腰间垂挂或手携的绣花荷包，那是李鸿章女儿——她祖母的家传之物。这稍大于女子手掌的绣荷包，横长不足五英寸，高有三英寸，百折式一英寸的黑缎袋口共有十四折，口子上有一边松脱出的缝合白线。袋子的袋口以葱绿丝线——长长的二十六英寸的绿线往两边系去，两尾端还拿金丝线打了双层的如意结，两个结之下，就是紫色和绿色两个流苏，左右二色四个。最难得是袋的主体：双面都是金丝线底，一面绣上繁复多彩的花鸟、红花绿叶，一面绣一只公鸡，红冠金羽夹杂褐、蓝和白色的毛羽，踏着花青草地。

张爱玲送给韩南夫妇的绣荷包，是她的祖母——李鸿章女儿的家传之物；荷包的两面均绣有精美图案。

回忆旧事，韩南说那个春天他们夫妇都好忙，等到他们打算回请张爱玲时，她已经离开。已退休的韩南教授数度约我在图书馆会面，并谦言：要不是你，我办不成这事。

韩南把绣荷包，以及那本《北地胭脂》和后来又赠送他们的《红楼梦魇》（一九七七年出版），带来图书馆托付给我。我踌躇未决，该安放何处之时，咨询过独步收藏了许多手稿的哈佛燕京图书馆郑炯文馆长和柏克莱加大东亚图书馆周欣平馆长、中国台北图书馆，还有王德威教授与张错教授等；几番思量过后终于决定了存藏之处：书，由多收纸本手稿书画的哈佛燕京图书馆珍藏；绣荷包，亦由我送进柏克莱加大，东亚图书馆收藏。柏

张凤（左二）受韩南教授（右二）所托，为张爱玲所赠送的绣荷包和书寻找永久的藏身之所。在王德威教授（右二）和夏志清等人的促成下，张爱玲的《海上花列传》终于在2007年出版。

克莱加大正兴建田长霖图书馆（亦称田长霖东亚研究中心），耗资五千两百万美元。周欣平馆长说这馆将专辟一处陈列张氏等物件。

早就景仰的夏志清教授，于二十世纪八十年代后期得识，时能亲炙请益，荣幸常蒙他口述或书信示下许多不传之秘。特别是在一九九五年秋指点我深度挖掘，我由哈佛图书馆寻获的八行文字中考据写成了《张爱玲与哈佛》《张爱玲在不在——寻找张爱玲在哈佛寓所》两篇文章（一九九六年四月十五日首刊《联合报》《中央日报》）。文中我除了挑明《海上花列传》未曾交卷哈佛外，更多处追问其下落，又把张爱玲的手迹，以及哈佛故居地址率先公之于世；这些资料已为哈佛瑞克利夫学院邀去归档。一九九六年四月之后，夏先生再寄张爱玲履历表予我参考；仲夏，又亲传由他作序司马新著《张爱玲与赖雅》予我观摩。

二〇〇五年，张爱玲《海上花列传》英译稿终于由哥伦比亚大学出版，走向了世界舞台。早在一九九七年发现的张爱玲《海上花列传》英译稿，终在张错诚邀宋淇夫妇捐藏，并亲托在港亲人取稿交南加大图书馆的浦丽琳女士整理，香港中文大学孔慧怡修订润稿，以及在夏志清（夏老伉俪为出版此书，曾请客吃饭）和王德威二位教授的关怀与促成下玉成出版。

张爱玲逝世已十一年，她的一事一物仍能触动读者学者。如今她的绣荷包，永藏于她最后一个正式工作的地点，让大众可借之缅怀这传奇女子一生的点滴。

二〇〇六年四月（写于哈佛）

（《明报月刊》2006 年第 10 期）

上海张爱玲故居的忧喜

陈子善　文

编者按：今年九月为张爱玲逝世十周年，各项纪念活动陆续举行。上海张爱玲故居常德公寓，今年四月举行了挂牌仪式。本文作者欣喜之余，却发现纪念牌上所刻文字充斥资料性错误，实在令人担忧。

张爱玲“重返上海”

不久前，上海报载常德路一九五号常德公寓张爱玲故居已经挂牌，这是一个姗姗来迟的消息，但毕竟还是令人高兴的。由于忙，日前才顶着烈日前去“验证”拍照，以存我一直在搜集充实的“张爱玲资料库”。

常德公寓是张爱玲一九四二年夏至一九四七年九月的居住之地，《传奇》和《流言》中大部分作品都是在这里创作的，因此可以毫不夸张地说，这里是中国现代文学的一个“福地”，意义非同寻常。来到我早已熟悉的公寓大门前，开始竟找不到那块纪念牌。大门右侧墙上确实树有一块牌，却是上海市人民政府一九九四年二月十五日所立的上海“优秀历史建筑”纪念牌，上面镌刻着“原爱林登公寓。钢筋混凝土结构。一九三六年竣工。装饰艺术派风格”等字，显然与张爱玲无关。不过，幸好这位处上海黄金地段的爱林登公寓（即今天的常德公寓）被列为“优秀历史建筑”，否则张爱玲故居可能早就被拆卸，建成令我生厌的摩天高楼了。

张爱玲故居的纪念牌悬挂在常德公寓大门门檐正上方，位于“常德公寓”四个金字之下，如不走近仰首，是根本注意不到的。张爱玲曾在这幢楼的601室生活了五年左右。

找了半天没找到纪念牌踪影，不禁有点怀疑起报上的报道来。无意中抬头一看，纪念牌赫然在矣。原来这块纪念牌悬挂在常德公寓大门门檐正上方，位于“常德公寓”四个金字之下，如不走近仰首，是根本注意不到的。纪念牌上端镌刻着青年张爱玲的头像，黄色的纪念牌主体上镌刻着中、英文牌文，中文牌文照录如下：

张爱玲故居

（常德路 195 号）

张爱玲（1921—1995），女作家，写作风格，朴素秀逸，1952 年，赴美国定居，1994 年，由皇冠出版社出齐《张爱玲全集》15 册，并获得台湾《中国时报》的“特别成就奖”。

上海市静安区人民政府立

2005 年

“张爱玲故居（常德路 195 号）”是红字镌刻，显得大方庄重。然而，这段牌文却实在不敢恭维，短短数十字之内竟有三处史实错讹。

纪念牌牌文三大错处

且不说牌文中标点符号（主要是逗号）的使用是否得当，也不说张爱玲创作的风格是否可用“朴素秀逸”四个字来概括，牌文中竟把张爱玲的生年搞错了。张爱玲生年应为一九二〇年而不是一九二一年，她一九三九年八月在香港大学注册入学时，所填写的出生日期是一九二〇年九月十九日。她二十世纪六十年代初在美国亲笔所撰履历表（原件存夏志清先生处）中所写的出生日期是一九二〇年九月三十日，她一九七五年为美国纽约威尔逊公司出版的《世界作家简介（一九五〇至一九七〇年）》一书撰写英文自白时所写的出生日期也是一九二〇年九月三十日。她的美国身份证上所填写的出生日期仍是一九二〇年九月三十日。张爱玲一九九四年十一月二十五日致中国台湾《中国时报》副刊编者信中明确表示："以前贵报寄来的履历表，我填'一九二〇年生'，迄误作'一九二一'。"因此，张爱玲生于一九二〇年早已在张爱玲研究界形成共识。

牌文中说张爱玲"1952年，赴美国定居"，也是大错特错。张爱玲一九五二年夏离开上海去的是香港，而不是美国。同年八月她入香港大学复学，但未继续就读，期间又曾短暂地去过日本。直至三年以后，也即一九五五年秋，她才离开中国香港赴美国谋求新的发展。张爱玲到达美国的日期是一九五五年十月二十二日，怎么能说她一九五二年就"赴美国定居"了呢？

牌文中说"1994年由皇冠出版社出齐《张爱玲全集》15册"，又错了。中国台湾皇冠出版社自一九九一年起陆续出版《张爱玲全集》，至一九九四年出版张爱玲的最后一部著作《对照记》，共出十四种十六册，十五册和十六册，虽仅一册之差，却是断断不能弄错的。顺便提一句，二〇〇四年新出土的《同学少年都不贱》被列为《张爱玲全集》第十七册。至于皇冠二〇〇一年四月出版的皇皇十四卷《张爱玲典藏全集》，则是在《张爱玲全集》基础上重编的。

重绘上海文学地图非易事

常德路张爱玲故居现在已是上海标志性的文化景点之一，就在我拍照之际，就有一位来自中国台湾的长者也用摄录机在拍摄故居全貌包括纪念牌，我们两人还互相颔首微笑致意，一切均在不言中。

固然，张爱玲故居立牌纪念，是对张爱玲文学地位的一种承认，从某

常德公寓

种意义上讲，可以理解为张爱玲在逝世十周年纪念来临之际“重返上海”［张爱玲二十世纪六十年代初访问中国台湾后写了《重返边疆》（*A Return to the Fromier*］一文，此处借用），也是为重绘上海文学地图画上浓重的一笔，显示了“海纳百川”的开放胸襟，无疑值得称道，令人欣喜。但这些牌文竟如此草率，如此出错，又不能不令人吃惊，不能不令人遗憾，不能不令人担忧。

文化名人故居纪念牌的牌文内容是至关重要的，应该简明、规范、准确，应该经得起时间的考验。看来重绘上海文学地图并非易事，要细致，要慎重，要多多征求专家的意见，以免好心做错事。

（《明报月刊》2005年第9期）

胡兰成
——张爱玲的第一任丈夫

方舲　文

胡兰成于一九〇六年出生于浙江嵊县。他从私塾先生习得深厚国学根基，正式学堂方面只去过燕京大学旁听，曾任汪精卫和平运动时期《中华日报》总主笔、伪南京政府法制局局长。一九四四年赴武汉办《大楚报》。抗战胜利后，重庆政府还都肃奸，胡氏隐姓埋名在浙江温州中学任教。一九四六年赴中国香港，一年后再出亡日本著书讲学。

一九七四年胡氏赴中国台湾出任文化大学（时称“中国文化学院”）“华冈终身教授”。是年五月与七月《山河岁月》及《今生今世》分别在中国台北出版，轰动一时，但不久中国台湾文化界由余光中针对胡氏人品责其为文无视抗战艰苦、颠倒是非为汉奸开脱，群起对他抨击。胡氏之书遭查禁，人也遭解聘，而于一九七六年悄然返回日本。一九八一年去世。

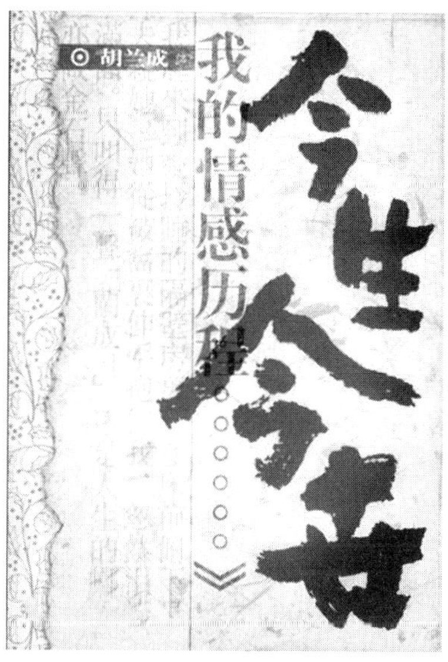

胡兰成著作《今生今世》

胡氏中文著作除以上二书外，尚有《战难，和亦不易》《文明的传统》《山河岁月》《今生今世》《革命要诗与学问》《禅是一枝花》《中国礼乐》《中国文学史话》《今日何日兮》等。日文著作有《自然学》《建国新书》《心经随喜》《道义与禅机》《寄日本人书》《天与人之际》等。

相对于张爱玲之绝口不提自身感情事，胡兰成对自己一件接一件、甚至同时好几件的风流韵事则不厌其烦加以叙述与解释，其中尤以与张爱玲聚少离多的三年夫妻缘分着墨最多，《今生今世》一书中之“民国女子”即详述与张爱玲的缘起缘灭。书中述及其他女子时，亦多与爱玲相较，颇以张氏之文采艳容为荣。他并称爱玲为“民国世界的临水照花人”，传诵一时。

（《明报月刊》1995 年第 10 期）

附录

绝代尤物胡兰成

刘绍铭

张爱玲说得也对，成名要趁早。如果少年不得志，那么中年老年再出风头也不迟。要紧的是，你总得弄出个名堂来。出了名，人家就对你有兴趣，因为你一举一动，都有“八卦”的效应。泛泛之辈如祥林嫂，是不会有狗仔队跟踪的，因为除了鲁迅，再没有几个人注意到她的生平。祥林嫂没有绯闻，只有不幸的身世。新老公看来是个大好青年，可惜一早就撒手西去，没时间留给祥林嫂一些温暖的回忆。儿子生下来，白白胖胖的，谁料妈妈一不留神，宝贝就成了恶狼的盘中餐。

祥林嫂欠的，就是自知之明。她不知道，像她这样一个平凡女子的遭遇，再辛酸也没有什么卖点。难怪后来柳妈听她一开口说“我真傻”，还未等她讲完“真的”就不耐烦地看着她的脸，鄙夷地说：“祥林嫂，你又来了。”斤两不足的男女向人家诉苦，是自取其辱。

祥林嫂如果是社会名流，当作别论。大人物的趣闻、逸闻或丑史之引人入胜，无非是这些人物，即使长相平庸，一定有什么三头六臂之处。名流跟祥林嫂当然不同，他们的喜怒哀乐，属于“隐私”，绝对不会公开。他们做了傻事，也不会告诉你，“我真傻，真的”。出名的作家，我们不称他们为“名流”，但好事者对他们的私隐，却以名流看待。除了“搜秘”他们的私生活外，还可“索隐”他们的书来写。

张爱玲在二十世纪七八十年代是中国台湾文艺界红人。她虽然偶尔跟好友透露一两句有关自己的日常生活状况，但什么时候起床，吃什么零食，用什么牙膏这些“私隐”，“关你屁事”，相信没有公开。她大概想不到的是，有关她的鸡毛蒜皮事体，一样有粉丝市场。于是有好事者搬到她洛杉矶公寓的隔壁，每天等着她出来倒垃圾。

我们在《对照记》中看到的相片，除了张爱玲的家人外，还有她的好友炎樱，只差没有胡兰成。如果我们以“新批评”的角度去评论她的作品，她小说中的角色原型人物是谁，根本无关紧要。《金锁记》中的曹七巧，是不是作者家族中一个丧心病狂成员的侧影，完全跟这个人物是否写得出色的逻辑无关。周作人在《狂人是谁》一文说“狂人”的原型原来是鲁迅自己的表兄弟。其实读者即使被蒙在鼓里，也无损这篇寓言小说的震撼力。

“新批评”的论据，全依靠文本。《小团圆》出版后，因为里面足堪“对照”的人物比比皆是，大家忙着索隐，看来必会影响文本细读的传统。胡兰成在《色·戒》呼之欲出。在《小团圆》里居然光天化日下赤条条地站了出来。他这么坏，娘儿们还一个挨着一个上前献身。此人真是“绝代尤物”。作为roman à clef（纪实小说）看，《小团圆》可以消闲，但以小说论小说，这应该不是祖师奶奶引以为傲的作品。希望“张学”不会因《小团圆》的出现而流变为an exercise in trivialization（平庸化）。

（《明报月刊》2009年第5期）

评 说

张爱玲《小团圆》毁誉参半

应凤凰　文

《小团圆》印证了张爱玲作品的文学属性：她是头号鸳鸯蝴蝶派作家。

张爱玲活着的时候，一生遭过已是一部“传奇”，不想人去世之后“张爱玲未完”，“续集”依旧高潮迭起，各家议论纷纷。小说家笔下曾创作无数精彩故事，现在自己变成故事主人翁——真实人生，比虚构小说还要“传奇”。

《小團圓》

作者：張愛玲
出版社：皇冠出版社
出版时间：2009-2-26
页数：328
定价：港币 78 元
装帧：平装
丛书：港版张爱玲全集

《小团圆》

作者：张爱玲
出版社：北京十月文艺出版社
出版时间：2009-4
页数：283
定价：28.00 元
装帧：精装
丛书：张爱玲全集

《小团圆》

作者：张爱玲
出版社：北京十月文艺出版社
出版时间：2009-4
页数：283
定价：28.00 元
装帧：精装
丛书：张爱玲全集

张爱玲一九九五年九月八日在美国去世，享年七十五岁。精确的逝世时间不明，她尸体被发现于洛杉矶市的住所床上，独居的她推测已经死亡数日。房间里留下的手稿遗物等给整理成四十大箱，送到她生前好友宋淇先生夫妇手上。张爱玲在一九九二年二月已立下遗嘱，交代“弃世后，所有财产将赠予宋淇先生夫妇”。遗嘱中包括她一部从未发表的长篇小说，白纸黑字明白写着：“《小团圆》小说要销毁！”

但善于经营的皇冠出版社，于今年二月二十四日该社成立五十五周年，向媒体宣布出版这部“自传小说”的消息。广告词大肆宣传：“繁体中文版全球抢先曝光。”“无数读者千呼万唤，张爱玲最后、也最神秘的小说遗作终于揭开面纱！”由出版者主导与出土，张爱玲去世十四年后，新一波热门话题再度拉开序幕。

《小团圆》执笔于一九七五年前后。十八万字长篇小说，“写得非常快”。张爱玲给宋淇的信里还说：“我一直认为最好的材料是你最深知的材料。”隔年手稿完成寄到宋淇手中，好友爱护张爱玲，力劝她切勿匆忙出版，应该“暂时搁一搁”。原因有很多，包括前面几章太乱，“有点像点名簿”；

"男主角是一个汉奸"，怕读者对号入座等。宋淇更直接指出：这是一本，自传体小说，"不要说我们，只要对你的作品较熟悉或生平略有所闻的人都会看出来"。

出现两面极端评语

中国台湾新闻媒体一向反应迅速，书一推出，形成两极反应。最先表态也较激烈的，是台湾大学外文系张小虹教授。她在报上公开为不能发言的女作家抱不平。"将心比心"，她认为依张爱玲的性格，必不愿意"以修改中的'未完成'稿出版"。皇冠在法律程序上虽属"合法"，但在情感道义上是"非法盗版"，是"未经授权擅自印行"。她进一步声明，作为张的忠实读者："愤怒之余，也只能以拒买、拒读、拒评《小团圆》，聊表对张爱玲写作生涯最基本的敬意。"

年轻小说家提出不同意见。四十出头的骆以军说："对一本好小说几经波折没烧掉拿到我们手中，做一个小读者，我充满感激。"另一位女作家周芬伶，也是《孔雀蓝调：张爱玲评传》的作者。她初读印象是，"……怎么写得这样不堪，文笔也不觉得好，惊吓度百分之百"。她认为读者可以不买，但一定要读。类似观感，小说家袁琼琼说得更具体。她对《小团圆》一次做出两面又两极的评论："一是写得极糟，另一是好看得惊人。"结论是，此书就张爱玲的文学地位来看，实在不能替她加分。从"自传"的角度，此书则"坦率得吓人"，认为：书里呈现的张爱玲，是史料或她笔下"完全不曾披露过呈现过的"。

风流忏悔录

既然众说纷纭，忍不住违背了教授号召，也去买一本来读。果如前述，是一部女作家的"风流忏悔录"。第一女主角"盛九莉"即张爱玲化身，书里与她母亲、姑姑三分天下，都是重要角色。个人的阅读经验是，前半部情节文字，相对而言啰嗦、杂乱而又烦琐，与作者过去文字的细腻精致，意象的多彩繁富大异其趣。作者若非匆匆写就，不致如此难以下咽。一直要读到九莉与邵之雍（胡兰成）的恋情，才豁然开朗，感受字里行间“张爱玲来了”的畅快。

读完之后忍不住要说，这实在是一本市场导向的书，必进畅销排行榜的书。

对一般读者而言，私密的知名女作家自传，正好满足“偷窥心理”或偷窥狂心态。《小团圆》解开的谜团包括：张曾在美国堕胎，曾与合作拍《不了情》的导演桑弧谈过恋爱，胡兰成也曾和张的好友苏青上过床。此书某些段落，文字“咸湿”的程度也是过去没有的。描写男主角做爱时将头发拂在女主角大腿上，所用比喻是，她感觉如“什么野兽的头”，用字生猛传神：

兽在幽暗的岩洞里的一线黄泉就饮，汩汩的用舌头卷起来。她是洞口倒挂着的蝙蝠……无助，无告的，有只动物在小口小口地啜着她的核心。（页二四〇）

呈现之露骨，比李安电影《色·戒》里三段床戏犹有过之。写黄种男人做爱姿势的荒唐可笑，是“一只黄泥坛子有节奏的撞击”，张爱玲的文字功力真无人能及。

由她本人亲自揭开爱情故事的内幕，对于“张爱玲传记”的完整，当然很有帮助。胡兰成一九七六年七月在中国台北远景再版《今生今世》之《民国女子》一章的《张爱玲记》，是好些“张爱玲传”写张胡恋的依据。显然张爱玲对“对手”的描写并不满意，干脆自己动手，《小团圆》一出，市面上一卡车“张爱玲传”的臆测之词都成废纸。

从另一个角度看，这书是否有害于张爱玲的“文学史地位”？当年夏志清教授曾是“经典化张爱玲”的功臣，将其写入《中国现代小说史》，与鲁迅、巴金等列于等高地位。我倒以为任何作家的“文学史地位”并非一成不变，《小团圆》出土的功劳之一，不是加分也不是减分，而是让张爱玲回复到大众小说家的历史位置。张爱玲自从上海出道，投稿的刊物便是《紫罗兰》《万象》等大众刊物，从写《茉莉香片》《倾城之恋》一路到《小团圆》，从头到尾都印证了张爱玲作品的文学属性：她是头号鸳鸯蝴蝶派作家，理应坐上第一号大众文学家最高宝座。

（《明报月刊》2009 年第 4 期）

戒爱不戒色
——张爱玲与她笔下人物

李渝　文

在现实爱情中，张爱玲因动了真情而败北；在《色·戒》中，女主角因动了真情而被枪毙。然而在叙述艺术里，又狠又冷的小说家这一回难得心软，暴露了真心，虽然只有一刹那，毕竟能触动美德，使她的艺术在颓言靡情中颤烁出异样的精神。

不灭的“狐身”胡兰成

一九五九年，曾主持武汉《大楚报》，后来担任汪精卫政权文宣工作、晚年住在日本的胡兰成写成回忆录《今生今世》。他在回忆录中曾指《今生今世》之名由张爱玲所起。《今生今世》是一本奇书，胡兰成的文字迷人，不但行文洁净艳逸，而且思路敏捷机灵，从文明大事到日常琐细的各种题目，每每是别人长篇大论都还说不清的，他只消用几个禅言偈语式的句子，就能说得比谁都透彻。

既是自己的回忆录，举荐不避嫌，胡兰成运用记忆的筛拣、调整、重组的功能，把世人指为“汉奸文人”“负心汉子”的自己，写成了一个善良又超脱的好人，一个不能再痴心、再可爱的多情男子，属于他和他这边的，往往“天意当然”“自然简静”“安稳深邃”“洁白生辉”“心思真”，属于对手或敌人的，则多是“浮气狠气戾气霸气”“不干净，不聪明”“不能平帖”。然而“我的人”固然“都是好的”，都在“日月山川”中，要是读得仔细一点，倒也不难发觉文字里边也常夹有不少闲言杂语，例如对报社的同事们冷嘲热讽，例如在与张爱玲关系冷淡以后放暗箭中伤她，例如讽毁对他恩惠极重的斯家弟兄们等。至于跟众女子们的多边关系，他则这么诠释：“我已有爱玲，却又有小周，又有秀美，是应该还是不应该，我只能不求甚解，甚至不去多想，总之它是这样的，不可以解说，这就是理了。”胡氏以生花妙笔把所有负面都撇除掉，把欺诈、背叛都写成恩宠，把伤心写成快乐，把一个个撕扯着的关系写成“男女贞良，清洁无邪”，把晦暗——例如把吴四宝之为汪政权特务和吴与妻子佘爱珍二人之为上海黑道首领写成亮堂堂的美事，把极其混乱残酷的历史写成桃花源般的“仙境”。这样的美化自己、宽容自己，洋洋叙述成章，直叫读者觉得像是在看一本童话书一样。

胡兰成晚年定居日本的留影

在文字操控上如此具有转化和实在的能力，胡兰成不得不使人想起了《聊斋》中的狐精，聪颖又妩媚动人，能成仙成人，能成野兽能成美人。胡兰成这种能力在文字和情爱上同时运用潇洒，感受最深的自然是最敏感的张爱玲。

一对“荡子”蚀骨的爱

胡兰成遇到张爱玲，总算是寻到了旗鼓相当的同伴或同类。一场恋爱谈下来，如同两个颓靡的富家子，如胡氏在回忆录《今生今世》结尾处所称的“荡子”：踧扈、挥霍又销魂。在情缘和智力两方面，二人禀赋之高，其实都具有使自己跃升为贾宝玉、林黛玉式人物的机缘的。不料销魂之后，

“思路萎靡”的张爱玲

胡兰成以不灭的“狐身”继续转化、去了下一站，于张爱玲则近于掏空，在情感和才气两方面，像她自己说的，都“萎谢了”。

当时媒体形容张爱玲“体质虚弱，精神萎靡”，其实她思路也颇萎靡的。在和苏青两人的“关于妇女、家庭、婚姻诸问题”的对谈中，她谈女人崇拜男人的快乐，女人早嫁的好处；在和炎樱的“双声”对话中，谈到男子发生婚外关系时，说女子“忍忍就好了”。一个文才如此出众的女作家，对女性议题竟有这样的看法，真叫人看了叹气。张爱玲是七八岁时就读中外名著、九岁就学钢琴的，其实民国女子前去学校或钢琴座位的路并不容易，是由无数的血泪走出来的。如果愿意想到这类的事，张爱玲的生活是否会多一些精神，她的艺术是否会多一些光呢？

“心狠手辣”的小说家

知张爱玲最深者莫如胡兰成，能指出她善于描写“民国世界小奸小坏的市民”，评她人物写得“幻美轻巧”，不能更透彻地看出了她的“天道无情”“心狠手辣”。后来的“张派”作家们能学到张爱玲的巧妙意相、缠绵文句，模仿出苍凉的姿势，但是总不能深刻，势必是在这由胡兰成看出的唯属于张爱玲的冷和狠上有缺失吧。

写起情欲故事来，张爱玲感觉细腻、丰满、复杂，表达力过人，例如《倾城之恋》里，写两个爱人热恋：“他们似乎是跌进到了镜子里面，另一个昏昏的世界里占了，凉的凉，烫的烫，野火花直烧上身。”这类句子常见在她作品中，再看依旧好，难有人写得过她。作为小说家，张爱玲的确是佼佼者。可是进一步再想把她推成伟大的作家、二十世纪中文小说第一人，却未必同观：假如张爱玲真是现代中文小说首席代表，如许多评论家所认为的，那么置放在世界文学之中，中文小说的水平似乎就有点“幻美轻巧”了？张爱玲的艺术是自恋性和沉溺性的，从不想超升。借用波特来尔的“恶之华”一词来解释，张爱玲擅写人事人情的坏，却不能像沈从文一样从丑里写出美，像鲁迅一样从暗里写出亮，或者像张爱玲自己极推崇的《红楼梦》一样，从颓废里写出璀璨、从恶里写出华来。她的华，华在大量来自于红楼文笔的华丽描述、华丽意象。这种华，是肉体的华，华在意猥情淫，是感官感觉的华，不是文学精神上的华璨、光华、升华。近日中文报章称张爱玲为“大河”“彼岸”“明灯”，这真是不看作品的媒体语言。如果张爱玲确是岸，那是频频出现在她作品里的鸦片烟榻“案”、麻将桌“案”；如果是灯，那是烟榻上和赌桌旁的昏灯、偷情男女床榻边的暗灯。对上瘾的、沉迷的人来说，那“案”、那灯自然都是不能再安稳美丽、明亮迷人的，然而它们是否就是二十世纪中国文学的岸和案，恐怕是得再考虑的。

张爱玲的代表作都出现在一九四四到一九四六年，短短两年，人、才两方面如同灿烂的彗星或烟花划过文学的天空。她后来的电影剧本和长篇作品虽然写得也达某种水平，却不见了少时的亮丽，以至于渐趋沉寂而停笔。

以女间谍郑苹如入小说

在汪伪政权时期，上海发生郑苹如间谍案，当时经报刊渲染，引起一些骚动。这件事在朱子家写的《汪政权的开场与收场》中有一段比较完整的记述，现节录于下：

郑苹如是江苏高等法院首席检察官郑钺的女儿，母亲是日本人，长得美丽动人，住在法租界，念上海法国学校。丁默村是汪政权“七十六号”特工组织首领，虽身患肺病，却有风流之名，当时正和京剧名伶童芷苓缱绻。郑苹如加入重庆领导的军统做间谍工作后，与丁氏发展出暧昧的关系。

一天，丁氏在朋友家吃饭，临时邀请郑苹如过来参加。饭后丁氏要去虹口，郑苹如也要去南京路，于是同车而行。路上得经过静安寺路。当车

郑苹如以"郑女士"身份成为1937年《良友》画报第一三〇期的封面女郎

驶近西伯利亚皮货店时，郑苹如突然想买件皮大衣，要丁氏下来帮她一同选择。丁氏以为不过是对方借机索求而已，不疑有它，就随着在路这边下了车。当他们穿越马路走向开有两扇门的店铺时，丁氏突然看见门口有两名大汉臂下挟着纸包，形迹十分可疑。一时意识有埋伏，丁氏保持镇定，仍旧走入店中。入店后却拔腿就跑，从另一扇门跑出来，急奔向对街的座车、门口大汉以为人进店里至少会小作逗留，不料有此突变，立刻抽枪轰击，但是已经太晚了。

丁氏回到住所后，清楚是郑苹如这边出了问题，可是见她如此周密从容，也就不动声色，如往常一般的约好了下次幽会。郑苹如为了表示坦然，依约而至，于是落入逮捕的圈套，后被枪毙。

据说当时丁默村怜惜情人，颇有释放的意思，可是几位汪政权官夫人平日对美艳的郑苹如早就看不顺眼，嫉恨丈夫们对她怀有沾染之意，在她们屡屡催促下，丁氏才不得不将郑苹如立即就法的。

《色·戒》难得暴露真情

一九七八年，张爱玲发表了短篇小说《色·戒》，显然以郑苹如案件为剧本。

小说里，男女主角王佳芝和易先生依旧在典型张爱玲式的情色关系里暧昧勾搭，真实故事里的选购貂皮大衣则变成虚构故事里的选购钻戒。可是在她最擅写的人物的"小奸小坏"上，这回小说家不浪费精力，让女主角王佳芝在阴谋算计间突然明白男子其实是真爱着她的……

只有现在，紧张得拉长到永恒的这一刹那间，这室内小阳台上一灯荧然，映衬着楼下门窗上一片白色的天花。……他不在看她，脸上的微笑有点悲哀。……陪欢场女子买东西，他是老手了，只一旁随侍，总使人不注意他。此刻的微笑也丝毫不带讽刺性，不过有点悲哀。他的侧影迎着台灯，目光下视，睫毛像米色的蛾翅，歇落在瘦瘦的面颊上，在她看来是一种温柔怜惜的神气。

这个人是真爱我的，她突然想，心下轰然一声，若有所失。

太晚了。

情节在这里突变，骤然进入一个几乎不属于张爱玲模式的境界——真实的爱和不惜为它而牺牲的决心：

店主把单据递给他，他往身上一揣。“快走，”她低声说。

他脸上一呆，但是立刻明白了，跳起来夺门而出，……楼梯既窄又黑魆魆的。她听见他连蹭带跑，三脚两步下去，梯级上不规则的咕咚嘁嚓声。

太晚了。她知道太晚了。

太晚了，杀戮的情节紧接而来，或者用张爱玲自己的话来说“更大的破坏就要接续而来”。然而小说家起用狭窄阴暗的空间、危机四伏的阴谋，让爱情凸现，把窄楼上选钻戒的一节写得紧张，寒冷又璀璨，充满张力，一时拉高叙述，使整篇小说闪出如钻石般的光芒。

在现实爱情中，张爱玲因动了真情而败北；在《色·戒》中，女主角因动了真情而被枪毙。然而在叙述艺术里，又狠又冷的小说家这一回难得心软，暴露了真心，虽然只有一刹那，毕竟能触动美德，让《色·戒》超过《金锁记》《倾城之恋》等早期代表作，不但为读者唤回才女的风华，而且使她的艺术在颓言靡情中颤烁出异样的精神。

张爱玲晚年为爬满公寓中的蚤子而苦，不论蚤子是真是幻，借用小说家在《天才梦》里的名喻："生活是一袭华美的袍，爬满了蚤子"，如今她的生命的一匹美丽袍子,终至于实在地爬满了蚤子,不由得令人感到怃然。然而能称为二十世纪最好的中文短篇小说之一，《色·戒》却为张爱玲的艺术画上完整的句点。

（《明报月刊》2004 年第 8 期）

张爱玲的天才特质和她的悲剧

刘再复 文

如果要在鲁迅、张爱玲、沈从文、李劼人、萧红这五个作家中选择一个最卓越的作家，我肯定会在鲁迅与张爱玲之间彷徨，然后把票投给鲁迅。这是因为，我认为，这两位文学天才，一个把天才贯彻到底，这是鲁迅：一个却未把天才贯彻到底，这是张爱玲。

今天我们能聚集一起热烈讨论中国现代小说史中的天才作家张爱玲，首先应当感谢写作《中国现代小说史》的夏志清先生。我一直认为历史充满偶然，如果不是有一个名叫“夏志清”的正直而有文学慧眼的文学批评家，就不会有今天这个岭南大学的学术盛会。

夏志清先生的启迪

从五十年代到七十年代，所有内地的现、当代文学史书、文学评论，都把张爱玲剔除在外，也就是说，在二十世纪下半叶的前三十年，张爱玲完全被历史活埋了。当时被历史活埋的作家除了张爱玲之外，还有胡适、周作人、沈从文、钱钟书等。夏志清先生的《中国现代小说史》最大的功劳是把被历史活埋的这些现代作家从权力的重压下和意识形态的尘土中开掘出来，让他们重见天光，并把他们推向现代文学史的崇高地位，从而打开了现代文学史研究崭新的一页。

夏志清先生以毫无保留的态度和毫无保留的评论语言，高度评价张爱玲，把张爱玲的文学成就充分展示出来，使中国与世界的眼睛看到一个真正的天才的张爱玲，这是中国现代文学研究史上的重要事件。这一事件启示我们，文学批评与文学史的写作不能赶潮流，不能只是给人们早已熟知的作家或早已充分评价的作家立传作注和进行“英雄排座次”，而应当像夏志清先生这样，用自己独具的文学慧眼，即独具的文学史识与鉴别眼睛，去开掘真正有价值的作家作品，尤其是被时代思想潮流所活埋所忽略的带有天才特点的作家作品，并充分地说明他们的成就与意义。面对那些已被充分评价的作家，也不能只是讴歌一通，而应当给予客观的独到的分析。我们对夏志清先生的敬意，不仅是他充分地开掘张爱玲、沈从文等作家，而且因为他为文学史研究提供了一种带着高度的文学良心与鉴赏才华的批评方式。

夏志清先生在对张爱玲所作的精彩阐释中有许多部分让我倾心，但有一点却要请教夏先生。夏先生在概述张爱玲的创作特色时强调她的强烈的历史意识，指出：“张爱玲是个彻底的悲观主义者，可是同时又是一个活泼的讽刺作家，记录近代中国都市生活的一个忠实而又宽厚的历史家。”除了艺术形象之外，夏先生对于张爱玲作品的精神内涵，强调的是历史意识即“都市历史家”的特点。

《红楼梦》的伟大成功就是因为它是一个无真无假、无边无际的文学大自在

而我认为，张爱玲的天才特点不是表现为“历史家”特点，而是表现为“哲学家”特点。也就是说，她有一种超越空间（都市）和超越时间（历史）

的哲学特点。为了说明这一观点，不妨借用一下王国维的评论语言。王国维把中国文学分为两大类型，一是《桃花扇》型；一是《红楼梦》型。他说："故《桃花扇》政治的也，国民的也，历史的也；《红楼梦》哲学的也，宇宙的也，文学的也"；张爱玲的特点是《红楼梦》的特点，即超越政治，超越国民、超越历史的哲学、宇宙、文学特点。只有《红楼梦》的特点。才是天才的特点。张爱玲承继《红楼梦》，不仅是承继《红楼梦》的笔触，更重要的是承继其在描写家庭、恋爱、婚姻背后的生存困境与人性困境，表达出连她自己也未必意识到的对人类命运的终极关怀，即超空间之界（上海）与时间之界（时代）的永恒关怀，张爱玲的代表作《金锁记》和《倾城之恋》等作品，表面上写的是上海的世俗生活，是家庭、恋爱、婚姻等枝枝节节，但是它却揭示了在这些生活表象之下那些深藏在人性底层的神秘的永恒的秘密。这就是关于人的欲望，关怀权力与金钱的欲望的秘密。欲望关联着政治，但不是政治；关联着伦理，但不是伦理；关联着历史，但不是历史。更具体地说，是关联着上海，但不是上海；关联着香港，但不是香港；关联着三四十年代，但不是三四十年代。这是左右人的命运最有活力、最客观又最难用逻辑语言说清楚的魔鬼，但它却可以被文学淋漓尽致地表现出来的魔鬼。张爱玲的天才正是最精彩地描写了这个魔鬼，这种欲望，从而表现出文学家特有的本领。

《金锁记》的女主角曹七巧，从世俗的社会批评去看，这是一个恶女人，一个可怕的女人，但是，这种伦理判断完全不能说明《金锁记》。事实上，七巧是个活女子，《金锁记》是一部活女子的变形记。"十年媳妇熬成婆，无婆不苛"，七巧当媳妇即没有权力的时候，内心饱受煎熬。她虽然嫁给大户人家，却是出身卖麻油的小户人家，为人妻后，丈夫又是个废物，

《金锁记》中的女主角——曹七巧

《金锁记》中的男主角——姜季泽

所有的人都知道她的底，瞧不起她。因此，她经受了多年的阶级压抑与性压抑，所有的欲望都深埋心底。而一旦熬成婆取得了统治权之后，她的欲望就爆发了。没有任何力量能制衡她。于是，她就宣泄，就放肆，就为所欲为。对那个以前私恋过而没有得手的男人（季泽），她现在把他当作网中之鱼来耍弄。她让他重新拜倒在自己面前，然而又把他推开。她知道能摆布这个男人的是权力与金钱，而不是她自己。

在潜意识中，她明白这个世界就是一部权力与金钱开动的机器。所谓金锁，就是权力与金钱的图腾。她是一个绝对的专制主义者，一个没有任何商量余地与妥协余地的绝对权威与女皇。她看穿一切，特别是看穿了金锁。世上最俗最脏的东西都在金锁里，但让人倾倒、让人狂热、让人迷失、让人变形的东西也在金锁里。七巧是男权社会规定的一个角色。她的欲望背后是一个庞大的男权社会。正如贾母具有中国垂帘政治的全部密码、阿Q具有中国国民劣根性的全部密码，七巧则包含着男权社会欲望、权力、金钱互动的全部密码。这一密码不仅属于中国，也属于整个人类社会。因此，与其说《金锁记》是中国男权社会的历史写照，不如说它是权力社会的一个哲学寓言。

说张爱玲不是一般的天才，而是一个残酷的天才，就在于她通过这个寓言，无情地揭示，这个人间世界是一张被权力与金钱所摆布的丑恶的网，而人不过是一些网中挣扎的鱼和野兽，即被文明所包装却被欲望所驱使的两脚动物，如果说，《狂人日记》揭示的是中国旧文化的吃人寓言，那么《金锁记》揭示的则是人在权力之网中食人与自食的寓言。如果说卡夫卡的《变形记》是人变为甲虫的寓言，那么，《金锁记》则是被权力与金钱变成欲望动物的寓言。

正像所有卓越的文学作品一样，《金锁记》具有多重暗示，它暗示着世界的本质与人的本质，暗示着世界的荒诞与人的荒诞，暗示着命运的不可知与情爱的不可靠，这里无所谓真假，无所谓善恶，无所谓因果，无所谓是非，正如《红楼梦》一样，《红楼梦》的伟大成功就是因为它是一个无真无假、无善无恶、无因无果、无边无际的文学大自在。《金锁记》天才的特征也在于此，完全打破真假、善恶、是非、因果等伦理边界与价值边界，而展示着人类永恒的困境。

张爱玲所画的《金锁记》人物插画

可惜，张爱玲并没有意识到自己天才的特点。她以为自己的成功在于表现凡人琐事，表现与“飞扬”对立的“和谐”（《金锁记》中魔鬼般的冲突，哪里谈得上和谐），以为“凡人比英雄更能代表这时代的总量”（《自己的文章》），其实这要看作家处于什么时代，是处于“诗歌时代”还是“散文时代”。按照黑格尔的说法，现代社会之前的古典时代可称为诗歌时代，这个时代的基本符号是英雄、理想、战争与革命，在这个时代里（如希腊时代），英雄当然比凡人更能代表时代的总量；而散文式的现代社会，则没有英雄、理想与革命。在这日常的生活状态中，凡人确实更能代表时代的总量。张爱玲不了解，她的成功关键并不在于写了凡人细节，而在于超越了政治、国家、历史而进入了宇宙、哲学的永恒之境，即超越《桃花扇》之境而进入《红楼梦》之境。

在文学史的写作中，尽管我不看重只会“英雄排座次”的写法，但不是说，文学评价中没有高低之分。然而，有些成就卓著的作家，由于他们各自带有不同的天才特点，又很难分出高低。例如，我们如果要在鲁迅、张爱玲、沈从文、李劼人、萧红这五个作家中选择一个最卓越的作家，那么，该把票投给谁呢？这就是一个难点。我赞成雨果“并列高峰”的提法，不要硬分高低，但如果一定要分，我肯定会在鲁迅与张爱玲之间彷徨，然后把票投给鲁迅。这是因为，我认为，这两位文学天才，一个把天才贯彻到底，这是鲁迅；一个却未把天才贯彻到底，这是张爱玲。而天才只有具备彻底性，才最具光辉。可惜，张爱玲在迅速把自己的创作推向高峰之后也迅速地抛弃自身的审美特点，演成一场悲剧，这场悲剧使张爱玲不仅是一个残酷的天才，而且是一个夭折的天才。

张爱玲的悲剧与文学评价的难点

二十世纪中国文学史上真正有绝望感的作家只有两个人，一是鲁迅，一是张爱玲。鲁迅虽然绝望，但他反抗绝望，因此，总的风格表现为感愤；而张爱玲感到绝望却陷入绝望，因此风格上表现为苍凉。鲁迅看透人生，但又直面人生，努力与人生肉搏，因此形成男性的悲壮，张爱玲看透人生，却没力量面对人生，结果往往逃避到世俗的细节里，从而形成特殊的女性语言。两者虽有区别，但都是描写中国生存状态与精神状态的高手。但鲁迅的精神内涵比张爱玲的精神内涵更为深广。

张爱玲的悲剧是从《小艾》（一九五〇年）与《十八春》（一九五一年）开始发生的。这两部小说写于中国新旧政权之交。与《金锁记》《倾城之恋》这两部一流的作品相比，《十八春》与《小艾》只能算二流作品，但是阅读这两部作品的前半部时仍然可以感到天才的光泽，尤其是《小艾》，它把中国社会底层妇女的悲惨命运写得淋漓尽致，然而，这两部作品的结构尤其是作品的归宿，却明显地迎合时势。因为并不违背生活的真相，因此很难说这种迎合违背作家的良心，但是，作为一个天才，却暴露出她的困境与俗气。（《小艾》对“蒋匪帮”的控诉简直是一篇极好的忆苦思甜的教材，但当时土改队没有发现。）经过一段大彷徨之后，她在一九五四年创作了《赤地之恋》，把自己的小说变成政治的号筒，从而演出天才的悲剧。

二十世纪中期，中国两位杰出的女作家，从完全相反的政治方向演出同样的悲剧，这就是丁玲与张爱玲。二“玲”的悲剧不是政治教训，而是典型的美学教训。丁玲原是“五四”后产生的很有才华的女作家，她的《莎菲女士日记》和《我在霞村的时候》都是杰作，然而，她最后却奉命写出《太阳照在桑干河上》，把小说变成土地改革政策的图解。张爱玲虽然和丁玲的政治立场相反，但其创作动机与创作方式却与丁玲完全相同，都是在政治指挥刀下进入创作，并把小说变成政治的工具。《太阳照在桑干河上》后来成为内地小说的基调，但丁玲的文学生涯也从此走向末路。而张爱玲的悲剧则是比丁玲的悲剧更深刻的悲剧。之所以更深刻，原因在于：丁玲本来就是紧跟时代潮流的弄潮儿，她的《莎菲女士日记》正是“五四”个性解放潮流的产物，而张爱玲的成功，即是反潮流的。三四十年代，左翼文学潮流席卷一切，但她刻意站在潮流之外。她的成功是人格力量与艺术选择力量的成功，是把时代潮流从生命中抛掷出去的成功，而写《赤地之恋》却完全相反，她不是坚持文学立场反抗潮流，而是放弃文学立场俯就潮流，把时代潮流拉到自己的笔下。这是一次不幸的自我背叛，从而中断了她自身未必充分意识到的天才特性。

我非常喜欢阅读张爱玲的作品，但不想制造她的神话。我曾经进入鲁迅的神话之中，经过十几年的努力，好容易才扬弃了鲁迅的复仇情结和“一个也不宽恕”的情结，从神话中逃亡出来。现在可不能再陷入另一种神话之中。任何天才都是有缺陷的，张爱玲的自恋、自虐、世故以及她最后完全封闭在自己的躯壳之中等性格，我虽能理解，但难以崇奉。如同我不能接受鲁迅的某些戾气一样，我也不能接受张爱玲后期的浑身冷气。

（编者按：本文是作者在“张爱玲与现代中文文学国际研讨会”上发表的论文，经作者增订后刊出。）

（《明报月刊》2000 年第 12 期）

蚤子之幻与避世之谜
——张爱玲离群索居的谜题与吊诡

林幸谦　文

回顾张爱玲晚年离群索居的避世生活，可发现张爱玲本人就像其文本的命运一样，都隐含着另一层深刻的隐喻。张爱玲把自己置设在当年想要逃离的场所之中，而这场所正象征着张爱玲无从逃离的一种心理症结：像“蚤子之幻”一般，深深蚕啮着她的身心。

在本刊一九九七年十二月号《重归“荒凉”：张爱玲海葬与遗嘱阅读的隐喻》一文中，笔者提出张爱玲的海葬是否符合死者意愿的问题，并指出在张爱玲对海“毫无好感”的前提下，作家遗体／骨灰最终抛洒大海，（可能）足以构成张爱玲隐喻中最凄零的中心点。倘若张爱玲厌恨海洋的观点能够成立，海葬显然便足以成为反讽的仪式。

除遗嘱与海葬的问题之外，回顾张爱玲晚年离群索居的避世生活，亦可发现张爱玲本人就像其文本的命运一样，都隐含着另一层深刻的隐喻。

避世隐居的心理症结

张爱玲晚年的孤僻性格，以及那种近于自闭的离群隐居生活，这里相信和其早年心理因素的影响有关。针对有关问题的追索，至少可以寻溯到少女时期她被父亲殴打囚禁的经历。这里把张爱玲日后的孤僻及隐居的生活形态，大胆视之为一种心理疗伤的行为。通过这种方式，张爱玲把自己置设在当年想要逃离的场所之中，而这场所正象征着张爱玲无从逃离的一种心理症结：像“蚤子之幻”一般，深深蚕啮着她的身心。

因此，这里准备从张爱玲的“蚤子之幻”事件谈起。张爱玲早年的著名语录“生命是一袭华美的袍，爬满了蚤子”竟一语成谶，成为张爱玲心理症结的一个表征。

一九六一年张爱玲游中国台湾后写成的《重回前方》，再次提到她受蚤子滋扰之事。但最严重的时期，应是在一九八四年六月至一九八八年二月间。这期间，张爱玲以六十四岁的高龄开始了长达三年半的迁徙流离的“避蚤岁月”，平均每一个星期换一个住所，通常是汽车旅馆，住过了洛杉矶以北的山谷区，以及市区与近郊附近。

一直到她临终前的数月间，张爱玲打电话告诉林式同她的皮肤病——即张爱玲所谓的蚤子的咬啮的病症——再度发作，严重到连衣服都不能穿，因而常常伤风感冒。按照林式同的了解，张爱玲被蚤子咬啮的病症虽然可能是一种皮肤病，但恐怕更像是张爱玲的一种幻象，而非真的是皮肤病。而林式同正是张爱玲晚年交往最为“密切”的人，相信他的观点有很高的可信度。

林式同透露，张爱玲曾（绘声绘影？）告诉他，那些咬啮她的蚤子产于南美，生命力奇强，散布在张爱玲住所的任何角落之中，连冰箱的保温层中都藏着这些蚤子。为了逃避蚤子，张爱玲把头发理了，衣服丢了，几乎所有的东西，包括各种重要的文件，都丢失了。

蚤子病症的寓言架构

如何诠释张爱玲常常被蚤子咬啮的病症（心理或生理的），相信将在日后的张爱玲研究中有着重要的意义。这几乎就是张爱玲晚年的中心问题之一，有关问题同时也和她晚年的写作息息相关。如果从病理学方面来说，林式同的文章记载，他会将他的皮肤科医生介绍给张爱玲，而张爱玲也曾去检查过。因此，我们起码知道有一家医疗所藏有这方面的第一手资料，这可能为我们解开有关谜底。但是，这里并不打算将张爱玲的“蚤子幻象”纯粹视为生理疾病，或以量化的考证加以探讨。反而准备试图加以概括延伸，借助过度阅读（over interpretation）的视角去加以理解，并以作为阅读张爱玲文本的一种策略。

为了寻求一个较为准确的根基，我把张爱玲首次提起“蚤子”的文章《天才梦》当作一种参照基础：

> 可是我一天不能克服这种咬啮性的小烦恼，生命是一袭华美的袍，爬满了蚤子。

经过约半个世纪之后，张爱玲于一九九四年在《忆〈西风〉》一文中，透露当年她写作该篇文章参加征文比赛的时候，由于字数限制的缘故，写作过程中将该文改了又改，一删再删，言下之意甚感苦烦，但是，毕竟没有将这最后的一句话给删掉，表示了作者对此句文字的重视。

事实上，此段文字和张爱玲早年的现实生活构成相当完整的寓言架构。当然，这里必须承认，有关寓言架构的读法是颇为大胆的，但相信有其参照价值。在此架构中，如果把其中的“生命”视为作者本身：即女性身体；“华美的袍”便足以成为父权社会的象征／隐喻，即在现实生活中把女性身心包裹其中；而“蚤子”则可影射“父亲”的一种寓言。借用张爱玲自己的话说，此父亲的意象即是她所指称的“黑暗”“恶”“魔”的化身：

> 我把世界强行分作两半，光明与黑暗，善与恶，神与魔，属于我父亲这一边的，必定是不好的。

张爱玲对于父亲的厌憎，不只是将现实世界中的父亲喻为魔鬼与黑暗的象征体，亦将其写入她的虚构世界里。父亲的形象在张爱玲的小说中，因而常常有黑暗、丑恶和魔鬼的象征意味，是作家对于自我内心潜意识的揭示。

另外，当年张爱玲逃出被父亲囚禁的张家之后，投靠母亲。在《私语》中，张爱玲透露她常常独自站在公寓的阳台“转来转去”，徘徊不已。她看见“西班牙式的白墙在蓝天上割出断然的条与块”。她仰脸向着当头的烈日写道：

我觉得我是赤裸裸的站在天底下了。

图为张家旧花园，右二为张母，左二为张父

在这里，“断裂的蓝天白墙”似乎宣告了张爱玲和张家关系的彻底断裂。张爱玲除去了身上的“衣服”，正好成为她摆脱“父亲”（张家）的心理象征，在潜意识中揭示了她想要和父亲保持距离，以及和父亲所代表的黑暗与恶魔阴影脱离关系的玄机。

蚤子咬啮反映内心痛苦与紊乱

如果可以进一步明确论证，每当张爱玲面对人生重大困境、压抑、打击，或者心理紊乱的时刻，蚤子的幻象活动便随之加强的话，就相当能够支持这里所提出的大胆假设：张爱玲的蚤子幻象乃和她的内心症结有关，并借此进一步阐释林式同的说法。

如果张爱玲的蚤子幻象乃和她的内心状态有关，这里便可将其视为张爱玲深层潜意识中一种创伤的表现形式。这种心理创伤的解读法，意味着每当张爱玲的心理遭受痛苦、情绪紊乱的时候，这心理症候便会浮现而出。这里相信，在这种心理状态下，最容易使她产生“蚤子”的幻象，感到身体被虫咬啮的痛苦。

然而，由于现今没有足够的文字资料，或者，从另一个角度说，张爱玲本人刻意隐藏了蚤子幻象的真相与发作的相关资料，所以很难找出现实的证据；另一方面，由于这里乃是将此心理症结视为一种隐喻，因此也就无需借助太多现实的病理依据。当然，如果有这方面资料的辅证，自然是最好不过——即使所得结论与此相违。

从现有的资料来看，有某些蛛丝马迹值得注意，依据一九三九年张爱玲首次提及“蚤子”的时候，正是张爱玲只身到港大念书的时期。在《忆〈西风〉》同一文中，按照张爱玲事隔五十年后的追忆，那段时期，她正深受经济压力、学业打击（因战事无法到英国留学）和家庭破裂因素的各种挫折。这自然亦必须把有关那时代中女性成长时期的焦虑：例如心理和人格成长，以及学业、事业、前程等因素纳入考量之中。

因此，张爱玲在香港大学这一段时期首次公布蚤子的谜题，可说是具有重要的意义。这显示“蚤子之幻”的咬啮性痛楚已经困扰着她。蚤子在这彷徨时期，化为文字首次出现在张爱玲的文字里，正可视为作家内在心理症结体现于外的一种表征。如果父亲／父权的阴影，在蚤子的幻象中确实占有一定的心理位置——如父权问题在女性文本中所占有的位置，相信可为张爱玲的避世之谜提出了深具喻义的阅读空间。

离群索居与心理疗伤的解读

到了晚年，张爱玲不但没有克服“她的小烦恼”，反而随着年岁的增长，变成生活中的大烦恼。

正像张爱玲晚年四处迁居的避蚤事件那样，她避世的决心也同样让人迷惑不已。避蚤和避世在此似乎有其某种内在的联系。倘若把她的避世心理症结置于上述蚤子病症的寓言架构里，我们或许可以接受这样的解读：蚤子是她借以避世的媒介，而避世则是她得以自我疗伤的媒介。易言之，表面上是避世／避蚤，实则是自我心理疗伤。

在此，张爱玲的心理疗伤历程似乎通过一种自我幽禁的避世形式进行：

重回当年她被囚禁的场所去自我疗伤，而不顾外界对她的热情召唤。事实上，在蚤子的寓言架构中，她或许也不屑／无法回应现实世界了。在此，张爱玲的离群索居和蚤子病症，相信并不只是单纯的个人因素而已，而是有着颇为复杂的心理症结。这有待我们日后更进一步的研究。

在过度阅读的立场而言，如果试图将张爱玲晚年的离群索居，解读为她逃避男性中心社会（即现实社会）的象征似乎亦无不可。然而值得注意的是，此中的吊诡亦正在此处：张爱玲潜意识中自我封闭的冲动，以及她意图逃避的（男性中心）俗世社会，和她一生的起伏都有着密切的关系。

娜拉的替身

在现实社会里，张爱玲可以依靠的正是她所要逃避的那些（男性）对象。实际上，这些男性给了她不少的支持，特别是胡适、夏志清、林式同、林以亮、陈世骧、赖雅、胡兰成等人。但是张爱玲似乎并无意对此表示太大的感激。从《对照记》中所选收的男性人物便可窥探一二。在《对照记》中，她关心的焦点完全集中在“女性”身上，书中出现的男性，几乎仅限于和她有血缘关系的男人而已。即使是李香兰这样的偶像，也比其他帮助过她的男人，或和她有婚姻关系的男人更来得重要。此点只要细看《纳凉会记》中张、李的对话，便可一目了然。

如果从张爱玲的生平来看，我将以下述的视角，去理解张爱玲早年离家出走经历和其整体书写活动的关系。作为另一版本的出走的娜拉，当年张爱玲逃离张家和父亲断绝来往的事件，导致她日后走向以下两种命运／隐喻的道路：

第一，有关事件隐喻着张爱玲从此都在寻找丧失了的“家”这一场所，并从此展开她通往内心／文本想象层面回溯的历程。根据她的遗嘱和寄给林式同的信函，可知有关回溯，最终导致她逝世前一改早年厌恶荒野的心理，转而拥抱荒野，即在现实生活和想象领域两方面重新拥抱荒凉情境。

从这意义来看，张爱玲离“父之家”愈远，她愈往内在力溯洄游，从而也离现实世界愈远。张爱玲晚年的避世隐居，真亦可能是此种心理症结的投射。而她在遗嘱中所铭刻的最后愿望：即死后欲求安葬荒野的想法，则是回返内在和文本的一种冲动，铭刻着张爱玲往内在自我回溯最深刻的一种表现，同一时也是一种自我分裂的现实。

在这一层隐喻中，张爱玲晚年的自闭隐居，及其死前“突发奇想”迁居沙漠和安葬荒野的现象来看，这里认为张爱玲当年从父家出走以后，并没有让她走向社会，而是促成她走向内在心理、想象空间（包括自己的书写世界／文本）的一种隐喻。这和张爱玲的母亲黄素琼（黄逸梵）的情况正好相反。黄素琼是走向外在世界，参与繁华红尘，一心想要成为社会的一分子。这可从黄素琼当年在马来西亚购买蛇皮计划生产手制皮包皮鞋买卖，以及在英国进入工厂学习制造皮包的经历可见一斑。

母女相较之下，正因为张爱玲往内心追溯，写作便成为她走进自我内宇的方式。她不但在书写中找到自我认同和理解世界的途径，这种书写活动更进一步加速、加深她回返自我内宇的心历路程。胡兰成视张爱玲为“民国世界的临水照花人”的观点，正是认识到张爱玲这方面的心理特质。这也是张爱玲研究中颇受认同的典范性看法。

根据以上的基础，第二种隐喻正是把有关事件视为何以张爱玲日后选择作家作为她终身职业的内在导因之一。书写在此成为作家得以回返内宇的解禁行为。这亦可以诠释，何以张爱玲晚年会有萌生回返文本／心理想象空间的内在冲动。

张爱玲母亲黄逸梵（右）照

张爱玲年轻时候离家出走的经验，在此不但促成张爱玲走上作家之路，也使她成为中国现代娜拉的另一种复写版本，成为中国现代女性的一种现实重写版。张爱玲天才式的敏锐触觉，加上她自小对于创作活动（写作与绘画）充满兴趣，都在此次逃家事件的激发下，造成日后走上作家的道路。从长远的视角来看，亦是回返内在潜意识心理的一种表现。

作家本人既是隐喻又是谜题

在这意义上，书写活动正是最能让她纾解压抑，打开内在心灵和外在世界的桥梁与渠道。张爱玲不但从中寻找到抗衡父亲的途径，也让她得以名扬沪港、建立名声威望，经济得以独立。事实上，从当时的现实社会角度来说，女性从事写作以追求经济独立，亦是一种新的事业选择。这和西方女性，自十九世纪以降选择作家的情况相似。外在现实和内在兴趣的配合下，张爱玲选择作家之路，相信可以在此得到进一步合理的评估。

既然张爱玲把自己隐藏在她的文本之后，只允许通过她的文本和世界沟通交流，我们也只能通过她的文本和她对话。因此，对于张爱玲文本的阅读，在这意义上不只是读者与文本的交流，事实上也是读者与作者、文本与文化交流的一种多重活动。

因此，笔者在对于张爱玲整体研究的基础上，进一步把张爱玲视为中国现代文学中一种女性作家的隐喻，她一生所经历的“沉默”（如隐居避世）、“分裂”（如蚤子幻象）、“矛盾”（如边陲与中心），以及“空隙”（如她作品中的阅读盲点）等，都和她笔下的女性人物有着某种程度的重叠处：例如宗法父权的压抑（沉默），焦虑与发疯的女人（分裂），女人的自我仇视（矛盾），以及女性主体的本质问题（空隙），等等，都是有待更深一层加以探讨的问题。

这些概括性的提法，包括海葬与遗嘱的省思，以及蚤子之幻和避世索居等问题，在此都成为张爱玲一种寓意深刻的隐喻；更确实的说，张爱玲本身既是隐喻又是谜题：一种隐喻与谜题混合的多重性文本。这正是张爱玲的吊诡所在。

最后，对于倡导误读理论的布鲁姆（Harold Bloom）而言，任何的阅读都是一种“误读”行为，也是一种延迟行为，一种典型的解构概念。真正的阅读因而被视为是一种“几乎不可能的行为”，在某种意义上甚至更是一种误写。因此，在当代批评理论中，有人认为对文本唯一可信的解读即是“误读”，而文本唯一存在的方式，即是它在读者中所激起的系列反应。这些批评理论——如托多罗夫（Tzvelan Todorov）与艾柯（Umberto Eco）——声称，一个文本只是一次“野餐聚会”：作者带去语词，而读者则带去意义。在这误读与过度诠释的提示之下，这里的观点同样也面对着文本意图和作者意图的分歧与矛盾处境。因而此处的阅读，其实也面对修正者的两难处境，是读者与文本的问题，也是阅读与性别的问题。

张爱玲离开内地时拍的证件照

（《明报月刊》1998年第9期）

不断放弃，终于放弃
——张爱玲奇异的自尊心

苏伟贞　文

张爱玲（中）幼年与姑姑（左）及堂侄女合影

一九九五年九月八日（美国时间）张爱玲在洛杉矶西木区 West Wood 居住的公寓被发现已经去世，就像我们并不知道她的确实生辰一般，法医判定的死亡日期可能在被发现六七天前。她神情安详地躺在地毯上，身上盖着毛毯，就像在睡眠中，自动放弃了生命。照她一生绝少与人联络的行为模式上看来，她的确保持了她一贯的自尊。不等别人或死神有机会拒艳丽招致受辱，她选择了长久以来“永远在放弃”的方式——先是放弃他的父亲、初中、大学学校生活、与胡兰成的婚姻、情感、上海、写作……最后是她自己。人可以自主放弃生命吗？由张爱玲平静的死亡一事，我们相信她做到了。

一生有自己小说的感觉

现在张爱玲去世了，一位作家虽然是“公共文化财产”，以她“亮烈”（胡兰成《民国女子》语）的个性，不断炒冷饭的“张爱玲现象”恐怕只会使她“反感甚深”（一九九三年六月九日张爱玲寄笔者信上有——对于这些旧作反感甚深，但是无法禁绝……）。

同样身为女性写作者，在我“闭嘴”前，我想就个人对“这样一位女作家”一生都在放弃的思考，借着下面的叙述，试着整理我“最后”的发言。我曾经相信，创作者的一生都会在他的作品中找到蓝本；现在回过神来看张爱玲一生，也有张派小说的感觉。

张爱玲四岁的时候母亲和姑姑离家一同出洋，在这之前，她父亲在外面娶了妾，一名妓女，名唤老八，又吸上鸦片，还不时要带张爱玲去小公馆，不从便打，母亲借口伴读去了英国，一去四年，四年间姨奶奶搬进张家，住在一间阴暗杂乱的房里，张爱玲必做的事是立在父亲烟炕前背书，并且看着眼前发生的一切。姨奶奶爱恣意打人，最后把她父亲也打了，被逼了走路。在那样的婚姻关系里，全都是令人不愉快的气息——鸦片、母亲和姑姑离开、妾、阴暗的房间、打闹……对照这些气息的心理状态是——有一次张干（领张爱玲弟弟的女佣）买了个柿子放在抽屉里，因为太生了，先收在那里。隔两天我就去开抽屉看看，渐渐疑心张干是否忘了它的存在。然而不能问她，由于一种奇异的自尊心。（《流言·童言无忌·吃》）

张爱玲最喜欢却很少相聚的母亲

以放弃来保持自尊

“奇异的自尊心”，张爱玲一生都在放弃的潜意识，是不是就建构在那庞大的“自尊”工程上？她怕人家拒绝她，以放弃来保持自尊？一点点事便可使她不安——姨奶奶给她做了件长裙问她：“喜欢我还是你母亲？”她说：“喜欢你。”因为没有说谎，想起来更觉耿耿于心。（《流言·童言无忌·穿》）她同时——我不能忘记小时候怎么向父亲要钱去付钢琴教

师的薪水。我立在烟铺跟前，许久，许久，得不到回答。（《流言·童言无忌·钱》）

她稍大后，进了中学，一间贵族学校，是位少女了。三十年代中叶，她父母离婚，她母亲再度赴欧。她这一生中最喜欢的母亲却很少在她身边，她孤独地长大了。她继母带了两箱旧衣服给张爱玲穿——“有一个时期在继母治下生活着，拣她穿剩下的衣服穿，永远不能忘记一件黯红的薄棉袍，碎牛肉的颜色，穿不完地穿着，……是那样的憎恶与羞耻。一大半是自惭形秽，中学生活是不愉快的，也很少交朋友。……后来得了两个奖学金，……觉得我可以放肆一下了，就随心所欲做了些衣服，至今也还沉溺其中……”（《流言·童言无忌·穿》）在这之前，八岁，张爱玲由天津搬回上海，母亲要回来了，她吵着穿上一件认为最俏皮的小红袄，母亲见了第一句话：“怎么给她穿这么小的衣服？”（《流言·私语》）在由童年成长为少女的阶段，她所拥有的，确实只是漫长的被忽视的状态。她希望讨好她喜欢的人，但母亲却看出了她的窘迫——“这么小的衣服”。没有人理会她，她像被遗弃在某个角落。

放弃父亲的家

更大一点，她该上大学了，一个女孩子该有的娇贵她都没有。一九三七年，张爱玲母亲安排她中学毕业投考伦敦大学，她在母亲那儿住了两天回去，继母借口外宿没先问过她，刷地打了张爱玲一个嘴巴，又挑唆张爱玲父亲打了张爱玲一顿禁闭起来。恐惧使她变得冷而硬，她成天想脱逃的计划，又生了沉重的痢疾，她父亲不请医生，也没有药。病了半年光躺在床上，一直到一九三八年阴历年前她可以扶墙摸壁行走了，就找机会逃到母亲家。后来，她继母把她的一切的东西分着给了人，当她死了。“这是我那个家的结束。”（《流言·私语》）

这样的一段生命，很明显地成为她——“自惭形秽，也很少交朋友”的生命基调；不和人接触，就不容易伤到自尊。她逐渐放弃了她的生活，只保有十分狭窄的空间；甚至她过世前所住的寓所内，根据报道，没有家具，床或桌椅，只有一台电视与收音机，用纸盘子吃饭。她已经放弃了太多东西。

因此，我们就可以理解张爱玲在情感一事上的“义无反顾”。一九四三年张爱玲在苏青主编的《天地》月刊上发表小说《封锁》，胡兰成阅读之下就向苏青要了张爱玲地址寻去。苏青说：“张爱玲不见人的。”胡兰成从门洞递进去一张字条。隔一日午后，张爱玲电话却来了，两人见面，胡兰成但觉——她的亦不是生命力强，亦不是魅惑力。但我觉得面前都是她的人。（《今生今世·民国女子》）

放弃对胡兰成的爱恋

胡兰成从此每隔一天必去看张爱玲。三四回后，张爱玲进去一张字条，叫胡不要再去看她。什么原因？张爱玲怕未来遭拒绝、遗弃而求现下自保吗？

但是胡兰成当日仍去看她，“而她见了我亦仍又喜欢”。她在胡兰成的主动认同下得到安全感。虽然当时胡兰成是有妻室，只能说情感尊严上张爱玲觉得亦受屈辱，因此，她尚未放弃。而在胡兰成第一手交往中，张爱玲性格中“从不悲天悯人，不同情谁……”“不怀恋，在我认是应当的感情，在她都没有这样的应当”“她有一个弟弟偶尔来看她，一概无情”“她决不迎合你，你要迎合她更休想”“人情、银钱上，凡事像刀截的分明”“感情清到即是理性”……他很是不习惯。后来两人谈到“生得相亲，死亦无恨”，张爱玲说道，当然是这样，而且只可以是这样的。胡兰成才明白，因为张爱玲自己就是这样一个柔艳刚强的女子。

一九四六年二月，胡兰成避灾温州，张爱玲去探望，彼时胡兰成先有小周后有秀美，张爱玲离开那天“船将开时，你回岸上去了，我一人雨中撑伞在船舷边，对着滔滔黄浪，伫立，涕泣久之。”（《今生今世·天涯道路》）一年半后的六月十日（一九四七年）张爱玲写给胡兰成信——“我已经不喜欢你了。……你不要来寻我，即或写信来，我亦是不看的了。”

胡兰成放下信——“我想着爱玲的清坚决绝真的非常好。她是不能忍受自己落到雾数，所以要自卫了。”（《今生今世·永嘉佳日》）

胡兰成与张爱玲，在张爱玲那是“初恋”了，胡兰成对张爱玲的情感性格观察，客观说来，都是最直接而第一手的，也是中文世界中仅有的“张爱玲感情档案”。是那样决绝而无余地；因为是真的，更令人不忍。

一九五五年张爱玲由港赴美，那年她三十五岁，年龄上是一位完全成熟的女性了。她在美国，曾因要参考胡兰成《战难，和亦不易》《文明的传统》二本书，以明信片无上下款与胡兰成联系。胡兰成去信并附近照去撩张爱玲。他们最后一封信张爱玲写道——你的信和书都收到了，非常感谢。我不想写信，请你原谅。我因为实在无法找到你的旧著作参考，所以冒失地向你借，如果使你误会，我是真的觉得抱歉。（《今生今世》）

死亡使一切都平等

张爱玲永远放弃了她的这段感情。而她一生中，无论生活或情感，一切的放弃在她的作品中又都有迹可循，《半生缘》中的曼桢放弃世钧及幸福的可能；《赤地之恋》中刘荃放弃了自由及情人黄绢、最后一个朋友叶景奎；《秧歌》中金根放弃生命；《金锁记》中七巧的儿女恨毒了她，谁都恨她，她只有她自己；《红玫瑰与白玫瑰》佟振保放弃了爱的力量……张爱玲一生为求自尊而放弃会伤害她的事物，至此非常清楚了。最后，她放弃了生命。她在剧本《太太万岁》题记中说：死亡使一切都平等。

现在，她安全了。

（《明报月刊》1995年第10期）

为什么闪电过后没有雷鸣
——张爱玲留给我们的启示

戴仲燕　文

当《张爱玲文集》以精装本、简装本的形式出现在南京几乎所有的书店摊的时候，大洋那边却传来了她逝世的消息。

这对我们这些把玩着她半个世纪前的老故事的人来说，消息不啻是一个闷雷滚过我们似有所待的心。本来，她在四十年代的上海，以二十出头的年纪，就在文坛划过一道惊世的闪电，人们有理由相信，在半个世纪的岁月流徙中，她应当有不同凡响的声音。遗憾的是她一直没有，但我们怎能不心存侥幸，只要她还活着，就会有所期待。这如同看见了一条撕云裂帛的巨闪，我们怎能不在一种似惧似惊的心情中等待雷鸣呢？然而张爱玲她最终以一个美丽苍凉的手势在灵端向我们告别了。这一记雷声因为聚积着半个世纪时间的能量而沉重喑哑，让人大失所望。

十几年以前，张爱玲的作品当时连被批判的资格都没有，恰好也是这个原因，我在读它时也就很松弛很没有防备，几乎一下子就陷进她的那些独特的故事和她十足的现代感觉中去了。那里面所描写的世界，上起清末，下迄中日战争，虽然只是写男女间的一些小事情，但它们呈现的都是人类在一切历史过程中的生活记忆。

我作为一个从"文革"中生长起来的青年，在层层禁锢中从不知道中国社会还有她笔下这独特的一角，从没解读过在革命阵营和反革命阵营之间，还有一个不太为时代所左右的群落，他们生活在琐碎平凡的日子里，纠缠在人性的冲突中，在无数的偶然际遇里变化着各自必然的命运。这对我来说是一个很新的视野，她表现的旧中国的社会风情及其道德性极强的主题，开阔了我的眼界。

缤纷的意象和朦胧的暗示

读张爱玲的小说，后来还有她的散文，俯拾即是的是这些精品级的语言。她把它们组合运用得那样老到、精致、准确而又留有想象的空间，真让人赞叹：亏她怎么想得出。这些年来，内地研究、介绍张爱玲其人其文的东西多了起来，从中我逐步了解到，她的华彩，也并不是凭空想出来的。她具有多方面的修养和才能，对绘画、音乐、历史都有广泛的涉猎，对古典文学、通俗小说、外国文学都有很深的研究和造诣。她在中国香港读书时，英文好过中文，对《红楼梦》的精通，用她自己的话说，是不同的版本拿到手上不用细看，眼生的地方自己会跳出来。这种功力，普通作家何人能及。

恐怕也就是张爱玲的作品艺术性强过思想性的原因，近来内地学她的人渐渐多了起来。有人学她专写男女问题，且是没有光亮的那种，结果：见山是山，大多流以琐碎庸俗；也有人学她运用意象，好好地说着故事，突然间岔出不相干的比喻暗示，读得人云遮雾罩摸不着头脑；还有更多的人学她的“偷懒”，以为文学创作是可以闭门造车的活儿。作家就是“坐家”，可以关起门来造人物玩情节的故事。这些当然不能算张爱玲的错，师傅领进门，修行在个人，何况张爱玲当初以不合时宜远走他乡，她不会想到过了几十年，她居然又成时宜了，结果出了好些画虎不成反类犬的徒儿。

不过由此也可以看出，张爱玲不是那么好学的。这好比一门有奇有险的武功，没有一定的功力就去操练，容易走火入魔。张爱玲在她一九四三年至一九四四年间辉煌地一闪过后，时代的原因、身体的原因、感情的原因，身累心累，创作陡地萎缩，“像一幕电影突然断了电”（柯灵语），她的功力仍在,她的源泉却没有了。这从反面说明了技巧并不是一碗吃不完的饭。幸与不幸，她在自己“成名要早”的自警下辉煌过了，可众人由此而生的好口味，要用什么来填补呢?

（《明报月刊》1995 年第 10 期）

是传记，也是传奇
——用张爱玲的创作及文法编织张的一生

王德威　文

在中国现当代文学里，张爱玲“现象”本身就是一则传奇。她崛起抗战沦陷时期的上海，以一系列精妙魅艳的小说及散文风靡沪上。而她没落世家的身世，特立独行的作风，以及与汉奸胡兰成的一段恋史，更助长她的声势。六十年代初，夏志清教授的《中国现代小说史》以专章肯定张爱玲的成就，使她一跃成为主流作家。尽管创作日稀，张的魅力在港台及海外却与日俱增；相形之下，近年内地的张爱玲热要算后之来者了。

过去二十年来港台学者致力挖掘张爱玲的作品及生活点滴，已经到了巨细靡遗的地步。唯独遗憾的是，一本像样的张爱玲传未曾得见。原因不难得知。张爱玲幽居海外，惜墨如金，更遑论倾吐家史了。胡辛的这本《最后的贵族》以及于青的《天才奇女——张爱玲》，算是为张爱玲立传的初步尝试。

《最后的贵族》以一九四三年张爱玲在《紫罗兰》刊出《沉香屑——第一炉香》，一炮而红为起始点，再介绍两位评论者如何自不同角度，品评张爱玲的作品。这两位评论者，一是傅雷（迅雨），一是胡兰成。两人行文虽各有褒贬，但肯定张爱玲不世才情的态度却是一致的。胡辛就此展开了张爱玲的半世纪传奇。全书十五章追记了张爱玲的家世背景，不快乐的童年，负笈中国香港的始末，张胡恋史的原委，以迄于五十年代张远走中国香港、转赴美国的经过，与作家赖雅的婚姻等，以肯定张的成就作结束。

胡辛所运用的资料，基本上“张迷”们早就耳熟能详。主要包括了张爱玲有关自己背景及创作心态的几篇散文，胡兰成那两本有名的《山河岁月》《今生今世》（尤其是后者的《民国女子》一章），还有唐文标编写的几本资料集等。这些材料多数信而有征。既然传主不欲多透露自己的生涯，退而求其次，找寻书面文字来敷衍她的一生，并不为过。但问题是张爱玲的故旧知交健在者依然不少，如宋淇、柯灵、夏志清、水晶等。如欲为张爱玲作传，胡辛很可以从这些管道下些功夫。另外，张爱玲本人于一九九四年出版的《对照记》，刊载了数十帧珍贵照片及自述，尤可作为参考。

但胡辛显然志不在此。他选择运用张爱玲的创作及“文法”，来编织张的一生。所谓真事隐去，假语托出，以小说，尤其是传主自己的小说方式来为其立传，其实近似《红楼梦》式的点子。用后现代主义的话说，胡辛很可以借虚构传奇来“颠覆”历史传记，而事实上这也确是张爱玲作品及生活极重要的一个面向。但我以为胡辛未必有这层自觉。他熟读张爱玲的作品，并以惊人的记忆力征引其中的意象句法情节，敷陈张爱玲所生活过的点滴。出虚入实，堪称惟妙惟肖。然而有更多时候，胡辛过分依赖张爱玲的名句警语——像“成名要趁早呀”“时代是仓促的，已经在破坏中”“生命的锦袍爬满了虱子”等——来重现张爱玲的言行。这样大量批发“张腔”，颇使人不耐。但张爱玲不是说过，《红楼梦》未完，红迷爱屋及乌，续貂部分也就担待了。对“张迷”而言，张爱玲不现身说法，有本传奇体的张爱玲传记解馋就算不错的了，更何况还可顺便“温习”各篇小说的高潮呢。

比起于青那本枯燥的张爱玲传，《最后的贵族》可读性算是高的。胡辛对张爱玲周遭人物如胡兰成、炎樱、苏青、赖雅、胡适的介绍，也扩大我们对传主世界的认识。至于他提到张爱玲曾英译全部《海上花》，似乎有误。张爱玲确曾有意于此，唯除少数篇章外，译事仍有待完成。

书名:《最后的贵族·张爱玲》
作者：胡辛
出版社：21 世纪出版社
出版时间：1995 年 9 月
页数：382 页
定价：人民币 18.00 元

（《明报月刊》1995 年第 10 期）

附　录

我收藏的张爱玲金句

林以亮　编

张爱玲的《姑姑语录》读来趣味盎然，一则可能她姑姑是极有个性的知识分子，谈吐与众不同；二则可能爱玲剪裁得巧，恰到好处。在五十年代初期，我们差不多每天有机会见到爱玲，尤其文美同她志趣相投，几乎无话不谈。爱玲虽不是约翰逊博士，想不到文美却像鲍思威尔，有时回到家里还抽空将当天谈话中犹有余味的絮语匆匆录下留念。

近日"张迷"越来越多，连爱玲自己不愿流传于世的旧作也给人挖掘了出来。自从拙作《私语张爱玲》一文刊出后，读者纷纷来信表示希望多知道这位女作家的日常生活和思想为人。现在我取得爱玲同意，从文美的纪录中选出一些片段辑成语录与"张迷"共享。爱玲不能算第一流的谈话家，她对好朋友说的话既不是启人深思的名言隽语，也不是故作惊人的警句，但多少含有爱玲所特有的笔触，令人低徊不已。

楼下公鸡啼，我便睡。像陈白露。像鬼——鬼还舒服，白天不用做事。

按：陈白露是《日出》里的交际花。她有一句出名的对白："太阳不是我们的，我们要睡了。"

我们下一代，同我们比较起来，损失的比获得的多。例如：他们不能欣赏《红楼梦》。

"人性"是最有趣的书，一生一世看不完。

最可厌的人，如果你细加研究，结果总发现他不过是个可怜人。

不知听多少胖人说过，她从前像我那年纪的时候比我还要瘦——似乎预言将来我一定比她们还要胖。

按：爱玲不食人间烟火，从前瘦，现在苗条，将来也没有发胖的危险。

"才""貌""德"都差不多一样短暂。像××，"娶妻娶德"，但妻子越来越唠叨，烦得他走投无路。

书是最好的朋友。唯一的缺点是使近视加深，但还是值得的。

有些书喜欢看，有些书不喜欢看——像欧·亨利的作品——正如食物味道恰巧不合胃口。

喜欢看张恨水的书，因为不高不低。高如《红楼梦》《海上花》，看了我不敢写。低如"××""××"看了起反感。也喜欢看《歇浦潮》这种小说。不过社会小说之间分别很大。

不喜欢看王小逸的书，因为没有真实感，虽然写得相当流利，倒情愿看“闲草野花”之类的小说。

要做的事情总找得出时间和机会；不要做的事情总找得出借口。

回忆永远是惆怅的。愉快的使人觉得可惜已经完了，不愉快的想起来还是伤心。最可喜莫如“克服困难”，每次想起来都重新庆幸。

一个知己就好像一面镜子，反映出我们天性中最优美的部分来。

一个人在恋爱时最能表现出天性中崇高的品质。这就是为什么爱情小说永远受人欢迎——不论古今中外都一样。

我有一阵子不同别人接触，看见人就不知道说什么好。如果出外做事，或者时常遇到陌生人，慢慢会好一点——可是又妨碍写作。

有人说：不觉得时间过去，只看见小孩子长大才知道。我认为有一个更好的办法，就是每到月底拿薪水——知道一个月又过去了。但从来没有过这种经验。

按：现在爱玲可以靠每半年结版税知道，只是相隔时间长一点。

“秋色无南北，人心自浅深”，这是我祖父的诗。

替别人做点事，又有点怨，活着才有意思，否则太空虚了。

女明星、女演员见我面总劈头就说：“我也喜欢写作，可惜太忙。”

言外之意，似乎要不是忙着许多别的事情——如演戏——她们也可以成为作家。

有人共享，快乐会加倍，忧愁会减半。

搬家真麻烦！可是一想起你说过："以前我每次搬家总怨得不得了，但搬后总觉得：幸亏搬了！"我就得到一点安慰。

我故意不要家里太舒齐，否则可能：

（一）立刻又得搬家；

（二）就此永远住下去，

两者皆非所愿。

你们卧室的小露台像"庐山一角"，又像"壶中天地"。

教书很难——又要做戏，又要做人。

这几天总写不出，有如患了精神上的便秘。

写了改，抄时还要重改，很不合算。

人生恨事：

（一）海棠无香；

（二）鲥鱼多刺；

（三）曹雪芹《红楼梦》残缺不全；

（四）高鹗妄改——死有余辜。

按：前三句用在《红楼梦未完》一文中，重抄时差一点删掉，后来我说："如果你不用，我用。"爱玲就用了。

她的眼睛总使我想起"涎瞪瞪"这几字。

很多女人因为心里不快乐，才浪费，是一种补偿作用。例如丈夫对她冷淡，就乱花钱。

听你说她穿什么衣服，有如看照相簿。面孔已经熟悉，只要用想象拿衣服配上去就可以。

有些作家写吃的只捡自己喜欢的。我故意写自己不喜欢的，如面（又快又经济）、茶叶蛋、蹄膀。

别人写出来的东西像自己，还不要紧；只怕比自己坏，看了简直当是自己"一时神志不清"写的，那才糟呢！

写小说非要自己彻底了解全部情形不可（包括人物、背景的一切细节），否则写出来像人造纤维，不像真的。

写完一章就开心，恨不得立刻打电话告诉你们，但那时天还没有亮，不便扰人清梦。可惜开心一会儿就过去了，只得逼着自己开始写新的一章。

我这人只有一点同所有女人一样，就是不喜欢买书。其余的品质——如善妒、小气——并不仅限于女人，男人也犯的。在乱世中买书，丢了一批又一批，就像有些人一次又一次投机失败，还是不肯罢手。等到要仓皇逃离，书只能丢掉，或三钱不值两钱的卖掉，有如女人的首饰，急于脱手时只能低价贱卖；否则就为了那些书而生根，舍不得离去，像 ××× 那样困居国内。我从来没有遇到过一个像某些男人那么喜欢买书的女人，女人总觉得随便买什么都比买书好。……结论是，一个女人如果肯默不出声，不去干涉男人买书，可以说经得起爱情的考验。

办杂志，好像照顾嗷嗷待哺的婴孩，非得按时喂他吃，喂了又喂，永远没有完……我一听见 ×× 的计划就担心这一点。

最讨厌是自以为有学问的女人和自以为生得漂亮的男人。

本来我以为这本书的出版，不会像当初第一次出书时那样使我快乐得可以飞上天，可是现在照样快乐。我真开心有你们在身边，否则告诉谁呢？

狂妄的人，我还能想象得出他们的心理；你们这种谦逊得过分的人，我简直没法了解！

我小时候没有好衣服穿，后来有一阵拼命穿得鲜艳，以致博得“奇装异服”的“美名”。穿过就算了，现在也不想了。

这首诗显然模仿梁文星的作品，有如猴子穿着人的衣服，又像又不像。

我喜欢的书，看时特别小心，外面另外用纸包着，以免污损封面，不喜欢的就不包。这本小说我并不喜欢，不过封面实在好看，所以还是包了。

这张脸好像写得很好的第一章，使人想看下去。

即使是家中珍藏的宝物，每过一阵也得拿出来，让别人赏玩品评，然后自己才会重新发现它的价值。

（《明报月刊》1976 年第 12 期）

张爱玲经典语录

力是快乐的，美却是悲哀的，两者不能独立存在。“死生契阔，与子成说；执子之手，与子偕老”是一首悲哀的诗，然而它的人生态度又是何等肯定。我不喜欢悲壮，更喜欢苍凉。壮烈只有力，没有美，似乎缺少人性。悲壮则如大红大绿的配色，是一种强烈的对照，但它的刺激性还是大于启发性。苍凉之所以有更深长的回味，就因为它像葱绿配桃红，是一种参差的对照。

——《自己的文章》

对于不会说话的人，衣服是一种言语，随身带着的一种袖珍戏剧。

——《童言无忌》

童年的一天一天，温暖而迟慢，正像老棉鞋里面，粉红绒里子上晒着的阳光。

——《童言无忌》

谁都说上海人坏，可是坏得有分寸。上海人会奉承，会趋炎附势，会浑水摸鱼。然而因为他们有处世艺术，他们演得不过火。

——《到底是上海人》

女人与狗唯一的分别就是，狗不像女人一般地被宠坏了，它们不戴珠宝，而且——谢天谢地！——它们不会说话！

——《谈女人》

女人取悦人的方法有很多种。单单看中她的身体的人，失去许多可珍贵的生活情趣。

——《谈女人》

小孩是从生命的泉源里分出来的一点新的力量，所以可敬，可怖。

——《造人》

文明人的驯良，守法之中，时而也会发现一种意想不到的，怯怯的荒寒。

——《忘不了的画》

恋爱的定义之一，我想是夸张一个异性与其他一切异性的分别。

——《简体版〈海上花〉》译后记

生命是一袭华美的袍，爬满了蚤子。

——《我的天才梦》

好的文艺里，是非黑白不是没有，而是包含在整个效果内，不可分的。读者的感受中就有判断。题材也有是很普通的事，而能道人之未道，看了使人想着："是这样的。"再不然是很少见的事，而使人看过之后会悄然说："是有这样的。"我觉得文艺沟通心灵的作用不外这两种。二者都是在人类经验的边疆上开发探索，边疆上有它自己的法律。

——《谈看书》

也许每一个男子全都有过这样的两个女人，至少两个。娶了红玫瑰，久而久之，红的变了墙上的一抹蚊子血，白的还是"床前明月光"；娶了白玫瑰，白的便是衣服上沾的一粒饭黏子，红的却是心口上一颗朱砂痣。

——《红玫瑰与白玫瑰》

中国香港的陷落成全了她。但是在这不可理喻的世界里，谁知道什么是因，什么是果？谁知道呢？也许就因为要成全她，一个大都市倾覆了。成千上万的人死去，成千上万的人痛苦着，跟着是惊天动地的大改革……

——《倾城之恋》

年轻的人想着三十年前的月亮该是铜钱大的一个红黄的湿晕，像朵云轩信笺上落了一滴泪珠，陈旧而迷糊。老年人回忆中的三十年前的月亮是欢愉的，比眼前的月亮大、圆、白；然而隔着三十年的辛苦路往回看，再好的月色也不免带点凄凉。

——《金锁记》

他就让两只手夹在箱子里，被箱子盖紧紧压着。头垂着，颈骨仿佛折断了似的。蓝夹袍的领子竖着，太阳光暖烘烘的从领圈里一直晒进去，晒到颈窝里，可是他有一种奇异的感觉，好像天快黑了——已经黑了。他一人守在窗子跟前，他心里的天也跟着黑下去。

——《茉莉香片》

仅仅现在这样回忆起来那可爱的姿势，便有一种软溶溶，暖融融的感觉，泛上她的心头，心里热着，手脚却是冷的，打着寒战。这冷冷的快乐的逆流，抽搐着全身，紧一阵，又缓一阵；车窗外的风雨也是紧一阵，又缓一阵。

——《沉香屑·第一炉香》

她就这样脸朝下躺，躺了一夜，姿势从没有有改过。脸底下的床单子渐渐的湿了，冰凉的水晕子一直浸到肩膀底下。

——《沉香屑·第一炉香》

时间永远站在她这边，证明她是对的。日子越过越快，时间压缩了，那股子劲更大，在耳边呜呜地吹过，可以觉得它过去，身上陡然一阵寒飕飕的有点害怕……

——《怨女》

未来是个庞然大物，在花布门帘背后藏不住，把那花洋布直顶起来，顶得高高的，像一股子阴风。

——《怨女》

在那一刹那间，他好像是立在一个美丽的深潭的边缘上，有一点心悸，同时心里又感到一阵阵的荡漾。

——《半生缘》

张爱玲生平与创作简表

孙立川 编

张爱玲华丽与苍凉的一生

[1920]·九月三十日出生上海，本名张煐。

[1922]·迁居天津。

[1924]·四岁开始接受私塾教育。

[1925]·母亲出洋留学。

[1928]·由天津搬回上海。

[1930]·改名张爱玲。

·父母离婚。

[1931]·就读上海圣玛利亚女校。

[1932]·圣玛利亚女校校刊，刊载短篇小说处女作《不幸的她》。

[1933]·圣玛利亚女校校刊，刊载第一篇散文《迟暮》。

[1937]·《国光》刊载小说《牛》《霸王别姬》及《读书报告三则》《若馨评》。

·《凤藻》刊载《论卡通画之前途》。

·高中毕业。

[1939]·考进香港大学。

[1941]·太平洋战争爆发。

·辍学，开始投入文学创作。

· 《二十世纪》杂志刊载《婆媳之间》《秋歌》《中国人的生活与服装》。

· 《我的天才梦》获《西风》杂志征文第十三名。

[1943] · 《紫罗兰》杂志连载中篇小说《沉香屑·第一炉香》《沉香屑·第二炉香》。

· 《杂志》月刊刊载《茉莉香片》《到底是上海人》《倾城之恋》《金锁记》。

· 《万象》月刊刊载《心经》《琉璃瓦》。

· 《天地》月刊刊载《封锁》《公寓生活记趣》。

· 《古今》月刊刊载《洋人看京戏及其他》《更衣记》

· 结识周瘦鹃、柯灵、苏青、胡兰成。

[1944] · 《万象》月刊连载长篇小说《连环套》。

· 《杂志》月刊刊载《红玫瑰与白玫瑰》《殷宝滟送花楼会》《论写作》《有女同车》《走！走到楼上去！》《说胡兰成》《诗与胡说》《写什么》《忘不了的书》《等》《年青的时候》《花凋》《爱》《必也正名乎》。

· 《新东方》月刊刊载《鸿鸾禧》《存稿》《自己的文章》

· 第一本短篇小说集《传奇》由《杂志》月刊社出版，再版时新增《〈传奇〉再版的话》。

· 第一本散文集《流言》由中国科学公司出版。

· 《天地》杂志刊载《童言无忌》《造人》《打人》《私语》《中国人的宗教》《谈跳舞》《道路以目》《烬余录》《谈女人》。

· 《小天地》杂志刊载《散戏》《炎樱语录》。

· 《苦竹》月刊刊载《谈音乐》《桂花蒸　阿小悲秋》。

· 《太平》月刊刊载《借银灯》。

· 《太平洋周报》刊载《银宫就学记》。

· 《新中国报·学艺》刊载《夜营的喇叭》《被窝》。

· 《海报》刊载《关于〈倾城之恋〉的老实话》。

· 《力报》刊载《罗兰观感》。

· 《语林》刊载《汪宏声〈记张爱玲〉书后》。

· 《春秋》刊载《致〈力报〉编者》。

· 与胡兰成结婚。

[1945] · 《杂志》月刊连载《创世纪》《姑姑语录》《留情》《苏青张爱玲对谈记》《吉利》《浪子与善女人》译作。

· 《小天地》月刊刊载《气短情长及其他》。

· 《天地》月刊刊载《〈卷首玉照〉及其他》《双声》《我看苏青》。

· 《语林》月刊刊载《不得不说的废话》。

· 《小报》刊载《秘密》《丈人的心》。

· 《力报》刊载《炎樱衣谱》。

· 《光化日报》刊载《天地人》。

· 自编剧《倾城之恋》在上海公演。

· 抗战胜利。

[1946] · 《传奇》增订版新增《有几句话同读者说·代序》《中国的日夜·代跋》。

[1947] · 《大家》月刊刊载《华丽缘》《多少恨》。

· 《小日报》刊载《郁金香》。

· 《传奇·增订本》由山河图书公司出版。

· 《太太万岁》改编电影。《大公报·戏剧与电影》刊载《〈太太万岁〉题记》。

· 与胡兰成离婚。

[1948] · 上海《亦报》连载《十八春》（后改名《半生缘》），完成中篇小说《小艾》。

[1949] · 上海解放。

［1950］· 参加上海市第一届文学艺术界代表大会。

· 《亦报》刊载《〈亦报〉的好文章》。

［1951］· 《力报》刊载《小艾》。

［1952］· 避居中国香港。

［1954］· 《秧歌》《赤地之恋》在《今日世界》连载，后在中国香港出版英文本及中文本。

· 《传奇》改名《张爱玲短篇小说集》，在中国香港由天风出版社出版。

· 今日世界出版社刊行译作《无头骑士》。

［1955］· 秋天离港赴美。

· 拜访胡适

［1956］· 得 Edward MacDowell Colony 的写作奖金。

· 结识剧作家赖雅，同年八月在纽约与赖雅结婚。

［1957］· 中国台北《文学》杂志刊载《五四遗事》。

［1958］· 获申请往美国南加州亨廷顿·哈特福基金会。

［1961］· 为电懋影业编写《人时两失》《南北一家亲》剧本。

· 今日世界出版社刊行《爱默森的生平和著作》及《梭罗的生平和著作》。

· 由美访台，这也是张爱玲唯一一次的中国台湾行。

［1962］· 英文《记者》杂志刊载英文散文《重访边城》。

［1963］· 自传小说《雷峰塔》《易经》完成

［1966］· 中国香港《星岛晚报》连载长篇小说《怨女》。

· 《怨女》由皇冠出版。

［1967］· 赖雅去世。

· 获邀任美国纽约雷德克里芙学校驻校作家。

· 着手英译清代长篇小说《海上花列传》。

[1968] ·《秧歌》《张爱玲短篇小说集》《流言》由皇冠出版。

·《皇冠》杂志、中国香港《星岛日报》连载《半生缘》。

· 中国香港《明报》刊载《忆胡适先生》

[1969] ·《半生缘》由皇冠出版。

·《皇冠》杂志发表《红楼梦未完》。

· 转入学术研究，任职加州柏克莱大学“中国研究中心”。

[1972] · 自“中国研究中心”离职。

[1973] · 定居洛杉矶。

·《幼狮文艺》刊登《初评〈红楼梦〉》。

[1974] ·《中国时报》人间副刊刊载《谈看书》《〈谈看书〉后记》。

·《幼狮文艺》刊载《〈连环套〉·〈创世纪〉前言》。

[1975] · 完成英译《海上花列传》。

·《皇冠》杂志刊载《二详〈红楼梦〉》。

[1976] ·《张看》由皇冠出版。

·《联合报》刊载《三详〈红楼梦〉》《张看》自序《关于〈笑声泪痕〉》。

[1977] ·《红楼梦魇》由皇冠出版。

[1978] ·《皇冠》杂志刊载《色·戒》

·《中国时报》刊载《对现代中文的一点小意见》《人间小札》《羊毛出在羊身上——谈〈色·戒〉》。

[1979] ·《联合报》刊载《把我包括在外》《表姨细姨及其他》。

[1980] ·《联合报》刊载《谈吃与画饼充饥》。

[1981] ·《海上花列传》由皇冠出版。

[1983] ·《惘然记》由皇冠出版。

·《皇冠》杂志刊载《信》。

[1984] ·《联合文学》刊载电影剧本《小儿女》《南北喜相逢》。

· 中国香港《明报》刊载《回顾〈倾城之恋〉》。

[1987] ·《余韵》由皇冠出版。

[1988] ·《续集》由皇冠出版。

[1989] ·《联合报》刊载《草炉饼》。

[1990] ·《联合报》刊载《〈草炉饼〉后记》《“嗄？”？》。

[1991] ·《张爱玲全集》典藏版平装本：《秧歌》《赤地之恋》《流言》《怨女》《倾城之恋》《沉香屑·第一炉香》《半生缘》《张看》《红楼梦魇》《海上花开》《海上花落》《惘然记》《续集》《余韵》由皇冠出版。

[1992] ·《爱默森选集》由皇冠出版。

[1993] ·完成《对照记》。

·《联合文学》刊载电影剧本《一曲难忘》。

·《联合报》刊载《编辑之痒》。

[1994] ·《对照记》由皇冠出版。

·《皇冠》杂志刊载《四十而不惑》。

·《中国时报》刊载《忆〈西风〉》。

[1995] ·《皇冠》杂志刊载《笑纹》。

·逝于洛杉矶公寓，享年七十五岁。

[2001] ·《张爱玲典藏全集》精装本由皇冠出版。

[2004] ·《同学少年都不贱》由皇冠出版。

[2005] ·《沉香》由皇冠出版。

[2007] ·《色·戒》（限量特别版）由皇冠出版。

[2008] ·《重访边城》由皇冠出版。

[2009] ·《小团圆》由皇冠出版。内地引进

[2010] ·《张爱玲典藏》新版由皇冠出版。

·《张爱玲私语录》（与宋淇、宋邝文美合著）由皇冠出版。